Trajectory Equifinality Model

TEM
でわかる人生の径路
質的研究の新展開

安田裕子　サトウタツヤ 編著

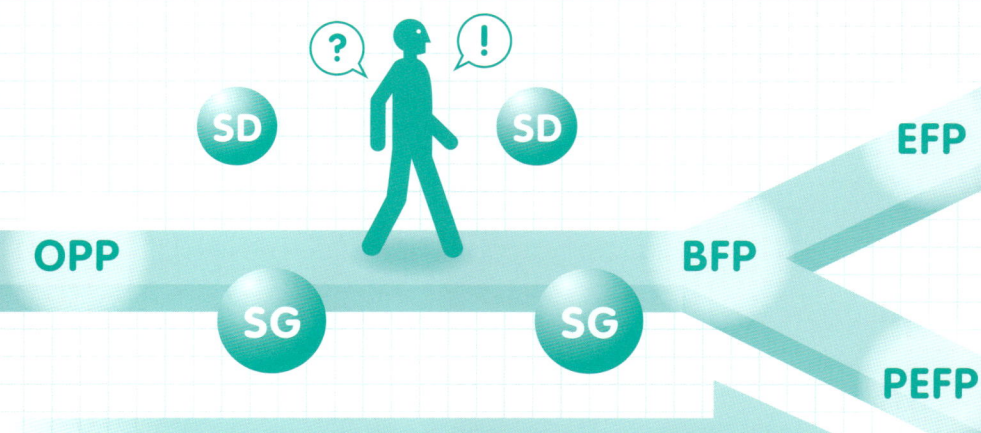

誠信書房

はじめに

　このたび，質的研究法 TEM の第二弾本として，『TEM でわかる人生の径路——質的研究の新展開』が刊行されることとなりました。その誕生の萌芽は，およそ 2 年前の，2010 年のまだ残暑が厳しくもあった初秋に遡ります。その時にはすでに，TEM に関する第一弾の著書，『TEM ではじめる質的研究——時間とプロセスを扱う研究をめざして』が世に出ていました。このことは，その時点で，TEM が研究法としてある一定の到達点に達していたことを意味するでしょう。しかし，その書を手にとりながら実際に分析するにあたっては，分析の手順がもっと具体的・実践的に明示されている必要があるということもまた，次第にわかってきたことでした。

　こうしたニーズに応えるべく，TEM を分析方法に選ぶ人びとが，TEM で分析するに際しどんなことに悩むのか，いかなる工夫をしてその壁を乗り越えていったのかなど，TEM で分析する実践的な過程を追体験しながら，自らの研究関心に引き寄せて現象を捉えるのに役立つ一冊を作りたいと志高く，本書の企画に臨みました。こうしたアイデアが具体的なかたちとなっているのが第 2 章の実践編です。本書は「入門編」をはじめ「実践編」「拡張編」「理論編」と順に構成されていますが，関心によっては「実践編」から読み進めていただいてもよいでしょう。

　実践編を軸とした本書のアイデアは，一朝一夕の思いつきによるものではなく，長い時間をかけて醸成されてきたものだと言えるでしょう。それは，TEM を用いて分析したいと考え，それぞれに関心を注ぐ現象把握に奮闘してきた人びととの，学びのプロセスに支えられています。TEM 研究会，メーリングリスト，学会活動など，公私さまざまな場における，幾度となく繰り返されるやりとりと思考の蓄積による協働の学びのプロセスが，本書の背景に歴然と存在しています。実践編で扱っているのは，そのなかで生成された八つの事例です。TEM を修士論文で使ってみたいけど……，投稿論文で分析に取り入れたのだが……，といったことにはじま

る，観察／インタビュー・データとの奮闘の歩みがあり，その分析とともにあった悩みと工夫のプロセスを開示いただいたものが，実践編として昇華されています。そこには，現象を丁寧に捉えようとする格闘のプロセスはもちろんのこと，TEM が方法論として育ってきた痕跡が浮き彫りになってもきます。また，入門編や拡張編における，編者の他の執筆者もまた，TEM の育ちのこれまでとこれからに，いろんな立場で関与してくださった／してくださっている人びとです。本書を，こうした，TEM のこれまでの歴史とこれからの展開，そうした時間経過とともにある人びとのネットワークのなかで編まれた一冊として，お勧めしたいと思います。また，実践編や拡張編に明らかなように，TEM は育ち続けてもいます。本書ではまだ明確なかたちを成してはいないながらも，対話的自己論（Dialogical Self Theory）もまた TEM とのむすびつきが検討されつつあることは，本書企画の具体的なアイデアが生み出されたのが第 6 回国際対話的自己学会（the 6th International Conference on Dialogical Self）の開催された時空間であったことと，単なる偶然の一致ではないでしょう。このように，TEM は，国際的な場のなかで，その適用可能性が検討されつつある質的研究法でもあります。

　さて，編者の一人である安田は，人が生きていくうえでのライフサイクルにおける心理的な困難や危機とそこからの回復過程という，人の生きる有り様に強い関心をもっていました。そして，臨床実践に従事することをライフワークにと再考し，臨床心理学を学びたいと思って入学した大学院で，質的研究に魅せられることとなりました。その最初のきっかけを与え，また，研究は楽しくおもしろいと心躍るような感じを持続させる数々の機会を提供してくださったのが，もう一人の編者であるサトウタツヤ先生です。2004 年の年明けに修士論文を執筆した後，ヤーン・ヴァルシナー先生による Equifinality（等至性）という概念と，その概念をもとにした Life を捉える枠組みを教えていただいたのもサトウタツヤ先生からでした。Equifinality の概念は，人のライフサイクルにおける選択や危機的状況からの回復過程に秘められた可能性に惹かれる何かを感じていた私の関心に，すっぽりはまりました。そして，そうした時間的なライフの変容と

維持の歩みを捉える研究法 TEM の、素朴なおもしろさとある種の温かく優しい人間観に魅了され、TEM の開発と精緻化に自然と従事するようになり、今に至るわけです。TEM の展開に関与する過程では、やはりライフサイクルを生きる一個人である私にもまた、大小さまざまな困難がなかったといえばうそになるでしょう。社会に生きる人間は、その歴史的・文化的な背景のもと、また、他者と紡ぐ関係性の網の目のなかで、程度の差こそあれ課題に直面することがあるものだ、という捉え方もできます。いずれにしても、人は、その時々で、意識の有無にかかわらず、何らかを選択をしながら歩みを進めて行く存在である、ということができるでしょうが、私自身困った局面に陥った時、TEM の人間観や世界観によりフワッと救われたような感覚に包まれたこともありました。私にとって人の生(せい)は尊く、人が生きるリアルな有り様を捉えることのできる質的研究は魅力的、というふうに思わせてくれた方法論として、TEM は存在し続けてきました。

　このようにして面白がって TEM に関わってきた私に、本書の編集に最終的な責任をもたせてくださったのは、ともに TEM 研究をさせていただいたサトウタツヤ先生であり、第二弾の TEM 本の企画を英断くださった誠信書房さんでした。私自身学び途上ではありますが、TEM の可能性と魅力を存分にお伝えしたいと、精一杯編集に従事しました。もちろんTEM もまた、現象を捉える一つのものの見方にすぎないでしょう。しかし、TEM と相性の良い現象やものの見方は確かにあるでしょうし、TEM は現象を丁寧に捉えることのできるツールであるとも確信しています。また、TEM に可能性を見いだし、分析に使ってみたいという人びとが、国内外を問わず現れているのも事実です。賛同も批評もウェルカムです。TEM に関心を寄せられたみなさま、ぜひ、ともに学んでいきましょう。

　　　2012 年 8 月 1 日　時間の力を思いながら

　　　　　　　　　　　　　　　　　　　　　　　　編著者　安田裕子

対話的自己論の立場から
複線径路・等至性モデルを祝福する

　心理学の歴史において重んじられてきた主流の発達概念から逸脱しようとしている独創的な考え方を目の当たりにできるのは私にとってエキサイティングだ。

　TEMは非可逆的時間を重視するという清新な方法で，発達に対する高度にダイナミックな視点をもたらした。さらに，TEMは伝統的で単一方向的な段階理論を拒絶する確信的な議論をもたらしている。私は，類似の状態に対して複数の径路から到達可能だという基本的考えを強く支持する。なぜなら発達心理学と文化心理学の交差するフィールドに豊かさをもたらすことができる開放系的な議論の可能性を作り出すからである。

　TEMを読むと，私はこの数十年をかけ培ってきた対話的自己論（Dialogical Self Theory：DST）と通底するものを見いだす。その基本的定式化において，DSTは，複数のＩ（アイ）ポジションたちの対話的関係性が，精神の風景のなかでＩポジションのたちのダイナミックな多元性をもたらすと考え，それによって自己を記述する。

　TEMは，それが時間を重視するのと同じように空間を重視するようになるなら，発達への観点をさらに深めることができるだろう。一方で，DSTの複数のＩポジションという概念が，相互の結合や相互的な定義のなかで理解され，対立する視点や声として機能するのであれば，TEMの両極化した等至点もしくは等至性ゾーン（目標の領域）という考え方と美しいまでに一致する。

　TEMとDSTの両者は，時間と空間をその基礎要件として扱うことによって，発達と自己に関する新しい視点を提案するという意味で，共通点のある立場なのだと考えている。

　　　2012年8月1日
　　　　　ナイメーヘン大学名誉教授　ヒューベルト・ハーマンス

TEMでわかる人生の径路
――質的研究の新展開

目次

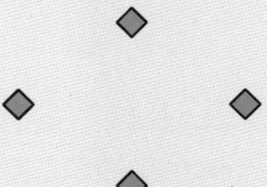

Trajectory Equifinality Model

はじめに　*i*

第1章　TEM入門編——丁寧に，そして，気楽に（楽に雑にはダメ）——————*1*

- 第1節　これだけは理解しよう，超基礎概念——————*2*
- 第2節　質的研究をする私になる——————*4*
  - 第1項　丁寧さの追究　*4*
  - 第2項　1・4・9の法則　*5*
  - 第3項　トランス・ビューを目指すために3回会ってみよう　*8*
  - 第4項　面接場面のポリティクス——話す言葉，録音の可否・文字起こし，そして質問の構造　*9*
- 第3節　1人の人の経験を描くライフストーリーとしてのTEM——————*12*
  - 第1項　はじめに　*12*
  - 第2項　時系列法　*14*
  - 第3項　等至点の明示と複線径路の可視化　*16*
  - 第4項　ライフライン法の援用　*19*
- 第4節　出来事を揃える——4±1人程度のデータを扱ってみるTEM——————*21*
  - 第1項　複数人のデータをまとめるために　*21*
  - 第2項　データを文字にして読もう　*22*
  - 第3項　データを切片化して並べてみよう　*22*
  - 第4項　線を引いて，見直して，論文を書こう　*28*

第5節　9±2人を対象とする研究による等至点の定め方と径路の類型化――32
　　第1項　等至点の設定――研究したい現象を絞り込む　32
　　第2項　分岐点・等至点での力のせめぎ合い　34
　　第3項　非可逆的時間における径路　38
　　第4項　TEMを用いて質的研究をするということ　45
　◆引用・参考文献――47

第2章　実践編――TEM研究の可能性と多様性――49

　　はじめに――本章に収録される研究のオーバービュー――49
第1節　支援者としてあり続ける人を追う
　　　　　――ライフストーリー――55
◆1-1　DV被害者支援員としての自己形成――55
　　第1項　研究パート　55
　　第2項　Making ofパート　67

◆1-2　ひきこもり親の会が自助グループとして安定するまで――71
　　第1項　研究パート　71
　　第2項　Making ofパート　85

第2節　保育・保健専門職の格闘を味わう
　　　　　――アクションリサーチ――88
◆2-1　保育者の感情労働――88
　　第1項　研究パート　88
　　第2項　Making ofパート　96

- ◆ 2-2　地域住民と保健師の相互関係による自主グループ活動の展開プロセス―――99
  - 第1項　研究パート　*99*
  - 第2項　Making of パート　*109*

第3節　大学生の学びを支援するために
　　　　――フィールドワーク―――112
- ◆ 3-1　卒業論文を書き上げるまでの逡巡過程―――112
  - 第1項　研究パート　*112*
  - 第2項　Making of パート　*121*
- ◆ 3-2　大学生がカウンセリングルームに行けない理由・行く契機―――125
  - 第1項　研究パート　*125*
  - 第2項　Making of パート　*134*

第4節　**女性に働く力**――パワーアナリシス（文化圧力分析）―*137*
- ◆ 4-1　1980年代の20歳代女性が目指させられた「ふつうの結婚」―――137
  - 第1項　研究パート　*137*
  - 第2項　Making of パート　*143*
- ◆ 4-2　在米日本人留学生が日常的化粧をしなくなる移行プロセス―――148
  - 第1項　研究パート　*148*
  - 第2項　Making of パート　*151*
  - ◆ 引用・参考文献―――*158*

第3章 拡張編 —————————————————— 163

 はじめに ——————————————————————— 163
 第1節 発達研究の枠組みとしてのTEM ———————— 165
  第1項 回顧型研究の問題 166
  第2項 前向型研究の利点 167
  第3項 発達メカニズム熟考 168
 第2節 臨床実践への適用可能性 ——————————————— 171
  第1項 はじめに——語りとTEMの接点 171
  第2項 可視化ツールとしての臨床的効用——TEM図を介した意味づけの確認 172
  第3項 思考ツールとしての臨床的効用——不定へのアプローチ 174
  第4項 まとめにかえて——マスターナラティヴを主体的なナラティヴに転換する宛先として 177
 第3節 三次元TEMの可能性——供述分析 ———————— 178
  第1項 はじめに——TEMの三次元化の試み 178
  第2項 三次元TEMと供述分析 180
  第3項 三次元TEM作成ツール——KTH CUBEシステム 183
  第4項 おわりに——三次元TEMの意義とさらなる可能性 186
 第4節 気楽な方法論としてのTEM ——————————————— 188
  第1項 共通性，差異，時間の流れ 188
  第2項 TEMを書かせてみる 189
  第3項 TEMの使い方 190
  第4項 方法は簡単で気楽なほうがいい 192

第 5 節　アセスメント（心理査定）への文化心理学的な新しい見方——記号媒介によるダイナミックな階層化—————————*192*
　　　第 1 項　記号的媒介の文化心理学——ダイナミックな階層化　*192*
　　　第 2 項　アセスメントのためのアリーナ——潜在的成長のための特定の位置　*197*
　　　第 3 項　結　論——アセスメント行為の記号論的性質　*202*
　◆引用・参考文献—————————————————————*204*

第 4 章　理論編——時間を捨象しない方法論，あるいは，文化心理学としての TEA—————*209*

　第 1 節　TEA（複線径路・等至性アプローチ）への昇華——理論・方法論・認識論として————————————————*209*
　　　第 1 項　TEM，HSS，TLMG の統合としての TEA（複線径路・等至性アプローチ）　*209*
　　　第 2 項　TEM を中心とする TEA の基本となる文化心理学という考え方　*215*
　　　第 3 項　文化が人に属する。そして，記号の豊穣性について考える　*219*
　　　第 4 項　文化の内化は，記号の内化である　*221*
　第 2 節　概念ツールという考え方——質的研究の新しいアプローチとしても—————————————————*222*
　　　第 1 項　概念ツールを使う質的研究の特徴　*222*
　　　第 2 項　人間とその内界の豊かさ・多様性を強調する概念〔等至性，複線径路，両極化した等至点，（選択しなかった）径

　　　　　路の可視化〕 *225*

第3項　何かを判断・経験したりしなかったりすることを表わす
　　　　概念〔等至点，分岐点，必須通過点〕 *228*

第4項　個人の内的状態を表現する概念〔不定（uncertainty），対
　　　　話的自己（DS），目標の領域（ZOF），統合された個人的
　　　　志向性（SPO）〕 *229*

第5項　時間に関する概念〔非可逆的時間，画期点（＝期を画す
　　　　る経験）〕 *231*

第6項　システムとしての分析ユニット（個人，団体）に関する
　　　　概念〔開放系（オープンシステム），多声的・山脈的自己〕
　　　　233

第7項　社会から個人に働くパワーを記述する概念〔社会的方向
　　　　づけ（SD），社会的ガイド（SG）〕 *235*

第8項　発生のメカニズムを記述する概念〔発生の三層モデル
　　　　（TLMG），記号，促進的記号（PS）〕 *236*

第9項　発生のレベルを記述する概念〔文化的発生，個体発生，
　　　　記号発生，行為発生（AKTUAL GENESE）〕 *239*

第10項　その他の概念〔偶有性（Contingency），ラプチャー
　　　　（Rupture：突発的出来事），価値変容経験（Value
　　　　Transformation Experience：VTE）〕 *240*

◆引用・参考文献─────────────────*242*

おわりに　*245*

謝　辞　*246*

索　引　*247*

重要語一覧

TEM に関連する略語

BFP（Bifurcation Point）	分岐点
EFP（Equifinality Point）	等至点
HSS（Historically Structured Sampling）	歴史的構造化サンプリング
OPP（Obligatory Passage Point）	必須通過点
P-EFP（Polarized Equifinality Point）	両極化した等至点
SD（Social Direction）	社会的方向づけ
SG（Social Guidance）	社会的ガイド
SPO（Synthesized Personal Orientation）	統合された個人的志向性
TEA（Trajectory Equifinality Approach）	複線径路・等至性アプローチ
TEM（Trajectory Equifinality Model）	複線径路・等至性モデル
TLMG（Three Layers Model of Genesis）	発生の三層モデル
VTE（Value Transformation Experience）	価値変容経験
VTM（Value Transformation Moment）	価値変容点
ZOF（Zone of Finality）	目標の領域

TEM に関連するその他の重要語

Equifinality	等至性
Irreversible Time	非可逆的時間

その他の略語

FAQ（Frequently Asked Question）	よく聞かれる問い
GTA（Grounded Theory Approach）	グラウンデッド・セオリー・アプローチ
ZPD（Zone of Proximal Development）	発達の最近接領域

第1章
TEM入門編
—— 丁寧に,そして,気楽に(楽に雑にはダメ)

　複線径路・等至性モデル(Trajectory Equifinality Model：TEM)は時間を捨象せず個人の変容を社会との関係で捉え記述しようとする文化心理学の方法論である。

　この章では,TEMの基本理念や方法上の概念などをひとまず脇においておいて,TEMを用いて研究する方法について概説を行う。一種の紙上ワークショップである。

　理念や方法はじっくりと本書全体を読むことで考えることとして,手と頭を動かしてTEMに馴染んでほしい(スグにでもやってみたい人は,第1節を読んだあと,第2節は読み飛ばして第3,4,5節を読んでやってみよう)。

　ただし,この後で何度も指摘されるように,TEMは丁寧にデータを扱うための「手法」であり,決められた手順を示す「マニュアル」ではない。以下では大きく三つのやり方を紹介するが,そのいずれもが必要条件でもなければ十分条件でもない。データと丁寧に向き合うための媒介的な手段だと思ってほしい。質的研究においては他の研究法以上に,概念や方法の理解が必要であることは疑いない。しかし,だからといって型どおりにやればよいというものでもない。

　少し厳し目のことも書いたが,楽しく研究していくためのツールとしてTEMを可愛がってほしいと願っている。

■第1節　これだけは理解しよう，超基礎概念

　複線径路・等至性モデル（Trajectory Equifinality Model：TEM）の特徴は，人間を開放システムとして捉えるシステム論（von Bertalanffy, 1968/1973）に依拠する点，時間を捨象して外在的に扱うことをせず，個人に経験された時間の流れを重視する点の2点にある。さまざまな概念を用いて現象を捉えていく方法論であり，具体的な研究成果は第2章で，TEMを構成する概念の網羅的な理解は第4章で，それぞれ読み進めていただけることだろう（第3章は「拡張編」である）。

　枠組みとしての概念があればこそ，豊かな現象をその概念にもとづいて捉えることが可能になる。しかし，概念にしばられて分析が手続きに追われるようでは，本末転倒になってしまう。TEMで用いられる諸概念は，特定の現象をより丁寧に理解しようとする格闘のなかで生み出されてきたものであり，読者の1人ひとりが関心をもっている現象に対して理解を進める際に，すべての概念を用いる必要はない。言い方をかえれば，現象を捉えるその焦点のあて方によって，必要な概念を必要なだけ用いればよいのである。

　ただし，概念のなかには，TEMの特徴を明確にするうえで欠かすことのできないものがいくつかある。黎明期のTEM図（**図1-1**）を見てみよ

図1-1　黎明期のTEM図（Valsiner, 2000）

う。

　ここには，非可逆的時間（Irreversible Time），分岐点（Bifurcation Point：BFP），等至点（Equifinality Point：EFP），径路（Trajectory）という四つの概念が記されている。

　非可逆的な時間の流れのなかで生きる人の行動や選択の径路は，**図1-1**でTrajectory①〜③として記されているように，複数存在すると考えられる。しかし，どこまでも自由に選択・行動ができ，末広がり的に径路が存在するというわけではなく，歴史的・文化的・社会的に埋め込まれた時空の制約によって，ある定常状態に等しく（Equi）辿りつく（final）ポイントがある（安田, 2005）。それが等至点（EFP）である。こうした有り様は，等至性（Equifinality）という概念に含意されており，等至性を具現する収束点としてEFPが概念化されている。一方，径路が発生・分岐するポイントは，分岐点（BFP）として概念化されている。BFPもまた，非可逆的時間とは無関係であり得ない。BFPとそこから枝分かれする径路は，本来的には，人が所与の道を辿っていくような，既存の固定的なものではなく，決して後戻りしない時間経過のなかで生じるものである。もちろん，EFPと同様に，歴史的・文化的・社会的に影響を受けたなかで発生するポイントでもある。

　以上のように，等至性，等至点，分岐点，非可逆的時間，径路といった，TEMの骨組みとなる極めて基礎的な概念を理解しておけば，あとは，現象や経験を丁寧に捉えるという質的研究の原則に則って，人間の発達や人生径路の多様性と複線性を描くというTEMの特徴を活かしながら，研究目的に応じた用い方をすればよい。このことを踏まえたうえで，TEMを用いて現象や経験を捉える際のコツをいくつか記していく。

　　　　　　　　　　　　　　　　　　　　　　　　　　（安田裕子）

第2節　質的研究をする私になる

第1項　丁寧さの追究

　質的研究で最も大事なことはなにか。それは，丁寧に研究することである。丁寧に問題を考えて，丁寧にデータを集め，丁寧に分析し，丁寧に考察する。もし丁寧さが不要だというのであれば，質的研究以外の方法を用いる方が色々な意味で楽であり妥当であろう。

　私たちの主張はTEMを用いればある種の丁寧な研究ができる，ということに尽きる。なぜなら，TEMは個々人のライフ（生命・生活・人生）に関するテーマについて，その人が生きてきた時間を重視しながら考える方法だからである。時間を重視することは，その時の場所を重視することにもなるから，具体的な特定の人のあり方を具体的な時空とともに考えることである。時空をバフチンの言うクロノトープと言いかえてもいいし，ヴァルシナーの言う文化と読みかえてもいいが，TEMの主眼はクロノトープや文化という概念にあるのではない。時空（文化）とともにある人のあり方そのものを記述することがTEMの目標であり，自己や性格などの抽象概念を用いないため，地に足のついた丁寧な記述が可能になると考えられるのである。

　もちろん，このことは，TEMが他の方法より優れていることを意味するわけではない。他の方法を用いてはダメだということは，なおさら意味しない。丁寧にできるのであれば，どのような方法を用いても構わない。ただ，質的研究には皮肉な側面があり，自分としては丁寧にやろうと考えて一つの方法を選んで丁寧にやっているつもりでも，結果として丁寧さが阻害されるような条件がある。それは本人にとっても方法にとっても遺憾なことである。

　TEMは単なる技法のマニュアルではなく，具体的なライフ（生命・生活・人生）を丁寧に考えることを本質的に含んでいる方法論である。それは時間を捨象しないことに端的に表われている。時間を捨象しないで考えることは結構つらいことでもあるが，その分，人の人生に関する経緯を考

えることができる。したがって，他の方法を用いている人にも，一部の問いに関してTEMを用いることを自信をもって勧めたいのである。

第2項　1・4・9の法則

　よく聞かれる問い（Frequently Asked Question：FAQ）がある。それは，「研究を行うにあたってどれくらいの人数を対象にすればよいのか？」というものである。もちろん，この問いは質的研究のみにあてはまる問いではない。量的研究でも同様であり，データ・対象が増えれば情報量が増えるので，単純に答えることが許されるなら，多ければ多いほどよい，ということになる。しかし，データを統計ソフトで扱う量的研究とは異なり，質的研究の場合は対象とする人数が多くなれば，たとえ情報は増えるとしても分析が雑になるおそれがある。したがって，質的研究の場合には単純に多ければ多いだけよいとは言えない。修士論文など締め切りが設定されているものについてはよく考えたうえで人数を決める必要がある，ということは言えるだろう。

　TEMは人間のなかに変数（内向性や自己顕示欲求など）を仮定してそれを測定するのではなく，人間の経験を扱おうとする。人の具体的な経験に関心をもち，その経験は何を意味するのか，どのような径路でその経験にたどり着いたのかを知るためには，まずは自分が知ろうと思う経験事象に焦点をあてたサンプリングが必要である。それこそが経験をすくいとるための「歴史的に構造化されたサンプリング（Historically Structured Sampling：HSS）」であり，TEMはHSSと表裏一体の関係にある。

　TEMで研究をするには研究者が関心をもった経験を等至点として設定し，その等至点となる事象を経験した人を対象にすることになる。そして，その等至点に至る径路のあり方を扱う。ここで問題になるのは，異なる人が同じ経験をすると言えるのか，というものである。これは，厳密に答えれば答えはノーとならざるを得ないが，たとえば入学とか不登校などが全く個別の経験ということになるかと言えば，そうとも言えない。また，個々人の経験が全く異なると言ってしまえば，他者の経験の理解の努力は他の人にとっては無意味になるから，全く同じでないとしても「同じ

ような＝類似の」経験を研究者が自身の責任において焦点化してまとめて捉えることには意味があるだろう。人は，全く同じ経験をするわけではないが，社会的に見れば類似の経験をする。研究を行う人自身が，その研究しようとしている経験に至る径路を研究することに意味があると考えるなら，HSSの考え方に従って類似の経験をしている人をサンプリングすることが可能となる。

　さて，最初の問い，研究の対象者の人数を何人にするべきか，という問題に戻ろう。このことについて筆者は「1・4・9……の法則」という経験則を提唱している（サトウ・安田・佐藤・荒川，2011）。より細かく言うと，質的研究，ことにTEMによる研究の対象者数は，1人，4±1人，9±2人，16±3人，25±4人という具合で，異なる質を生み出しうる，というものである（**表1-1**）。

　たとえば，1人を対象にする研究がその研究結果について「1人きりのことだから特殊なものだ」と思ったとしよう。その時，対象者を2倍にして2人にすれば特殊性が消えてなくなり研究の質が2倍よくなるということはない。むしろすべてが中途半端になってしまい，1人を対象にした研究よりも劣ってしまうということが多い。いくら研究者本人が，対象者を2人にしたから1人の時より2倍よいと思っても，研究を読んだり聞いたりしている人たちには到底そのようには感じられないということである。これは経験則であるから2人を対象とすることで2倍以上よくなる研究が皆無だと断じたりはしない。しかし，実際には対象を2人にすると中途半端な研究になる。これはもとより経験則であるから目安に過ぎないが，多くの経験にもとづいているので侮れない。

　一方で，4±1人（つまり3〜5人）を対象にしてTEMを用いてみると，1人の時とは異なる質の研究を実現することができる。それは，1人の時では見いだすのが難しい「誰もが経験すること」としての必須通過点を見いだすことが容易になり説得力を増すということであったり，現象の多様性を見いだすことができる，ということだったりする（ただし，等至点に至るまでの径路が多様だとしても，それが何を意味するのかはわかりにくい場合が多い。必須通過点を際だたせるものではあるが，それ以上のもの

表 1-1 「何人を対象にして話を聞くか」についての経験則（荒川・安田・サトウ，2012）

インタビュー対象者数	利点
1 人	個人の径路の深みをさぐることができる
4±1 人	経験の多様性を描くことができる
9±2 人	径路の類型を把握することができる

ではない）。ここでも，4 人よりも 2 人増やして 6 人にしたから 1.5 倍良くなるということはなく，かえって中途半端になるという経験則が存在する。研究者が「自分は頑張って対象者を増やして分析もやった！」という充足感を感じたとしても，それが他の人には伝わりにくいのである。

そして，9±2 人（つまり 7〜11 人）を対象にすると，また違った実感を得ることができる。TEM で言えば径路の類型化が見えてくる。つまり，等至点に至る径路は多様であるとは言っても，ある一定の幅に収まらざるを得ないということが見えてくるのである。たとえば，二者択一の選択肢が三つあるなら，それをすべて通る径路は 2 の 3 乗で 8 となる。ところが実際に聞き取りなどをすると，すべての可能な径路が平均的に選ばれるということはなく，実際にはいくつかの径路に収まってしまうのである。そのようなパターン（類型）こそが社会・文化の力を照射するものであると言え，TEM を用いることの意義の一つと言えるだろう。

1 人を対象にした研究では，径路の類型などを考えることは原理的に困難である。経験的に言えば，対象者 4 人の研究をしている人が頑張って 1, 2 人増やしたとしても，9 人の研究で得られることには到達しづらい。だが，1 人の人を対象にした時とは異なる多様性を見ることが可能になる。9 人を対象にした場合，一見すると自由なような選択が社会・文化によって一定の型に導かれていることを実感できる。

16±3 人（つまり 13〜19 人）や 25±4 人（つまり 21〜29 人）を対象にすると，径路の類型を越えた世界に到達することができるかもしれない。それが何であるかは今のところ不明であるが，そうした研究が現れるのを

楽しみにしているところである。

第3項　トランス・ビューを目指すために3回会ってみよう

　人数の問題ほど聞かれるわけではないが，FAQ の一つに，1人の対象者と何回会って話を聞くべきか，という問いがある。

　答え方は難しいが，可能なかぎり3回会う計画をたてることを筆者は推奨している。3回会うことこそ丁寧に話を聞くことにほかならない，と定義したいのである。状況によっては1回しか会えない，ということもあるだろう。それがダメということではないが，やはり3回は会えるように手を尽くすべきだ，という主張である（結果として会えなければ仕方ない）。

　一般に，人と人が会う場合，初対面はお互いにストレンジャー（見知らぬ人）同士である。何をどこまでしゃべっていいかわからないというのが普通の感性であろう。2度目に会う時は，名前を見れば，こんな名前の人に会った，と認識できる関係である。その時の印象や前回の話の内容を前提に，お互いの人間性も理解しながら話をすることができる。さらにもう1回，3度目に会うことになれば，より一層関係は深まる。3度目ともなれば顔も名前も一致することが多い。お互いがお互いを再認識できる関係になる。再認識は英語で recognition である。心理学だと cognition も recognition も似たような単語として理解しようとするが，後者は再認識である。社会科学では「承認」と訳すこともある。

　さて，単に3回会えばよいというものでもない。重要なことは毎回 TEM を作ってみることである。1回目が終わった後に TEM を試行的に作り，2度目に持って行く。すると，その TEM を用いて会話が弾むのである。時にはお互いに「言った」「言わない」の押し問答になるかもしれないが，それでも，研究者の側がどのように話を理解しているのかを TEM を用いて表現することができるので，話を深めることが可能なのである。なお，ズレに関して，どちらかが正解でどちらかが誤解，と考える必要はない。「岡目八目」という言葉があるように，非当事者の方が正しい認識をもっている場合もあるだろう。いずれにせよ，ズレをノイズのように扱ってはならず，ズレそのものが重要であり楽しむことが重要なので

あり，それをもとにして相互の認識を深めていくことが重要なのである。

　一度会って話を聞き，その内容で TEM を描き，それを持って会いに行き話を聞く。そしてそれをもとにさらに TEM を描き，それを持って会いに行き話を聞く。つまり，3 回会うことによって，両者が納得のいくTEM を描くことが可能になる。

　両者が納得した TEM 図は，「トランス・ビュー」を表わしている。インタビューは「意味のある会話」などと定義されることもあるが，原語をみれば Inter-view であり，見方（view）の間（inter），という間主観的な意味を表わしている。トランス・ビューは Trans-view であり，Trans を融合の意味として訳そうという筆者の主張（サトウ，2012）に即して考えれば，見方（view）の融合（trans），という意味を表している。トランス・ビューは，視点・観点の融合を意味し，お互いの異なる見方を融合することに他ならないから，結果の真正性（authenticity あるいは trustworthiness）により近づいたものになるだろう。

　確言できることは，3 回会えばトランス・ビューが可能になる，ということではなく，トランス・ビュー的な TEM を描くために最低 3 回は会った方がよいというガイドラインである。

　最後に，修士論文など，提出期限が定められている時は，人数から決めるのではなく，会う回数を 3 回と定めたうえで，現実的に何人のデータを分析できるのか，を考える方がいい。人数が多い方がよいという気になってとにかく多くの人に会って話を聞きたいと思うかもしれないが，それこそ，研究を雑にすることになってしまうのである。3 回会うことを基準にして何人の人の話を聞くかを決めるべきである。

第 4 項　面接場面のポリティクス――話す言葉，録音の可否・文字起こし，そして質問の構造

　相手に話を聞く時に，可能であれば，その人がふだん使っている言葉を使うようにしたい。いわば方言である。TEM は人間の経験を尋ねることが基本であり，経験は具体的な場所と時間に埋め込まれ（Embedded）ている。関西弁，東北弁，という大ざっぱなカテゴリーが有効かどうかは

ともかくとして，ふだんの生活を成り立たせている言葉を使う方がよい面接につながることは言うまでもない。標準語は多くの人にとって「TVの言葉」であり，テレビ番組でインタビューされたようなカタいやりとりになってしまうおそれがある。自分がいつも使っている言葉で話をしてもらうことが一番よい。初回から崩して話をすると相手に対して失礼な印象を与えることもあるから，初回は「丁寧さ」を演出するために標準語でしゃべる，ということはあり得る。

　なお，丁寧さ，ということについて付言するなら，自分が対象にする現象について事前の準備をしておくことは重要である。たとえば，現在50歳くらいの人にアイドル経験を聞くのであれば，30年前のアイドル状況について知識を仕入れておくべきだし，自分で研究所を作ってフェミニズム・カウンセリングをしている人についてその経験を聞くのであれば，フェミニズム・カウンセリングに関する内容はもちろん，研究所の運営などについての知識を仕入れておく必要がある。要は相手の話を聞けるように事前準備を怠らないということである。

　さて，すべての方言をしゃべれる人もいないだろう。そういう時は，通訳を起用するか，あるいは，数人で「おしゃべり」をしてもらうとよい。そうすると自然といつもの語り口になるだろう。通訳や語り合い法（大倉, 2008）は，扱う問題がプライバシーと関与する場合には適用しづらいが，気楽な話題の場合にはやってみる価値がある。

　録音はした方がいい，そして，それはすべて文字にする方がいい。その方が丁寧に研究できる。したがって，対象者に対して誠心誠意，録音の意義を訴えて許可をもらうことが望ましい。録音する方が，対象者にとっても言ったことが正確に伝わる，という利点があることを理解してもらうことは重要なポイントの一つである。個人的な内容を話す時には一部でも録音を止めることができるようにするとか，きめ細やかな配慮を伝えて，可能なかぎり録音の許諾を得ることが望ましい。

　ただし，録音できなければダメということではない。録音という技術的側面が研究内容を規定することがあってはならない。録音が許可されずメモしかできない場合はメモを用いればいいし，メモさえも許されないなら

記憶で対応すればいい。

　なお，録音ができず記憶しか頼るモノが無い場合には，質問を構造化することが望ましい。なぜなら，できるかぎりの構造化をすることによって記憶が体制化されるからである。そして，TEM の概念を用いることによって，どのような質問をすればよいのか，が構造化できる。ここで，個別のテーマについて，どのような質問がよいのかを具体的に示すことはできない。しかし，TEM の概念を用いることで，どのようなポイントのどのような出来事を聞くことが重要なのかがわかるのである。それは，単純に言えば，分岐点，必須通過点的な出来事を聞くということであり，そこでどのような選択をしたのか，選択をする際に助けになったり妨害したりしたことはないのか，を聞くということである。また，メモについては，単に相手の言葉を記すのではなく，TEM 的な図を仮説的に描いてみて，それを相手に見せながら質問を構成することも有効なはずである。

　きくという言葉には，「聞く」「聴く」「訊く」という漢字が，たずねるという語にも「尋ねる」「訊ねる」という漢字があてはめられる。面接において，「訊く」「訊ねる」になってしまってはいけないことは言うまでもないことである。構造化面接を用いると，自分が質問項目を思い出すのに必死になってしまい，「訊く」雰囲気になってしまうことが多いので注意が必要である。

　以下，この章の第3節以降では「1・4・9」の法則に沿った TEM の描き方を例示する。

　まず，第3節はサトウタツヤが，個人の聞き取りを TEM 的に表現するやり方を解説する。第4節は荒川が，4人ほどのデータを対象に出来事を揃えるという観点からそのやり方を解説する。第5節は安田が，9人ほどの調査を行う時の等至点の設定の仕方や聞き取りをもとに径路を描くやり方について簡単に解説する。この三つのやり方は，どれが正解ということではない。これらを参考にして，TEM のやり方の本質を自分なりに把握して，丁寧な研究ができるように自分なりにアレンジしてほしい。第2章の八つの個別研究をみれば，それぞれの研究者がそれぞれの工夫をして研究を深化させている様子もわかるから，それも参考にしてほしい。

（サトウタツヤ）

第 3 節　1 人の人の経験を描くライフストーリーとしての TEM

第 1 項　はじめに

　個人のライフ（生命・生活・人生）をどのように描くか。研究者によってテーマはそれぞれであろう。ここではアイドルに関心をもつ，熱中するということを例にとってみよう。仮想的に，1 人の人にインタビューをして語ってもらったということを設定してみる。

　この場合，聞く側は，「どのようなアイドルに夢中になりましたか？」という問いをしたり「最初にファンになったのは誰ですか？」「どんなレコード・CD を買ってましたか？　ダウンロードしましたか？」というようなことを尋ねたりすることになる。これらの問いは，内容に関する根本的な問いであるが，それに加えて，おそらく，いつのことかを聞くであろう。小学生の時なのか，中学生の時なのか，という情報を尋ねることになるはずである。

　アイドルに熱中した時のことを研究するということは，それがいつの時期であるのか，ということも必然的に含まざるを得ない。答える方は，

　　「小学校の時は，周りの男の子がアグネス・チャンのファンで，ラジオ番組の『は〜いアグネス』みたいな番組を毎週聞いていた気もするが，自分はファンとまでは言えなかった」
　　「小学生の頃，南沙織の歌も気に入っていたが，レコードは買っていないと思うし，どちらかというと声と歌が好きで，アイドル的に好きになっていたわけではなかった」
　　「初めてレコードを買ったのは太田裕美『木綿のハンカチーフ』だった」

などということを言うであろう。ちなみに，レコードを買うには財力が必要だから，小学生のお小遣い事情が影響していたことは想像に難くない。

「中学生の頃は，野球部に入り，プラモデル作りも趣味だったので，アイドルにはあまり関心はなかった」「中2の時の同級生たちが，『グレープ・ライブ 三年坂』というテープを貸してくれて，さだまさしのファンになった」

「でも，桜田淳子のレコードを買った気がする」

「友達は山口百恵のレコードを買っていた」

「キャンディーズが解散したのが高校の入学式の翌日で，何人かは夜中の番組を聞いてから入学式に来ていたのを覚えている」

「山口百恵が引退した時のことはほとんど覚えてない」

「高校の時は，ピンクレディーが異様に売れており，しかしアンチの立場で，ファンではなかった」

「どちらかというとフォーク／ニューミュージックにはまっていて，高校1年の冬にオフコースの『さよなら』が出るのだけれど，それ以前からファンだったことが自慢」

「男性フォークのコンサートには行ったけれど，アイドルとは無縁だった」

「高校の3年間は部活動と体育祭にエネルギーを注いでいた」

などということも言うであろう。しゃべっているうちに次々と思い出してくることがあるだろう。個人にとっては重要な思い出が溢れてくるかもしれない。

そのような個人的な思いはともかくとして，ついに，「大学時代に松田聖子がデビューし，ファンとまでは言えなくともすべてのアルバムを買っていた」ということを語ってくれるかもしれない。また，「家庭教師をしていた中学生が松本伊代のファンになり，〈瞳そらすな僕の妹〉というキャッチフレーズを覚えている」などということも語ることになるだろう。松田聖子について，すべてのアルバムを買っていながら「ファンとまでは言えない」という自己認識はどこからくるのだろうか？ なお，松本伊代のデビューから約1年間は，アイドルの全盛期であり（いわゆる花の82年組），小泉今日子，堀ちえみなど，現在も芸能界で活躍する人びとが

アイドルとして妍(けん)を競っていた時代にあたる。

　以上，個人の経験は，まさにその時代のその国の出来事と密接に関連しているから，その時代を生きていた人には懐かしい名前が並んでいるように見えるだろうし，そうでない人には全く実感のもてない名前が並んでいることだろう。しかし，そうではあっても人間が成長していく一つの側面ということを考えれば，何らかの普遍性が横たわっているはずである。

　これらを整理するのは次項に回すとして，一つ厄介な問題に触れておく。それは，当人が思っている時期が本当にその時期なのか，ということである。アイドルのファンというようなことであれば，誰がいつデビューしたのかを調べることによって齟齬を調べることもできるが，そもそも個人的な経験（初恋，のような）である場合には，調べることが難しい。ここで，社会学的にライフヒストリーを志向するか，それとも心理学的にライフストーリーを志向するか，という分岐点がでてくる。つまり，客観的事象との摺り合わせを厳密に行うか，ということは，ある時代のある社会を生きた個人の歴史（history）として扱うか，個人的物語（story）として扱うか，で異なってくるのである。そして言うまでもないが，どちらを志向するかは，自分がどちらをやる方が楽しいかで決めたらよい。

第2項　時系列法

　前項で取りあげたインタビュー的なデータをどのように扱うか。まずは，時系列に並べるということがあげられる。語っている本人も小学生の時は，中学生の時は，という具合にしゃべっているから，それぞれの時期ごとにまとめたくなるのは当然である。思春期以前の子どもにとって学校という枠組みは強烈な時間支配の枠組みであり，その枠組みのなかで生活が組み立てられているのは当然のことだから，こうした整理法には一定の意義が認められる。

　まず非常に大ざっぱにまとめると，

　　　小学生高学年　　　友達がアイドルに熱中することによる関心の芽生え
　　　中学生　　　　　　歌手としてのアイドルへの興味の芽生え

	男性フォーク歌手への同一性の芽生え
高校生	アイドル関心潜伏期（男性フォーク歌手への熱中が勝る）
大学生	アイドルへの熱中の始まり

というようなことになる。これを時間軸上に描くとTEMになるのだろうか。このような流れを数直線的なタイムライン上に描いてみると**図1-2**のようになる。

しかし，この図には問題の方が大きい。問題は，本人の時間よりも，就学に関する時期区分の方が優先されている，ということにある。学校の運営はクロックタイム，カレンダータイム（物理的時間，クロノス）によって成り立っている。つまり，本人の生きられた時間（心理的・経験的時間，カイロス）による理解になりにくいのである。したがって，生きられた時間を重視することが必要である。

図1-2はあえて何年何月ということは書いていないが，もし書き入れれば完全に年表となる。つまりこの図は個人年表的な表現方法である。この1人の人がそれぞれの時期においてアイドルとどのような心理的距離をとってきたのか，ということを理解することができるだろう。しかし，このような理解はTEMとは異なる。

では，TEM的にするためにはどうするか？　まず，非可逆的時間の矢印を引くことである。この矢印は，時間を空間的に表わすことを目的にしているのではなく，生きられた時間，持続的時間（心理的・経験的時間，カイロス）を象徴的に示すものである。非可逆的時間という→を描けば

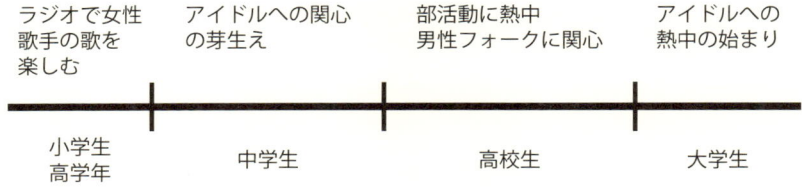

図1-2　タイムライン的なまとめ

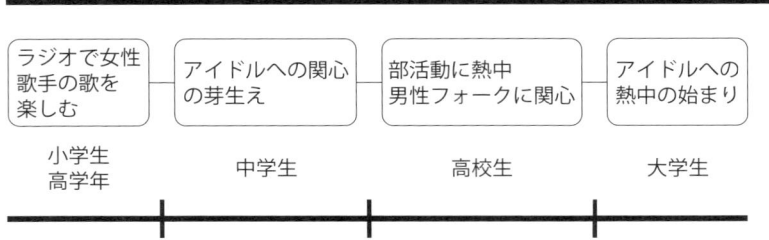

図1-3　非可逆的時間上の変遷

TEMになるという最も寛大な立場からすると，→を引いているこの図はTEMなのだと言えるかもしれない。他の立場，たとえばTEMは変容を描かなければいけないという森の立場（第3章第1節）からすれば，**図1-3**はTEMからはほど遠いという理解になる。

つまり，**図1-3**には非可逆的時間を入れてみたが，これもTEMとは少し違うのである。見た目が直線的であり，それは等至点という概念がないからである。等至点という考え方は複線径路（Trajectories）と表裏一体である。

第3項　等至点の明示と複線径路の可視化

そこで，次は図の上に等至点を設定してみよう（**図1-4**）。等至点はそもそも研究テーマと不即不離の関係にある。今回の例では，「アイドルに熱中する」というようなことであった。したがって，両極化した等至点（Polarized Equifinality Point：P-EFP）は，「アイドルには関心をもたない」というような経験となる。ここでは，アイドルへの熱中を縦軸の上に設定し，アイドルへの関心のなさを縦軸の下に設定する。非可逆的時間の→はもちろん必須である。

このように描いてみるとTEM的である。もし仮に，1度目の面接の聞き取りの後に研究者がこの程度のTEM図を描くことができれば，色々と考えるヒントを得られるのではないだろうか。

たとえば，中学生の時に芽生えた関心はなぜ高校生の時に花開かなかっ

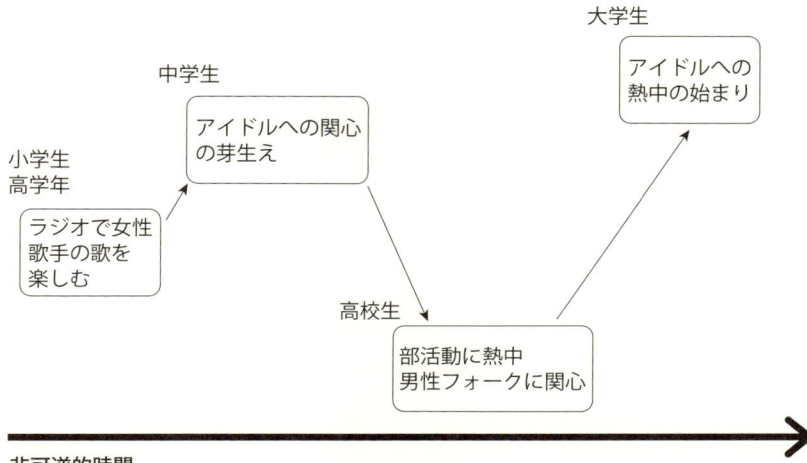

図 1-4　垂直次元上の幅の広がり

たのか？　また，高校生で失われた関心がそのまま持続せず，なぜ大学生では関心をもつようになったのか？　などということが，次に焦点をあてるポイントとして浮かび上がってくるであろう。この**図 1-4**は「アイドルへの熱中の始まり」を等至点として扱って描いた図であったが，等至点という概念が明示的に書かれていない。そこで等至点という語を図に描いてみる必要が出てくる。その際には，両極化した等至点も同時に描き入れることになる。また，等至点は，その補集合的な内容を両極化した等至点として表わすことが必要とされており，径路の幅を可視化することができる（18 頁，**図 1-5**）。

　等至点を設定することによって，「大学生の時にアイドルに関心をもち始めた」という表現の「大学生」には力点が置かれないようになる。そして，せいぜい「アイドルに熱中するという経験（等至点）に至ったのは大学生の時である」という表現になる。そうすることによって，「アイドルに熱中し始めたのは高校の時だった」という経験をもつ人と「同じ等至点」に向かう径路を重ねて描くことが可能になる。

　複数の人の経験を一つの TEM 図にする時，ある経験をしたのは大学生

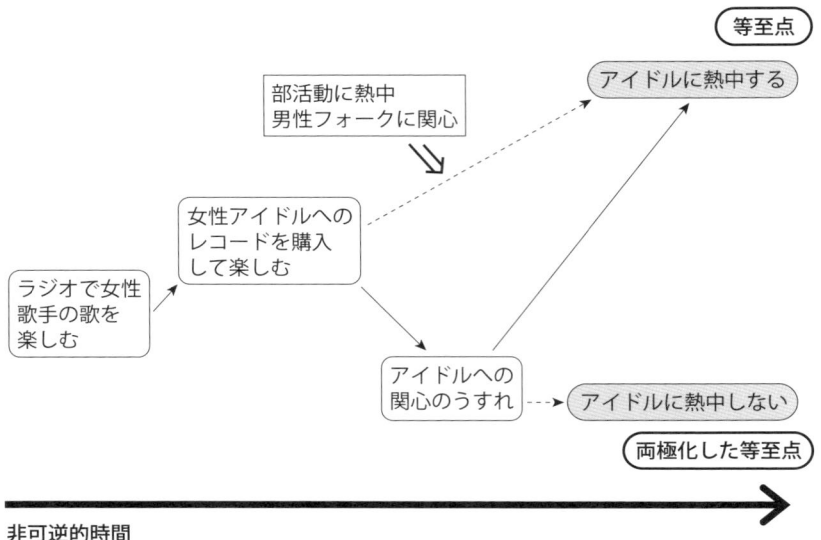

図 1-5　等至点ならびに両極化した等至点の設定

のころだったとか何歳の時だった，というような表現型に囚われず，経験とそこに至る径路のみに関心を払うようになるのは極めて大事である。

　この図は1人の人の経験を描いたものであるが，点線を用いることで，この人が経験しなかったとはいえ，可能だったかもしれない径路を可視化してみることができるだろう。この人の場合には，関心をもちはじめてから熱中するまでに一度冷却期（潜伏期）のような時期があることがおもしろい。もしかしたら，他の人はそうではなく，直線的にアイドルの関心が高まっていくのかもしれない。

　この**図1-5**では，「部活動に熱中」「男性フォークに関心」を経験そのものとして描くのではなく，「社会的な方向づけ」（Social Direction：SD）として描いてみた。部活動に熱中したり，男性フォークを聞いたりしていたことが，アイドルに向かわせない力として働いた，ということを示すためである。この後，アイドルに熱中するようになる時にも同様の力が働いたのかもしれないが，今はわからない。もし2度目の面接が可能なら，そこを突っ込んで聞きたいところである。

この図は一応 TEM 図であると言えるが、この図の問題点は、「ラジオで女性歌手の歌を楽しむ」とか「女性アイドルのレコードを購入して楽しむ」ということが分岐点たり得るのか、ということである。また、分岐点であるとして、必須通過点みたいなものはあるのかないのかということがわかりにくい、ということである。

また、より重要なことであるが、この図の始まりと終わりをどのように表現すべきかをさらに考える必要がある、ということがわかる。この TEM 図は、いわば研究者の素朴な関心にもとづいて、「いつからアイドルのことが気になるようになったか」「本格的に関心をもちはじめたのはいつか」という疑問への回答を素材にしているため、始まりと終わりがこのようになっているにすぎない。

今回は、「アイドルに熱中する」という経験を等至点に設定してインタビューを行い、その回答をもとに簡単に TEM を描く、ということをしてみたものであり、限界は多い。特に、質問時に「いつ誰のことを好きになりましたか？」というような形式を設定したため、本人のクロックタイム、カレンダータイムがより強調されることになった。もちろん、こうしたアンカーポイント（目安となるポイント）をおかずに、「アイドルに熱中したプロセスを語ってください」と聞いたところで、語る方は、「小学生の時に……」と語るであろう。私たちの生活は（義務教育のもとにあっては特に）クロックタイム、カレンダータイムに支配されているのだから仕方がないし、そういう時期について語ってくれなければかえって混乱することも事実である。TEM を描くということは、クロックタイム、カレンダータイムの時間をその人の固有の経験が起きた時であると尊重したうえで、そうしたクロックタイム、カレンダータイムの支配を無力化し、生きられた時間を復権させるということにある。

第4項 ライフライン法の援用

生きられた時間を重視する際に、語りを引き出すうえで有用な方法として推薦したいのが、ライフライン・インタビュー（Life-Line Interview Method：LIM）（Schroots & Ten Kate, 1989；川島, 2007）という手法である。

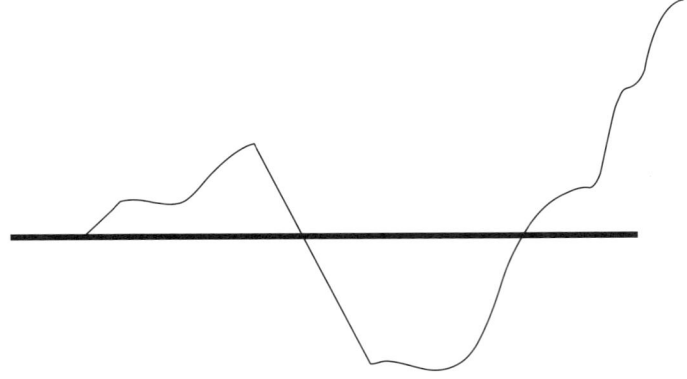

図1-6　ライフライン法

　これは，個人の経験の概略を，対象者に線で表わしてもらうものである。今回の例で言うなら，「ご自分の経験を振り返って，アイドルへの熱中の度合いを曲線で表してください」というような依頼になるだろうか。
　たとえば，**図1-6**のようなラインで描いてくれたとすると，その変曲点（方向が変わるところ）で何が起きたのか，ということを尋ねることができる。ライフライン法は，変化が起きていないところは比較的短く表わされ，変化が多いところは長くなる。実際の時間（クロックタイム，カレンダータイム）とライフラインの長さが比例する必要はないし，変化が多いところが長く描かれてしまうということは，むしろ，生きられた時間の特徴をよく示しているのではないかと思われる。
　このような図も，一度の質問でなかなかキレイに描けるものではない。何度かやりとりをすることで洗練していくことが重要である。またTEMを描くためには，変曲点でどのような経験が起きたのか，その前後で何か重要な出来事があったのか，変曲点において選択肢が複数見えたのか，などについて詳細に聞き取り，TEMを描いていくことが必要になる。

（サトウタツヤ）

第4節　出来事を揃える
　　　　──4±1人程度のデータを扱ってみるTEM*1

第1項　複数人のデータをまとめるために

　この節では、KJ法（川喜田、1967）の思想と手法を少し借りて、複数の人を対象としたインタビューからTEM図を作成する作り方の一例を紹介する。ここで紹介する方法もまた、他のやり方と同じように、標準であるわけでもないし、「正しい」やり方であるわけでもない。一つの例として、TEMで分析するプロセスを体験する手がかりとなることを意図している。

　データの数が多く、どう処理してよいかわからない時の対処方法はいくつかある。第1は、必須通過点を設定して、その必須通過点を通った人を対象として絞る方法である。これはHSS（歴史的構造化サンプリング）的（32頁を参照）なやり方といえる。第2は、初期条件の違い（後述の、親友になるプロセスの例では男性と女性）や、特徴的な経験（親友になるプロセスの例では引っ越し経験の有無など）ごとに分けて分析・比較する方法である。ただし、この場合、TEM図の径路の差異を属性の差異に帰属することになるから、かえって適切ではない場合がある。第3は、まずある程度類似性がある3人か4人くらいのデータで分析をして見通しを立てて、その後（それらのデータをバラして）全データを対象に再度分析する方法である。第4には、まずある程度類似性がある3人か4人くらいのデータを分析して、そこで作られたモデルにその他のデータから得られる知見を加えていく方法である。

　第3の方法の場合も第4の方法の場合も元のラベルや構造に無理やり「分類する」のではなく、柔軟に元のラベルや構造を組み替える姿勢が必要である。

　以上のような議論を踏まえ、以下では、「今までの人生で特に仲の良かった同性の友達と出会ってから、特別な仲（親友）になるまで」という

---

*1　本節は荒川・安田・サトウ（2012）をもとに修正したものである。

ことを研究するために3人に対してインタビューを行った場合を例に、初歩的な分析の訓練をする方法の一つを紹介していく。

第2項　データを文字にして読もう

1. データを文字にしよう

インタビューは、許可をもらえない場合もあるが、可能であれば録音するのが望ましい。そして最初に行うべきことが文字起こしである。文字データに起こすのが面倒であるために、録音を聞きながら一足飛びにラベルとなるキーワードだけを抽出してしまいたいと思うかもしれないが、文字にすることで、（イントネーションや微妙なニュアンスなどの情報を失うのと引き換えではあるが）要約したり、印をつけたりすることが簡単になり、全体を見渡しやすくなる。TEMで分析する場合、会話分析のような精度で文字に起こす必要はないが、余裕があれば、読み返した時に、対象者の話し方が思い出せるようにしておくのがよい。

2. データを読もう

インタビューを文字化したら、それをプリントアウトしよう。パソコン上で見える範囲は、プリントアウトしたものを机の上に広げた場合に見える範囲よりも狭く、またその後の作業にも差し支えるので、パソコン上で作業をやらないほうがよい。

プリントアウトしたら、全データをまず一通り読んでみる。そのうえで、内容や筋立てが理解できるように精読する。

第3項　データを切片化して並べてみよう

1. 切片化しよう

切片化とは文字データを意味のまとまりごとに分節化していくことである。具体的にはプリントアウトしたものを、まとまりごとに、はさみやカッターで切っていく。

普通は二つのやり方がある。①話し手の主題はある程度無視して事象ごとに切り出していく（たとえば「野球部でなじめていないよう（なので）」／「陸上部に誘う」）か，②ボトムアップに話し手の語ろうとしている主題ごとに切っていく（「野球部でなじめていないようなので陸上部に誘う」）という具合である。

ただし，こうした，事象ごともしくは話し手の主題ごとに切り出していくやり方がうまくいかないこともある。なぜなら，第1に，研究で扱えるのは人生のなかの一側面だけの変遷であり，人は，その一側面についてだけ生きているのではないからであり，第2に，研究対象ではない出来事（たとえば，病気）によって研究対象としている経験（たとえば，旅行）の意味づけのレベルが変わってしまうことがあり，人生を変えるような出来事を経験する以前は，それ以降のことを予想して生きているわけではないので，時系列に並べても記述のレベルが合わないということが起こるからである。たとえば大きな病気をして病院から出られずにいるなら，それ以前の夢や将来の見通し（たとえば，海外を飛び回って働く）とは異なる次元に関心が移ること（たとえば，長期の海外旅行は無理になったが，自分のやりたかったことは海外の人との自由な交流なので，海外の人と交流するウェブサイトを作る）は自然なことである。そして，第3に，インタビューのなかで話し手は脱線することがあり，また，直前に聴かれたことに回答しようとして，研究目的上その問いがどのような意味をもっているのかを考えないかもしれないからである。このように，単純に事象ごとに切り出すと，全体の見通しが悪くなってしまうと気づいた時には，③研究のテーマを鑑みて，対応した区切りを抜き出すのも一つの手である。

初めて質的研究に取り組む人は，抽象度の高い概念で事象を捉えがちなので，まず①のつもりで切り出し，次の並べる段階で，うまくまとまるように②を考えながらやってみる方法がお勧めである。③の方法で全体を整理しやすくする一つの方法として，この段階で等至点を決めるやり方もある。等至点に至るプロセスとして個々の事象を整理しやすくなるだろう。しかし，等至点として研究者が考えていたものが実際の現象には合わないこともあるので，ボトムアップに形成されるのを待つのも一つの方法だと

Aさんの事象1	Aさんの事象2	Aさんの事象3	Aさんの事象4	・・・
Bさんの事象1	Bさんの事象2	Bさんの事象3	Bさんの事象4	・・・
Cさんの事象1	Cさんの事象2	Cさんの事象3	Cさんの事象4	・・・

図1-7　事象を順番に並べる

思う。このようにボトムアップなラベルの創出と，トップダウンな枠組みの創出については，やまだ（2002）に詳しい。

　なお，文章を切片化する際には，誰によるいつのデータの何番目の切片なのかがわかるようにしておくと後で便利である。たとえば，カードの裏に書いておくとよい。

2. それぞれの人の経験を時間順に並べてみよう

　複数の人（あるいは複数回のプロセス）を一つのTEMで分析する場合，切片化されたデータを，その調査協力者が経験した順にそれぞれ横一行（左から右）に並べよう。話した順番ではなく，それが起こった順番で並べる。その下に別の調査協力者のものを並べていく（図1-7）。

3. 同じような経験を同じ列に揃えて，ラベルを考えよう

　先の段階では，縦方向の事象の並びには何の関連性もない。経験を順番に横一列に並べたにすぎない。しかし順番こそ違え，複数の人に同じような経験があるはずである。Aさんの二つ目の事象（「同じ感性なのに気づき，仲良くなる」）が，Bさんの三つ目の事象（「2人とも同じ種類の犬を飼っているのに気づく」）と似た経験であるかもしれない。それとCさんの四つ目の事象として，「中1の時に卓球部で出会って仲良くなった」ことが並ぶかもしれない。その場合，Aさんの二つ目の事象以降をずらしてBさんの三つ目の事象と同じ列に並ぶようにする。同じくCさんの「中1の時卓球部で出会って仲良くなった」というラベルの縦の列も合わせる。この時，年月日や時刻，年齢など物理的時間（クロックタイム，カレンダータイムともいう）は同じである必要がない。

このように，その語りにおいて似た機能をもつ語りを縦に揃えていく作業を繰り返す。結果としてある人のデータの前半部分はスカスカで，後半部分はつまるような構造になっているかもしれない。また別の人のデータはその逆かもしれない。この際，次の段階であるラベルづけが意識されるだろう。先の例でいけば，「同じ感性なのに気づき，仲良くなる」「2人とも同じ種類の犬を飼っているのに気づく」「中1の時卓球部で出会って仲良くなった」の三つの経験を一つのラベルで表すことである。

　なお，事象は違っても，相互に排他的な事象が語られている場合には，それも縦に同じところに並ぶようにしておいておく。これらは，後に設定する分岐点から分かれゆく経験として記される。そのために，横の列（1人の人の横一列の事象の並び）は崩して，二つ目の切片については，上からAさん，Bさん，Cさん，三つ目の切片については，ラベルを合わせる関係から，上からBさん，Cさん，Aさん，などのようにしてもよい。たとえば，「互いに顔見知りだったがしゃべったことはない」と「小3の時に転校してきて話すようになる」は，出会い時の関わり方の分岐を示しているので，（別の人のデータであれば）同じ縦の列に並べるということである。逆に言えば，1人の経験として並存しうる経験（たとえば，「小3の時転校してきて話すようになる」と，「共通点を発見し仲良くなる」を，縦に同じところに並べてしまうと時間の流れがわからなくなる。

　さらに，各事象を上側と下側のいずれに配置するかについても考える。そのTEM図が，ある行動傾向の増進と減退に関する図であれば，上に増進した事象，下に減退した事象を書くことで整理することもできる。たとえば，先の事例では，その友達との関係の深化を示す出来事の場合は上側に，その友達との関係の希薄化を示す出来事の場合には下側に布置することで，全体が見通しやすくなる。

　図1-8（26頁）で，Aさんは二つ目の事象として「（後に特別に仲良くなることになる友達と自分が）同じ感性なのに気づき，仲良くなった」と語り，Bさんは三つ目の事象として「2人とも同じ種類の犬を飼っているのに気づいた」と語っている，というような例であり，上下の同じ列に並べている。

| Aさんの事象1 | | | Aさんの事象2 | Aさんの事象3 | Aさんの事象4 |
| Bさんの事象1 | Bさんの事象2 | Bさんの事象3 | Bさんの事象4 |

図1-8 事象を揃える

　並べ終わったら，類似した内容のものをまとめ，それにTEM図の各要素となるラベルをつけよう。最初から順番に，同じ経験だと考えた事象をボトムアップにまとめてラベルをつける。Aさんの事象2（「同じ感性なのに気づき，仲良くなる」）とBさんの事象3（「2人とも同じ種類の犬を飼っているのに気づく」）とCさんの事象4（「中1の時卓球部で出会って仲良くなる」）の場合なら，まとめて「共通点を発見し仲良くなる」というラベルがあり得るだろう。この際，ラベル名が抽象的になりすぎないように注意する。「共通のこと」だけでは何のことかよくわからない。具体的に，できるだけデータのなかで使われている表現（言葉）を取るようにする。また一般的に，外側からの評価ではなく，当事者の言葉・目線を活かすことが重要である。ここで，ボトムアップにラベルをつけるという先の説明と矛盾するようだが，ラベルをつける際に，いったんボトムアップにラベルをつけた後，研究や全体のTEM図の見通しから，ラベルをその位置になじませるように，表現（言葉）を変更する必要がある。これもやまだ（2002）に詳しい。

　このようにラベルを設定していく際に，3種類の問題が起こることが多い。第1は，事象の順番の入れ替わりにどう対応するかという問題である。たとえばラベルをつける際に同じ事象，たとえば「体験の共有」を，Aさんは，上の図の事象2（たとえば「違いに気づく」）の前に経験したと話し，Bさんは事象3（「違いに気づく」）の後で経験したと話すかもしれない。この場合，安易に前か後にまとめてしまうのは好ましくない。なぜなら同じ経験でもその時の状況で異なる意味をもつこともあるからである。たとえば，この例を離れて「1人で散歩する」ということについて考えてみよう。こうした何気ない経験でも，事故で大けがをして車いすの生活になる前と後では経験として全く異なる場合がある。散歩する，という

ことが異なる意味をもったことを明らかにするため，「1人で散歩する」ということを繰り返し描く必要がある場合もある。つまり，「1人で散歩する」という出来事の大けがの前後での意味の違いがTEM図において重要なのであれば，二つの「1人で散歩する」経験の差異がわかるようにTEM図に一見同じ出来事を2回書き込むことが必要になる場合がある。

　第2の問題は，繰り返される事象をどう記述するかということである。一つの方法は，時間経過に沿って社会的方向づけなどを矢印として複数記述し，事象が繰り返される有様を記述する方法であり，もう一つの方法は，TEMで記述されているレベルとは異なるレベルで出来事を生起させている下位または上位システムがあるのだと考えて，その部分に焦点をあてて別のTEM図で記述することである。安田・荒川・髙田・木戸・サトウ（2008）は，未成年者の中絶経験の研究のなかで，本人の経験のTEM図とは別に，パートナーとの関係の変遷についてTEM図を作成している。

　第3の問題として，一見関係のないように思える切片をどう扱うかという問題がある。都合のいい情報だけを取り出すのは，質的研究において特に避けるべきことである。一見意味がわからないものでも，前後の文脈からその事象を語ったその人の気持ちをよく考えることが必要である。意味がわからないものは，読み手に解釈の視点がないことを示すものであるから，逆説的に言えば，そのわからない切片を十分に理解することができたなら，全体の理解が一気に進む場合がある。

　質的研究において，自分が理解できたものだけを扱うことは避けるべきことである。仮にある切片を使わないでおくのであれば，その基準を論文のなかで記述できるようにしておくことが望ましい。「関係のないものは除いた」ではなく，「本研究はインタビュイー本人の経験に焦点をあてているため，インタビュイーの経験以外についての話は除いた」など，他者が読んでも納得いくような理由であるならば，除外もありうると理解されるだろう。

　場合によっては，切片の内容を，そのまま径路として配置せず，分岐点にかかる力として社会的方向づけ（SD）や社会的ガイド（SG）のような形でTEM図に，上方向，下方向の矢印として書き込んだほうがいい場合

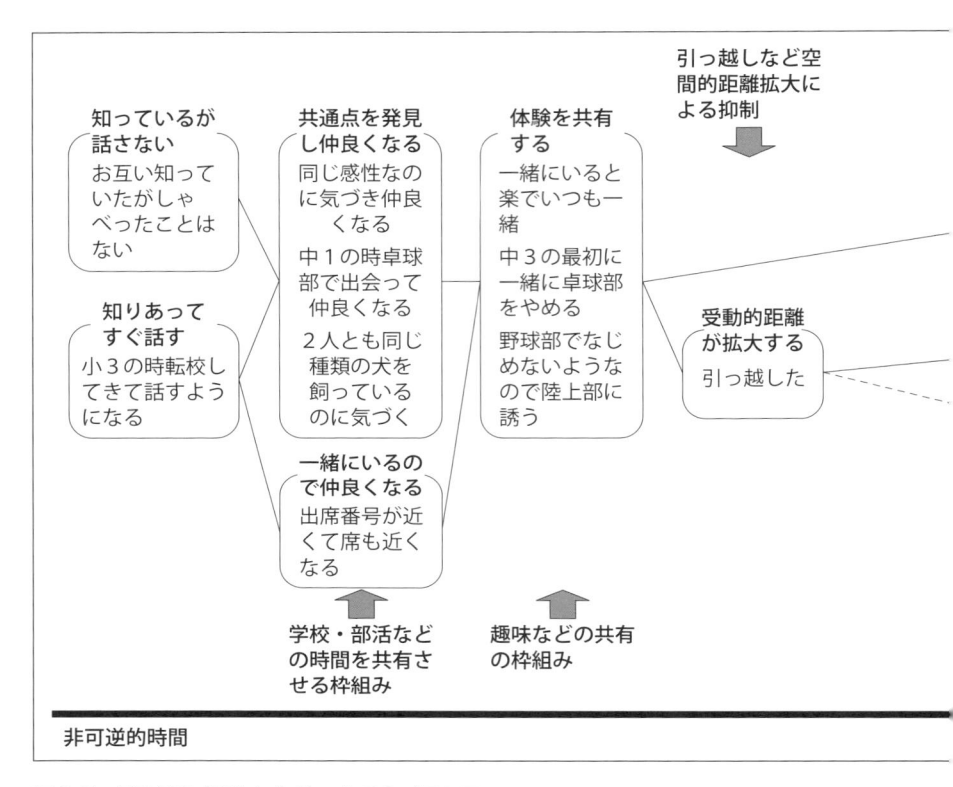

図1-9 TEM図「親友になる」までのプロセス

もある（**図1-9**）。この際，情報を捨象することで見る人の理解を助けるのがTEMの目標であるので，情報を捨象するのは必ずしも悪いことではない。ただし，矢印にしてしまうことで，非常に単純化して，実際にはある時期に経験されるものを，まるで常に外部に存在しているかのように記述してしまう可能性があるので，そうならないように注意する必要がある。

第4項　線を引いて，見直して，論文を書こう

1. 事象をつなぐ線を引き，両極化した等至点への線も引こう

全体にラベルをつけて整理することができたら，線を結んでいく。実際

第1章　TEM 入門編――丁寧に，そして，気楽に（楽に雑にはダメ）　29

違いに気づく
相手の自分と違う面に気づく
先輩とのケンカを止めてくれて友人として尊敬する

受動的な経験を共有する
2人とも受験に失敗し，翌年一緒に合格

親友になる：間があいても気持ちが途絶えない
同窓会で会って再び意気投合する
毎年一緒にお祭りに行く
普段は連絡しないが地元に帰れば一緒に遊ぶ

関係回復
戻ってきて再び仲良くなる

親友にならない

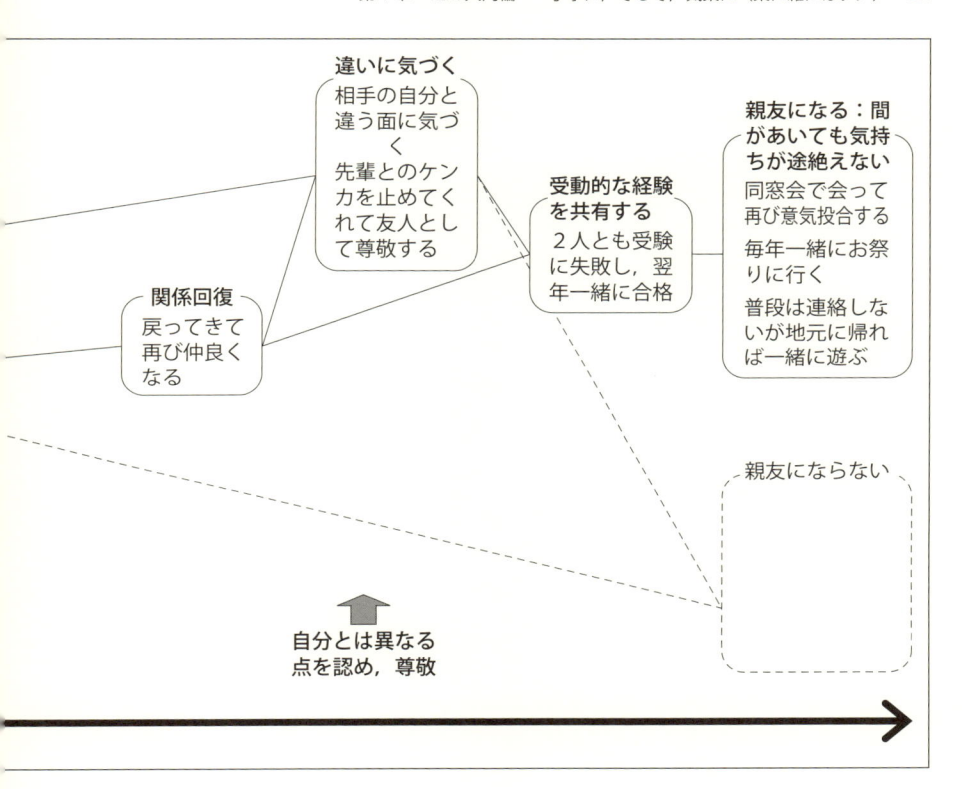

自分とは異なる点を認め，尊敬

　に径路を通った人がデータのなかにいたら実線を引く。データのなかにはその径路を通った人はいなかったが，実際にはいる可能性が想定できるなら点線で描く。同時に，ラベルを見渡して，データのなかにはなかったが，経験としてあり得るものがあればそれを点線で囲んだラベルとして加え，同じく，点線でつなぐ必要性の有無を検討する。
　これと同時に，まだ等至点を設定していなければ，等至点と両極化した等至点を配置する。親友になる過程を聞いているので，今回扱っている例での等至点は，「親友になる」である。この際，等至点とは逆の現象（両極化した等至点，ここでは「親友にならない」）を同時におくようにする。TEM で両極化した等至点を作る理由は二つある。第1には，社会的な問

題に関心をもって取り組む研究者は，ある特定の事象が達成されるということが好ましいという価値観や信念を抱いてしまっていることがあるので，これを避けるためである。第2に，質的研究では，多くの場合，「ある」ということにしか気づけないため，あるべきものが「ない」ということに気づくために，このような方法がとられている。たとえば，「親友になる」のが唯一好ましいことではない。

なお，研究テーマや目的によっては，等至点として特別視するものを作らなくても，有意義なTEM図が作られることは否定しないが，他方で等至点を意識し，等至点との関係を考えることで，それぞれのラベル（およびその前提となるデータ）の意味は汲み取りやすくなる場合もある。

ここで，非可逆的時間を表わす矢印を引くことも忘れないようにしたい（28〜29頁，**図1-9**）。

2. 個々人の変遷が十分追えるかを確認しよう

分析しているうちに，個々人の経験の流れとはかけ離れた分析になってしまうことがある。そのため，一通りTEM図ができあがれば，個人の径路を辿り直して，過不足なくリアリティを含んでいるかを確認する必要がある。ここで，不全感が残るようであれば，分析をやり直すくらいの勇気が必要である。また，他の人にも見てもらい，説明がおかしくないか聞いてみるのもよい。

3. 論文にまとめよう

個々人の経験の変遷が追えているのを確認したら，TEM図を清書する（**図1-9**）。図に沿って，ラベルを順に辿りながら，それぞれのラベルで表わされている事例やその意味を，生の言葉を交えて紹介する。描かれている経験が追体験できるように記述することが好ましい。

4. おわりに——同じような経験を列に並べるということ

本節では，TEM図を具体的に書いてみる方法について紹介した。今回紹介した方法の特徴は「同じような経験を列に並べる」ことに焦点化した

方法である。初めて質的研究をする人が，頭のなかで全体像を組み立てようとするあまり，自分に都合のいいデータだけを取り出してモデルを構築してしまいがちである。それに対してこの論文で提案した方法は，KJ法をベースにしており，実際にデータを切り出し，並べたデータや付したラベルを視覚的に確認することを通じて，初めての人でも等至点や分岐点を同定していく感覚を体験できる。しかし，この方法は，「同じような経験を列に並べてラベルを考える」という手続きを踏んでいるために，より広く全体のダイナミズムを捉えるのに向いていないかもしれない。

　ここでは，TEM図作成の方法の一つを紹介したが，形式だけは最低限度ある手法に従うことで，生きた現象や経験を捉えるという質的研究の本来の目的への意識が薄れることが多いことに危惧している。何度も繰り返すが，本節で紹介したものが，標準的な手続きであるわけでも，「正しい」やり方であるわけでもない。

　第2節で述べられた「丁寧な分析と記述を目指す」という質的心理学の目的は直感的には理解しがたいだろう。本節で紹介したプロセスを実施することで読者に学び取ってほしいのは，実際の手続きのハウツーではなく，単にインタビューをして感じたことを論文にするのとは違う，丁寧に分析するとはどういうことなのかという感覚である。実際に体験してみると，「どういうふうにラベルをつければいいだろうか」「この語りは除外していいのだろうか」と悩むことの連続であろう。そのプロセスを通じて，「丁寧に」とはどういうことか，すぐにわかったつもりにならず，少し立ち止まって悩む時間を確保する感覚をつかんでいただければ本節の目的は達したと言える（そのことを理解してもらう目的で書いているので，本節の分析は，本当に丁寧な分析から見ればかなり粗雑である）。

　TEM図は，対象への理解を深めるための気づきのためのツールであり，複雑な人生の時間の流れを，いったん手のひらサイズにすることで把握し，対象者への理解を深めるプレゼンテーションのツールである。何が「正しい」分析方法かを考えるのではなく，かつ自分が導き出したい結論に都合のいい研究方法として使うのではなく，自分の思い込みを相対化する，分析者外部の視点（現象や当事者，現場など）を取得しつつ，対象に

対する理解を深めるという目的に照らして，分析し記述する方法を工夫することが求められるのである。

(荒川　歩)

■ 第5節　9±2人を対象とする研究による等至点の定め方と径路の類型化

第1項　等至点の設定──研究したい現象を絞り込む

1. 最初の第一歩を踏み出そう──等至点を設定する

　具体的な研究を行う前に，まず最初に等至点（EFP）を定めるとわかりやすい。EFPは，研究目的によって設定される。たとえば，「ひきこもり状態の高校生が学校に通うようになる」という現象について，その経験をした当事者9人を対象にインタビューを行い，「いかにひきこもりを克服し，登校するに至ったか」を捉えるという目的で研究をするとしよう。この場合，「高校に通うようになる」ことをEFPとして設定することとなる。「高校に通うようになる」までの経験は9人それぞれにさまざまであるだろうし，また，「高校に通うようになる」ことの意味も，9人それぞれで異なるだろう。しかし，「高校に通うようになる」という言葉によってそれらを同様の状態とみなし，その経験をいったん束ねてみることが重要である。そのうえで，「高校に通うようになる」に至る複線径路を，時間の流れに沿って捉えるのである。このように，同様とみなせる経験をした人，もしくはその経験を対象として設定することを，歴史的構造化サンプリング（211頁も参照）と呼ぶ。人間の経験が歴史的文脈に位置づいていること，（ランダムサンプリングが仮定するような）抽象的な人間の経験を仮定しないことを強調するためのサンプリング法である。

　ただし，どういう状態を「高校に通うようになる」と考えればよいのかと，頭を悩ますことになるかもしれない。なぜならば，学校に行ったり行かなかったりということを繰り返している場合が多いことが，インタビュー・データを読み進めるにつれてわかってくるからである。したがっ

て，その過程で，EFPを，たとえば「高校に継続的に通うようになる」に変更することがあるかもしれない。その際，「継続的」とはどのぐらいの期間を示すのか，あるいはどういう状態であるのかを定義する必要も生じてくる。

　なお，たとえ高校に行ったり行かなかったりということを繰り返していたとしても，その時々の「高校に行く」という行動は，時間経過のなかで質的に変化していることに留意してほしい。こうした，一進一退するかのように見える，しかし時間の経過とともに変わりゆくプロセスを経て，「高校に継続的に通うようになる」のである。また，インタビューが現役高校生を対象とするものであった場合，「高校に継続的に通うようになった」としても，その後に再び学校に行かなくなる可能性がないとは言えない。つまり，「高校に継続的に通うようになった」といえどもその様態はさまざまであり，かつ，決して戻ることのない非可逆的時間のなかで変容可能性を含みもつものである。したがって，等至点（EFP）はゾーンとして把握しうるもの（Zone of Finality：ZOF）であり，また同時に，分岐点（BFP）になりうるものでもある。

　ここで，「それでは〈高校に通うようになる〉ことと〈高校に継続的に通うようになる〉ことについて，どのような違いがあると考えればよいのか，そして，それらをいかに差異化して捉え提示すればよいのか」，という疑問が生じてくるかもしれない。このことに関しては，第3項3（39頁）で説明する。

2. 価値を相対化しよう──認識を広げる両極化した等至点

　第1節の**図1-1**（2頁）において，EFPは一つのポイントとして描かれているが，実はその有り様は多様であり，虫眼鏡で拡大するかのようにゾーンとして捉えられるもの（ZOF）であることを述べた。例に則せば，「高校に継続的に通うようになる」ことがEFPとして焦点化されているのだが，実際には，「社会との断絶に危機意識をもつようになり，とにかく外へ出ることを目的に高校に行った」人もいれば，「祖父母が哀しむ／厳しいから，とにかく高校に足を向けた」人もいるだろうし，「お小遣いを

もらえるという交換条件で通っている」人もいるかもしれない。こうした経験のバリエーションを考えれば，その連続線上に，「高校に継続的に通うようにならない」ということがあってもおかしくはない。このように，EFP とは全く相反する事象，あるいは，EFP として焦点化された行動や選択に対する補集合的なものとして想定されるものを，両極化した等至点（P-EFP）と呼ぶ。

　P-EFP は，EFP を特定した後に，EFP とは価値的に背反する事象として定めるとよい。つまり，ここでは，「高校に継続的に通うようにならない」ことを，P-EFP とするのである。EFP は，研究目的から定めるものであることは上述した。しかし，執筆した論文が社会に出回りいわば一人歩きした時，そうした EFP 設定の意図は背景に沈み込み，期せずして，EFP として定めた「高校に継続的に通うようになる」ことに研究者自身の価値の重みづけがなされていると，誤って認識されてしまうおそれがある。そうした価値の絶対化や誤読を防ぐために，P-EFP として「高校に継続的に通うようにならない」を設定し，価値の相対化を促すのである。この時に生じた EFP と P-EFP の幅は，まさに，目標の領域（ZOF）として示されるものである。また，P-EFP を最初の段階で設定することによって，実際にはデータとして収集することはできなかったけれども存在しうる P-EFP に至る径路が，研究者自身に見えてくることもあり，認識を広げることに役立つという利点もある。

第 2 項　分岐点・等至点での力のせめぎ合い

1. 促進的な事象を見つけよう──援助になる力，社会的ガイド

　何かを選択して歩みを進めて行く際に，何らかの援助的な力が働いていることがある。それが社会的ガイド（SG）であり，人からの支えや社会的な支援や制度，行動を後押しする認識や認知などがあげられる。こうした何らかの力が選択や行動のガイドになりうるかどうかは，EFP との関係で考えるとよい。つまり，「高校に継続的に通うようになる」ことに促進的な影響を及ぼす事象を，SG とするのである。その際，同じ事象で

第1章　TEM入門編——丁寧に，そして，気楽に（楽に雑にはダメ）　**35**

```
            教室に入った瞬間に      クラスメイトの        分岐点         等至点
            注目を浴びた（SD）     視線が怖い（SD）     （BFP）       （EFP）
               ↓                    ↓                  ↓      ┌─────────────┐
  ━━━━━━━━━━━━━━━━━━━━━━━━━━━━━━━━━━━━━━━━━━━━━━━━━━━━━━━━━━━│ 高校に継続的に  │
               ↑                    ↑                  ↑     │ 通うようになる  │
                                                             └─────────────┘
                                                             ┈┈┈┈┈┈┈┈┈┈┈┈┈
                              先生による，丁寧で温かい              ┌─────────────┐
                              日々の働きかけ（SG）                │ 高校に継続的に  │
                                                                │ 通うようにならない│
                                                                └─────────────┘
                                                             両極化した等至点
                                                               （P-EFP）

  ━━━━━━━━━━━━━━━━━━━━━━━━━━━━━━━━━━━━━━━━→
  非可逆的時間
```

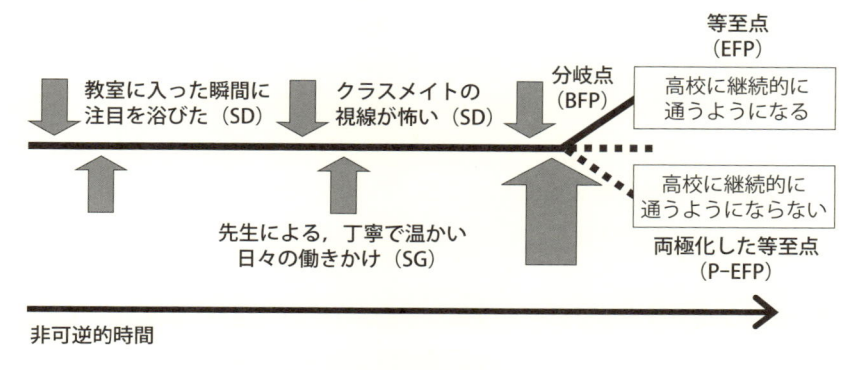

図 1-10　SG と SD のせめぎ合いによる BFP の発生

あっても，人によっては促進的に働く場合もあれば阻害的な影響を及ぼす場合もあることに，気をつけてほしい。たとえば，「親の物心両面における支え」がSGになることもあれば，他方で，親からすると物心両面において支えているつもりでも，それがかえって当人の依存を増長させ自律を阻み，ひきこもりの状態を助長させていることもあるかもしれない。後者の場合，「親の物心両面における支え」が阻害・抑制的なものとして働いていることになる。それは，社会的方向づけ（SD）として捉えられる。

　SGが強く作用することによって，何らかの選択がなされ，新たな径路が発生しうる。その場合，その選択のポイントであるBFPに，SGが作用しているようにTEM図に描き出すとよい。また同時に，そのポイントにSDが働いていないか，とも考えてみよう。SGとSDとのせめぎ合いのなかで，ダイナミックに選択の分岐が生じうる有り様を可視化できるとおもしろい。たとえば，「久しぶりに登校した時，教室に入った瞬間に注目を浴びた」という経験や，そうした経験による「クラスメイトの視線が怖い」という認知があったとしよう。こうした経験や認知は，「高校に継続的に通うようになる」ことを阻む原因となっていると考えられ，よって，SDとして捉えることができる。こうした「教室に入った瞬間に注目を浴びた」という経験や「クラスメイトの視線が怖い」という認知に打ち勝つほどのプラスの出来事として，たとえば「先生による，丁寧で温かい

日々の働きかけ」が経験された時，「高校に継続的に通うようになる」方向へと向かうこととなり，その時に生じる分岐するポイントはBFPとして焦点化される（35頁，図1-10）。

2. 文化的・社会的諸力を捉えよう――必須通過点からの現象把握

　SDは阻害・抑制する事象を広く包含すると考えるとよいが，SDとして捉えられるべき事象のなかには，阻害・抑制するものであることにそもそも気づき得ないものもある。歴史的・文化的・社会的な時空に埋め込まれた存在である私たちは，その文脈のなかにいるかぎり，当たり前であるとか常識であると思い込んでしまったことに対して，疑問をもちにくくなるということがある。

　たとえば，インタビュイーのなかに，「学校に行かなければならないのだという周囲の人びとの認識」を強く意識し，学校に行くことができていない自らの状況に自責の念を抱き，劣等感が強まり，人に会うのが怖くなってひきこもり，余計に「高校に継続的に通う」ことができなくなるという経験をした人がいたとしよう。この場合，「学校に行かなければならないのだという周囲の人びとの認識」は，当人にとってとてもつらいものでありながらも，社会一般の当たり前の考えであると思っている以上，当人が自らを責め立て高校に行けなくなるという悪循環の元凶となり，かつそのことに気づきにくい，という事態が生じる。同様に，語りを聴き分析を行う研究者もまた「学校に行かなければならないという認識」を当然のこととしてもっている場合，それがSDであると気づくことがそもそも困難となるため，本来であれば捉えるべき重要なSDが埋もれて見えないままとなり，代替となる選択も径路も可視化できないという結果になりかねない。

　しかし実際には，「高校に継続的に通う（そして高校を卒業する）」以外の選択肢は存在する。そもそも「学校に行かなければならないのだ」という認識は，学校制度に規定されたものである，と言うことだってできるだろう。それでは，こうした見えにくくなっているSDに，どのようにしたら気づくことができるのだろうか。

まず，必須通過点（Obligatory Passage Point：OPP）に着目してみよう。そして，この点に影響を及ぼしているさまざまな社会的な力を探ってみるとよいだろう。OPPは，もともと地理的な概念で，ある地点に移動するために必ず通るべきポイントという意味である。本来大きな自由度をもち得るはずの人間の選択や行動や経験が，OPPによって一定の点に収束している状態が描かれる。よってOPPは，制度や法律などによる制約的な力，すなわちSDを発見する手がかりになるのである。なお，ここでの「必ず」とは，厳密な意味での「必ず」ではなく，「通常ほとんどの人が」という意味である。高校に入学すれば卒業が目標とされるのであり，それがあまりにも当たり前のこととして理解されているため，入学した以上は「学校に行かねばならないという認識」が生じる。そして，学校制度の文脈に埋め込まれたなかでは，「定期テストを受ける」だとか，「個人面談・三者面談がある」だとか，「学期ごとに始業式や終業式に出席する」ということが，OPPとして焦点化される。とりわけこうした数々の定例行事のたびに，周囲の人びとは当人に学校に行くように促し，急き立て，また，当人も行かなければならないという気持ちになる。しかしながら，登校することができないがゆえに，当人は余計に焦りを感じてしまいかねない。このように，研究目的とする当該の現象（「高校に継続的に通う」までの経験）に関して，通常多くの人が経験するポイントをOPPとして焦点化することを通じて，当事者ならびに当事者を取り巻く人びとはもとより，研究者自身にも明確には意識化されていない，あるいは，常識であると思い込んでいるようなSD（ここでは「学校に行かなければならないという認識」）の存在を，浮き彫りにすることができるのである。

なお，SDに加えて，SGがOPPに作用していないかを確認するとよいだろう。たとえば，SGとして，「個人面談・三者面談をするために，先生が家庭訪問をしてくれる」といったことがあげられる。もちろん，SG（「個人面談・三者面談をするために，先生が家庭訪問をしてくれる」）がSD（「学校に行かなければならないという認識」）に打ち勝つ力となっている場合もあれば，なっていない場合もある。この時，SDを上回るプラスの力としてSGが経験されたのであれば，「高校に継続的に通うように

なる」というEFPへとベクトルが向くことは第2項1で述べたとおりである。そうした意思決定や選択の分岐を強調したいのであれば，OPPとして定めていたものをBFPにおきかえることも，ありうることである。

第3項　非可逆的時間における径路

1. 径路を描いていこう——始点の同定

　いよいよ径路を描くことになるが，その際，始点を定めなくてはならない。始点の定め方としては，EFPである「高校に継続的に通うようになる」に至る径路をよりよく説明するためにはどこを始まりとするのが適切か，と考えるとよい。「高校に継続的に通うようになる」というぐらいであるので，「高校を休みはじめた」ポイントがあるはずである。その「休みはじめ」が，不登校というには程遠いような目立たない程度の休み方であったとしても，その付近で「成績が急に落ちた」だとか「父親が入院した」などの，継続的に休むきっかけと考えられるような出来事があった場合は，そこを始点にするのがよいかもしれない。また逆に，「一週間ほど続けて休んだ」ことがあったとしても，「離島に住む曾祖父の葬儀に出ていた」ということであれば，そうした休みを始点とするのは的外れだということになる。あるいは，高校に入学するもっと以前に「中学校に通うことができなかった」時期があったかもしれないし，「小学校から登校渋りがあった」かもしれない。いずれにしても，「高校に継続的に通うようになる」までの，学校に行ったり行かなかったりする不定の状況をよりよく捉えるためには，どこをはじまりとして径路を描くのがよいかを考えるのである。

2. 見えにくい径路を描いてみよう——径路の可視化の効用

　聴き取られたインタビュー・データに直に現れていなくても，「あり得る」もしくは「あり得た」と考えられる径路が見えてきたら，それを点線で描こう。非可逆的時間という持続的な時間の流れを加味すれば——歴史的・文化的・社会的な制約のなかでではあるが——あるポイント（BFP，

OPP，EFP）からのいくつかの径路やその先の選択肢が想定される。しかし，もちろん考えられるすべての径路や選択肢を描くのではなく，実際に可視化するのは，あり得たことがインタビューから推測される内容や，描き出すことに意義があるものにかぎられる。たとえばインタビューのなかで，「あの時，高校を辞めてしまおうかとも思ったのだけど（辞めなかった）」というような内容が聴き取られたのなら，その仮想の（高校を辞めてしまうという）選択と径路を点線で描くとよいだろう。高校を辞めてしまうという選択があり得たにもかかわらず，登校できなくても高校を辞めずにいたことは，「高校に継続的に通うようになる」契機を捉えるにあたっての重要な持続の過程であり，研究目的に照らして描く意義のある径路である。また，P-EFPを設定することによって見えてくる径路もあると述べたが，「高校に継続的に通うようにならない」というP-EFPを設定することによって，たとえば「大検（大学入学資格検定）で大学に進学することを考える」という可能な径路を描き出すことの意義に，研究者自身が気づくかもしれない。見えにくくなっているけれども想定可能な径路を可視化することによって，決して単線ではない人の発達や人生径路の多様性・複線性を明確に示すことができるのである。

　このように，研究目的や，現象や経験との関係で，描き出すことに意味があると考えられる径路を積極的に描き出すことによって，生き方に関する考察的提言や援助的介入の可視化につなげることができる。

3. 時期区分に活かそう——変容ポイントとしての分岐点，必須通過点

　SGとSDのせめぎ合う有り様は，まさに意思決定の局面として捉えることができる。前述したように，SGがSDを越える力として作用した場合，EFPに向かう選択径路が拓かれ，その径路が枝分かれするポイントをBFPして焦点化するのである。換言すれば，BFP，そして場合によってはOPPも，変容ポイントとしてダイナミックに発生するものだということができる。

　TEMでは，「変化」と「変容」は異なるものであるという前提に立つ。それでは，「変化」と「変容」はどう違うのか。たとえば，不登校とされ

る状態であっても，完全にひきこもっている人もいれば，時々学校に行くという状態の人もいるだろう。時々行くということに関して，「父親に行けと怒鳴られるので怖くて行った」だとか「定期試験を受けるために行った」，ということがあるかもしれない。いずれにしても一時的に登校することに違いはなく，「高校に継続的に通うようになる」には至っていない状態である。こうした，日常における外界との不断の相互交渉のなかで実現される行動を「変化」と呼ぶ。その一方で，それまでとは異なる価値の転換にもとづく行動を「変容」と呼ぶ。ここでは，「高校に継続的に通うようになる」契機となる出来事による価値転換を指し，たとえば，「かわいがってくれていた祖母が他界する」という出来事によって主体的に登校するようになるということがあれば，それを「変容」とするのである。

　こうした変容ポイントは，意思決定の，新たな選択径路が生起する転換点，もしくはそれまでの経験の意味が変わった局面として捉えることができる。したがって，その変容ポイント，すなわちBFPやOPPによって，当事者の時間の流れにもとづいた経験について，時期区分をすることができる。時期区分は，当事者目線で発達的変容を捉えたり，時宜を得た援助的介入を検討したりするのに役立つものとなる。学校文化のなかでは，学期や学年などといった制度的な区切りによって，不登校である当事者への働きかけをしがちであるだろう。もちろん，通過儀礼として，そうした文化的・社会的な区切りが有効に働く場合もある。しかし，当事者の時間の流れに沿ってこそ，本質的に適切な援助的介入が可能となるのであり，SGとSDがせめぎ合って生じるBFPやOPPを，時期区分に活かすこともまた重要なことである。

4. 径路の類型化を考えてみよう——共通性と多様性からの現象理解

　TEMでは，対象者数を1人，4 ± 1（3〜5）人，9 ± 2（7〜11）人のいずれかにすることが推奨されているが，対象者の数によって，描き方や描かれた径路が明らかに示す特徴はそれぞれに異なっている。1人を対象にする場合には，聴き取られた語りデータをもとにしてより詳細に径路を描くことができるが，複数人を対象にする場合には聴き取られた内容を盛り込

むには限界があり，径路の描き方に，対象人数に適した工夫がいる。対象者が1人の場合は第3節で，4人程度の場合は第4節で，径路の描き方が説明された。ここでは，9人程度を対象にした場合の径路の描き方とその特徴を簡単に解説する。

　TEMでは多様性と複線性を捉えることを眼目とするが，対象者が多くなれば，個々人の径路の多様性を1枚のTEM図に描き出すことによって，複雑さが顕わになるおそれがある。一方で，9人程度を対象にすると，多様なばかりではない有様，つまり共通性が浮き彫りにもなってくる。なぜならば，人の選択や行動は，歴史的・文化的・社会的に構造化されていて，その影響下にあるからである。EFPに焦点をあてるというサンプリングの考え方もそうしたメカニズムゆえであること，また，OPPを必ず通過するポイントとして焦点化しうるのは，そこにSDという社会的な力や文化圧がかかっているからであったことを，思い出してほしい。そして，BFPにも，促進的な力であるSGに抗する力としてSDの存在が考えられることは，これまで述べてきたとおりである。こうしたEFP，OPP，BFPを基軸にして，多様なようでも歴史的・文化的・社会的な文脈のなかでいくつかのパターンにまとまっていく径路の類型を捉えることは，9人程度を研究対象とする場合に特徴的なおもしろさであると言える。

　類型化の方法には，事象の現れ方と，そこからどういうことを明示したいかによって，いくつかの可能性があるだろう。たとえば，30歳代の不登校経験者9人を対象に，EFPとして定めた「高校に継続的に通うようになった」経験を，その後の社会との関わり方とどのような関連性があるのだろうか，という問題意識をもって捉えたとしよう。そういう視点でそれぞれの経験を見返してみると，「〈高校に継続的に通うようになった〉ことをきっかけとして社会とのつながりがもてるようになり，高校卒業後に就職し，現在も仕事を続けている」人がいれば，「高校卒業後大学に進学してそこで多くを学び，また，たくさんの友人ができ，大学卒業後に起業した」人もいたり，あるいは，「高校を卒業したが，その後再びひきこもった」人もいるかもしれない。こうした現象に対して，「〈高校に継続的に通うようになって〉以後，現在社会復帰している／していない」という

表 1-2　生活環境の変化と社会復帰との関連による類型

		高校不登校時の生活環境の変化の有無	
		変化あり	変化なし
「高校に継続的に通うようになって」以後、現在、社会復帰しているかどうか	している	Ⅰ型	Ⅲ型
	していない	Ⅱ型	Ⅳ型

　一軸を設ければ，対象者は2パターンにまとめられることになる。最初の2人は社会復帰したパターンで，あとの1人は社会復帰していないパターンだというように，である。さらに，それらを分かつ経験の語りとして，たとえば「高校卒業後に再びひきこもりそうになったが，過保護・過干渉的な家庭環境から抜け出て，住み込みで新聞配達をした」というような，着目すべき「生活環境の変化」が捉えられた時，ひきこもりを解決するには「生活環境の変化」が重要なのかもしれないということが認識され，そこから翻って，「高校に継続的に通うようになった」重要な BFP として「高校不登校時の生活環境の変化の有無」を捉えることが大事だと考えるようになるかもしれない。そうした場合，「高校不登校時の生活環境の変化の有無」と「〈高校に継続的に通うようになって〉以後，現在社会復帰している／していない」という二つの軸によって，四つのマトリックスによる径路の類型化ができるのではないか，という着想が生まれる。**表 1-2** はこうした発想をもとにまとめた四つの類型を示したものである。

　この類型化をプロセスとして描くと，次のような四つの径路が明らかになる。すなわち，Ⅰ型「高校不登校時に生活環境の変化があって，高校に継続的に通うようになって高校を卒業し，現在，社会復帰している」，Ⅱ型「高校不登校時に生活環境の変化があって，高校に継続的に通うように

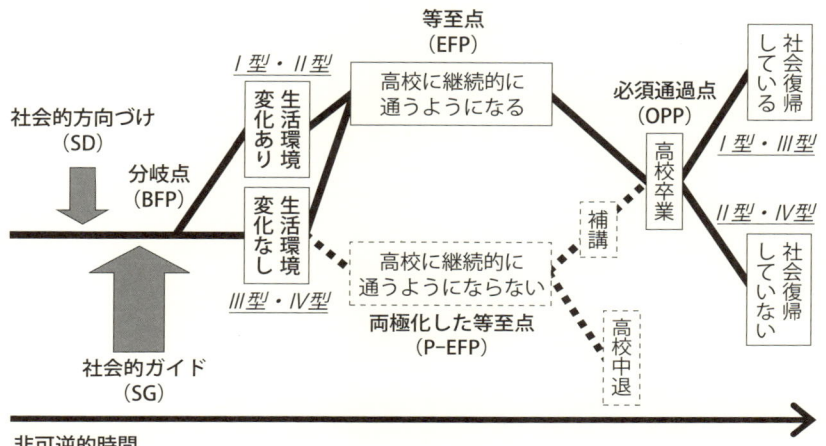

図1-11 生活環境の変化と社会復帰との関連による4類型の径路

なり高校を卒業したが，現在は社会復帰していない」，Ⅲ型「高校不登校時，とりたてて生活環境の変化はなかったが，高校に継続的に通うようになり，現在も社会復帰している」，Ⅳ型「高校不登校時，とりたてて生活環境の変化はなかったが，高校に継続的に通うようになって高校を卒業し，しかし，現在は社会復帰していない」である。**図 1-11** は径路の類型を時間の流れに沿って示した TEM 図である。

　ここで，Ⅰ型やⅡ型について，「高校不登校時，どのようなことが生活環境に変化をもたらし，いかなる生活環境の変化があって，高校に継続的に通うようになったのだろう？」だとか，Ⅲ型やⅣ型について，「高校不登校時，とりたてて生活環境の変化はなかったのに，高校に継続的に通うようになったのはなぜだろう？」という問いが生じるかもしれない。また，Ⅰ・Ⅲ型とⅡ・Ⅳ型について，「高校に継続的に通うようになったにもかかわらず，その後，一方は社会復帰につながりもう一方はつながらなかったのは，それぞれの径路の型の間にどのような分かれ道があったのだろう？」という視点が芽生え，9人全員について，改めて，高校卒業以後に生活環境の変化を経験しているか，経験しているとすればそれはどのようなことか，経験していないのであれば他の重要な出来事はあったのかな

かったのかなど，さらなる詳細な経験の把握が必要だと考えるようになることもあるだろう。

　類型化の仕方としては，他にもたとえば，当人への両親の関わりに焦点をあてて，不登校時における両親の支えもしくは無関心が，「高校に継続的に通うようになる」に至るまでにどのような作用をもたらしたかという観点から重要なBFPやOPPを抽出し，それらを軸に径路の類型化を考える，という方法もある。また，学校制度に規定されるなかで生じうる経験，たとえば，「担任の先生に促され，嫌々ながら学期の始業式には出てみた」「大学には行きたかったので，定期試験を受けるために別室登校した」「友達に誘ってもらって，修学旅行には参加できた」などの経験からBFPやOPPを捉え，学校文化に埋め込まれた制約のなかで実現される径路を類型化してみる，という方法もあるだろう。このように，扱っている事象の現れ方とそこから何を明らかにしたいかによって，類型化の仕方は異なってくるが，いずれにしても，「径路」を類型化していること，そして，径路の類型化が，人の歩みが歴史的・文化的・社会的に構造化されていることを明らかにしているということに，留意してほしい。不登校の児童・生徒について「発達障害タイプ」「精神疾患タイプ」「家庭環境タイプ」「人間関係タイプ」などと類型化する方法もあるかもしれないが，TEMでは，当事者の時間の流れに即した経験の径路を類型化することによって，歴史的・文化的・社会的に関係づけられた人の挙動とそこにかかる諸力を読み解く，という特徴を有するのである。

　また，類型化をした後に，型ごとの典型例を詳細に捉えるということも可能である。TEMでは，9人程度を対象にすることによって，径路の類型化とあわせて個人径路の多様性と複線性と描き出すというように，現象を多面的に捉えるおもしろみを追究することもできる。たとえば上記の例において「生活環境の変化」と一口に言っても，「親が離婚したため，ひきこもり続けられなくなった」ということもあれば，「アルバイトをしてみるかと，（そんなことは決して言いそうになかった）厳格な父親が勧めてくれた」ということがあったり，また，「毎日メールをくれる先生の熱意に心打たれて，一度学校に行ってみようという気になった」ということ

があるかもしれない。そうした，類型化したからこそ注意が向いたともいえる多様性とそこから枝分かれする複線性を改めて，OPPやBFP，そしてSDやSGを用いて捉えることによって，不登校という現象がより豊かに見えてくるとも考えられる。

　なお，径路の類型化から，その軸として用いたEFP，OPP，BFPにより，時期区分をすることもできるだろうし，また逆に，時期区分を径路の類型化を考えるヒントにすることができるかもしれない。それぞれに関心を寄せる現象について適用できそうであれば，ぜひ試してみてほしい。

第4項　TEMを用いて質的研究をするということ

1. TEM図を分けて考えよう——鳥の眼と虫の眼

　TEMは，時間を捨象せずプロセスとして人間の発達や人生径路を捉える方法論である。よって，長い時間軸で，重要な出来事に焦点をあてて経験を追うことができる。たとえば，「小学校1年生の時に給食を食べるのが遅くてからかわれたこと」が，学校に行けなくなった最初のきっかけであると（分析したと）する。そうすれば，TEM図は，小学校1年生の時の「給食を食べるのが遅くてからかわれた」出来事を始点にして「高校に継続的に通うようになる」までの，長いプロセスを辿ることとなる。それは，いわば，鳥の眼で捉え俯瞰的に描くものである。

　一方で，こうして長い時間軸を通して径路を描き出すことの代償として，重要な他者との詳細な関係や，微細な変容のメカニズムなどは，捨象せざるを得ないという事態が生じるかもしれない。しかしこれらについては，いったん捉えた，長い時間経過に沿った径路のある部分に焦点をあてて，別途TEM図を作成し，いわば虫の眼で詳細を捉えるということで補完できる。たとえば，分析のプロセスで，学校に行きにくい状態を作り出していたのが母親の過干渉であることが見えてきたならば，促進的に働きうる身近な他者の関与がどのようなメカニズムで阻害・抑制要因となっているのか，というリサーチ・クエスチョンを立て，母親との関係に焦点をあててTEM図を作る，ということもできる。そのTEM図において，学

校に行くことができない当人と母親との関係をシステムとして捉え描き出す，ということができるのである。また，時期区分ができればそのうちの一時期をより詳細に捉えたい，という考えが生じるかもしれない。さらに，時期区分をなしている BFP や OPP で何が起こっているのか，その変容を具体的に捉えるべく焦点をあてて，変容のポイントにおける動的なメカニズムを把握することもできる。

　変容のメカニズムを捉えるには，発生の三層モデルの枠組みが思考を明晰にしてくれる。発生の三層モデルの理論的説明は第 4 章でなされており，また，そのモデルを用いた具体的な分析については第 2 章第 1 節 1-2（71 頁）で詳しく述べられている。このように，最初に作成した TEM 図をもとに，より詳細に焦点をあてるべき箇所を抽出して異なる TEM 図をさらに作成することを通じて，関心をもっている現象を複眼的・多面的に捉えることができるのである。

2. おわりに――データ収集に及ぶ思考ツールとして「移行」を捉える

　以上，本節では 9 人程度の経験を扱う場合を想定したうえで，超基礎概念や他の概念を活かして現象を捉えて分析するコツを示した。しかし，こうしたことは，インタビューを行う際にも役立つ視点であると言えるだろう。どのように現象を捉えるかを複眼的に検討することによって，インタビューでの聴き方も焦点をあてた詳細なものとなる。ここで述べたコツを活かし，インタビューと分析を通じて，より丁寧に現象を捉えることができるのである。

　なお，ここでは，「いかにひきこもりを克服し，登校するに至ったか」を捉えるという研究目的のもと，「高校に継続的に通うようになる」を EFP と定め，EFP に至る径路の多様性と複線性を描き出すということを例にあげて，具体的に研究を行うための工夫やコツを解説してきた。最後に，こうした例の取りあげ方自体に関し，それが「高校に継続的に通うようになる」ことを是とする価値を言外にほのめかすものではないことを，付け加えておきたい。TEM は，その理念に照らせば，何かができるよう

になる「適応」のプロセスを捉えることを目的とするものではなく,「移行」のプロセスを捉える質的研究法であるということができる。たとえばBFPやOPPによってなされる時期区分は,段階的に成長・上昇していくものとして理解されるものではなく,当事者の経験に即した非可逆的な時間の流れのなかで移りゆく質的変容を捉えるのに役立つものとして,理解される必要があるだろう。

　文化が変われば価値は変わる。国を移動すれば,もっと身近には,所属する場や社会を変えれば,価値もまた変わるということができるだろう。歴史的・文化的・社会的な文脈に埋め込まれている人間の質的変容を捉えるには,価値相対的に「移行」するという視点が有用であり,そうした認識論をTEMは備えている。

(安田裕子)

引用・参考文献

荒川 歩・安田裕子・サトウタツヤ（2012）．複線径路・等至性モデルのTEM図の描き方の一例　立命館人間科学研究, **25**, 95-107.

川喜田二郎（1967）．発想法——創造性開発のために　中央公論社

川島大輔（2007）．ライフレビュー　やまだようこ（編著）質的心理学の方法　新曜社　pp. 144-158.

大倉得史（2008）．語り合う質的心理学——体験に寄り添う知を求めて　ナカニシヤ出版

サトウタツヤ・安田裕子・佐藤紀代子・荒川 歩（2011）．インタビューからトランスビューへ——TEMの理念に基づく方法論の提案　日本質的心理学会第8回大会ポスター発表

サトウタツヤ（2012）．Transを融合の意味で訳そう．Disciplineは学範でどうでしょうか？という提案　理（コトワリ）, **32**, 2-3.

Schroots, J. J. F., & Ten Kate, C. A. (1989). Metaphors, aging and the life-line interview method. In D. Unruh, G. Livings (Eds.), *Current perspectives on aging and the life cycle : Vol. 3 personal history through the life course.* JAI Press, pp. 281-298.

Valsiner, J. (2000). *Culture and human development : An introduction.* Sage

Publications.
von Bertalanffy, L.（1968）. *General system theory : foundations, development, applications.* G. Braziller.（フォン・ベルタランフィ, L.（著） 長野 敬・太田邦昌（訳）（1973）. 一般システム理論——その基礎・発展・応用　みすず書房）

やまだようこ（2002）. フィールド現場心理学における質的データからのモデル構成プロセス——「この世とあの世」イメージ画の図像モデルを基に　質的心理学研究, **1**, 107-128.

安田裕子（2005）. 不妊という経験を通じた自己の問い直し過程——治療では子どもが授からなかった当事者の選択岐路から　質的心理学研究, **4**, 201-226.

安田裕子・荒川 歩・髙田沙織・木戸彩恵・サトウタツヤ（2008）. 未婚の若年女性の中絶経験——現実的制約と関係性の中で変化する，多様な径路に着目して　質的心理学研究, **7**, 181-203.

第2章

実践編
—— TEM 研究の可能性と多様性

はじめに——本章に収録される研究のオーバービュー

　第2章では，若手研究者による TEM 研究を紹介する。本を読んだだけでは実際の研究のやり方はわかりづらいし，公刊論文を読んでも具体的な手続きは読み取りにくい。そこで，実際の研究のやり方がわかるように，本章に掲載された各研究は2部構成となっている。一つは研究内容の記述であり，もう一つは私たちが「Making of パート」と呼ぶものである。後者の内容は具体的な論文執筆の参考になると思われる。研究内容をより知りたい場合には各著者の公刊論文を参照されたい。以下では四つの節に二つずつの研究が掲載される。まず最初にそれぞれの研究を簡単に紹介しておく。

　第1節は，DV 被害者の支援やひきこもり自助グループなど，対人援助実践を非専門職の立場で続けてきた人を対象にした二つの研究である。いずれも1人の方を対象にしたライフストーリー研究である。
　「DV 被害者支援員としての自己形成」（佐藤紀代子）は「1980 年代からドメスティック・バイオレンス（DV）の被害を受けた女性の支援を行う NPO 法人に所属し，多くの DV 被害者の相談・援助活動を続けてきた」方を対象にした研究である。DV 被害者支援員が，さまざまな困難を抱え

ながらも，支援活動を続けていくことができる要因についてTEMを用いて明らかにしようとした。

　この研究は，等至点（Equifinality Point：EFP）を複数設定して時期区分を行うところに特徴がある。ヴァルシナーの研究（Valsiner, 2001）などでは等至点は複数設定されるものとされていたから，決して不可思議なことではない。この研究では，同一人物に3回の面接を行ったのであるが，その都度，それ以前に作成したTEM図を携えて面接を行い，対象者本人からのフィードバックを得ながらTEM図の改変を行った。結果として描かれたTEM図は，対象者と調査者の協働作品と言ってもよく，Trans-viewを実現した最初の研究でもある。

　「ひきこもり親の会が自助グループとして安定するまで」（廣瀬眞理子）は「ひきこもり親の会を長年支えてきた1人の世話人のライフストーリー・インタビューを通して，ひきこもり親の会がセルフヘルプ・グループとしてどのように発展し，ひきこもりの親の支えとなっていったのか，その継続維持要因」を明らかにしようとした。

　この研究は，発生の三層モデル（Three Layers Model of Genesis：TLMG）を用いて，個人の変容プロセスを描こうとしたところに特徴がある。サンプリング方法論としてHSS（Historically Structured Sampling：歴史的構造化サンプリング），質的研究法としてのTEM（Trajectory Equifinality Model：複線径路・等至性モデル）は，個人の変容そのものについて記述するのは差し控える傾向にあったが，TLMGとTEMを融合させた取り組みによって，社会のなかの個人の変容を初めて記述しようとした意欲的な研究である。

　これら二つの研究は，個人のライフストーリーを日本の社会現象のなかに埋め込まれたものとして理解しようとし，日本的な現象の推移とともに扱ったという共通点がある。DVもひきこもりもある時期の日本で顕在化した問題であり，そうした社会動向との関連を描こうとしている。また，個人がその活動を真にわがものとする時には，概念や標語といった「記号」の発生が重要であることを明らかにしている点も共通である。

第2節では，保育と保健の専門職の立場にあるものがその実践を振り返りながら，専門職が父権主義（パターナリズム）的に振る舞うのではなく，当事者たちと開放(オープン)システムを形成しながら相手の成長や自身の成長を実現していくプロセスが記述されている。

「保育者の感情労働」(中坪史典・小川晶)は，子どもの保育をもっぱら扱う専門職である保育士の新たな課題として前景化してきた親への教育的関わりを対象としたものである。高学歴の母親に対する「保育士の1年間にわたる支援の過程を対象に，その母親と向き合うなかで保育士は，どのような感情労働を行ったのか，母親と保育士の間に，どのような感情の変化が生じたのか，その変容を明らかにする」ことが目的である。

親子システムから子の保育を仮託された保育士は，一義的には子どもとの間に良好な関係を築けばよい，と考えられる。こうした状況において，親と保育士の関係を形成することの難しさのなかで，三者のシステムが形成されていく。

保育士は感情をコントロールするペイドワーク（賃金労働）であるとする立場からすると，制御しない／できない感情は，できれば見たくない事象である。TEMによってこうした感情の動きが可視化されたことにより，中坪・小川の論考は職業としての感情といわばナマの感情が共鳴し合いながら新しい関係性が構築されていることを明らかにし得た。自らの実践を振り返ることは多大な努力が必要であるが，そうした振り返り作業に新しい方法論を提供する可能性のある画期的研究である。

「地域住民と保健師の相互関係による自主グループ活動の展開プロセス」(植村直子)は，「住民と保健師のパートナーシップにより自主グループが形成され，継続するプロセスを，参加住民と保健師の相互関係から分析し，そのプロセスにおける保健師のグループ支援のあり方を考察すること」を目的としたものである。

住民の健康作りを「お役所」が上から指示して実行する時代はすでに終わった。住民が自主的に活動を行い，その支援を保健師が行うのが理想とされる。しかしながら，こうした住民グループは，住民の数やメンバーが不安定であり，また，責任をとろうとする人がいない場合もある。この研

究はTEMを用いることで，専門職としての保健師がどのようなタイミングでどのような支援（スキャフォールディング）を行い，また自然なフェードアウト（フェーディング）を行ったのか，に焦点をあて，保健師のこうした活動が，住民による自主グループの運営を可能にしたプロセスを明らかにすることができた。システムとしての住民，システムとしての保健師，の関わり合いをダイナミックに描くことができた労作である。

　これら二つの研究は，専門職自らが実践を描くためにTEMを用いたところに特徴がある。TEMの特徴の一つは時間を捨象しないことにあるが，まさにその特徴によって，自身や後進の専門職にとって重要な画期点をわかりやすく表現することが可能になっている。個人と個人が単体として対峙したり相互作用したりするのではなく，システムとして融合しながら活動していく様を描こうと意図した点も共通である。

　第3節は，現場としての大学における大学生のあり方を記述する志向をもった二つの研究である。

　「卒業論文を書き上げるまでの逡巡過程」（山田嘉徳）は「指導教員と学生の関係性という観点」から卒論の取り組み方の変化の径路を描こうとしたもので，特に「卒論作成につまずき"妥協する"様相に着目し，その事態を〈逡巡〉過程と規定し，〈卒論を書き上げるまでの逡巡過程〉を多層化させて描くと同時に，取り組み方の変化過程自体に焦点をあて」たものである。

　卒論が必修となっている学生にとっては，卒論は必ず書き上げねばならない通過儀礼的な課題として立ち現れてくる。また，ゼミ教員にとっては「書かせなければならない」課題として立ち上がってくる。本研究は，教師からすると思うにまかせない学生の分析ということになるが，こうした事例でも，教師から足場づくりは行われていた。この足場をうまく利用できない学生は，教師に自分のことが伝わっていないという不全感をもつ。これらは個人と個人の関係ではなく，卒論を書くということに関する教師と学生のシステムである。TEMを用いることで，妥協学生に現れる多様性を描くことが可能となった。

「大学生がカウンセリングルームに行けない理由・行く契機」（弦間亮）は「学生相談室に相談したいのに相談しないという学生は多く、その背景にあるメカニズムを解明することが求められている」現状において、「学生相談室に相談したかったが相談できなかったという経験の径路を視覚化するとともに、学生相談室の利用を促進・阻害する要因がプロセス上のどこにどのように現れるかについて明らかにすること」を目的とした。

ここで注目されるのは、何度も相談しに行こうとする人のあり方である。学生相談室のことを知っており、自身の状態からしても「相談室に行こう」と思っているのに、何がそれを妨げるのか。このことを描くために、この研究では、統合された個人的志向性（Synthesized Personal Orientation：SPO）という概念を新たに考案してモデルに組み込んだ。また、悪循環のような考え方をせずに、悪循環のように見えても着実に時間は経過しているということを描くことを目指した。結果として、現在の大学の学生相談室が抱える問題が明らかになったと言える。

これら二つの研究は、大学生の学生活動のあり方を教師や学生相談室という組織との関連で検討したところに特徴がある。卒業論文が必修化されるかもしれない現状や、多くの学生がメンタルヘルスの問題を抱えるとされる現状に鑑みて、これらの研究はシステムとしての大学が考えるべきことを指摘してくれている。

第4節は、日本の女性に働く見えない力、ジェンダーポリティクスのなかの女性の生き方に焦点をあてた研究である。

「1980年代の20歳代女性が目指させられた〈ふつうの結婚〉」（谷村ひとみ）は、1980年代に結婚した女性たちが一方で新しい女性の生き方の知識に触れながらも、親の人生観の影響を受けながら生活していることを、「結婚の実現プロセスから検討」しようとしたものである。

結婚は相手のあることであるから、当該女性と相手の男性の関係や具体的相互作用の記述が必要だと考えられる。しかし、これらの女性の結婚に向かう姿勢は、個別の男性との関係性の記述が無くても成立しうるものであった。このこと自体が、女性の結婚に関する支配的言説の強さを物語る

ものであり，谷村はそのことを描くことに成功した。

「在米日本人留学生が日常的化粧をしなくなる移行プロセス」（木戸彩恵）は，化粧行為が発達的にいかに内面化され個人のなかで習慣化されるかという問題について，個人と社会の関係性からそのダイナミズムを捉えることを目的としたものである。この研究は化粧のあり方が異なる社会に参入した人が，化粧行為の意味や具体的行動（頻度）を変容させるプロセスを描いたところにおもしろさがある。社会的方向づけ（Social Direction：SD）という概念を初めて用いた研究としても特記される。

化粧行為にはいかなる意味でも制度的な基盤は存在しない。したがって明示的な力は存在しないのであるが，片方のジェンダーの多くの人だけが自発的に化粧をするようになっていく。木戸はそれを描くための力として社会的方向づけという概念を生成させたのである。

これらの研究では，当の女性たちにとっては，力が働いているということすらわからないことについて，その力の働きを可視化したところに大きな価値がある。そして，このことは日本の女性にだけあてはまるわけではなく，テーマをかえれば男性もそうであるかもしれないし，他国の女性・男性も同様であることは想像に難くない。

社会がもつ大きな力が要請する方向性のなかで個人はどのように人生を構築し，あるいは，再構築するのかについて考えるヒントを与えてくれる研究は心理学には珍しい。

第1節の対象者は1人，第2節の対象者は自身の活動であるから1事例研究である。第3節，第4節は複数人の方を対象に，インタビューなどを行っている。事例数は「1・4・9」の経験則が重要である。1人もしくは1事例の研究は，その事例に特徴的な，さまざまな細かいことが理解できるという利点がある。4±1人程度になると経験の多様性を描くことができる。9±2人になると径路の類型を描くことができるようになる。こうした特徴を理解したうえで人数を設定すべきであろう。歴史的構造化サンプリングという観点からは弦間の研究が最も参考になる。すなわち，質問紙を用いて現象についての大まかな傾向を理解し，自分が話を聞いてみたい

経験をした人を選んで面接に来てもらう，というプロセスである。
　また，この章で扱う諸研究はいずれも自身が扱う現象をTEMによって記述することを目指し，必要であれば新しい概念を導入することで，それを実現しているという特徴がある。また，他の研究で作られた概念もすぐに取り入れるという柔軟性がある。つまり，TEMのための研究ではなく，研究のためにTEMが存在しているのである。だから，必要に応じて概念を作ったり他の手法を取り入れたりできるのである。もちろん逆に考えれば，TEMの概念の少なさに四苦八苦した過程もあったはずである。また，新しい概念の融通のためには緊密な連絡も必要だったはずである。
　本章で紹介した具体的研究を読むことによって，読者が新しい研究をはじめることができること，さらには必要に応じて，TEMを発展させる形で新しい概念を生成することを可能にすることを期待する。

■第1節　支援者としてあり続ける人を追う──ライフストーリー

◆1-1　DV被害者支援員としての自己形成

第1項　研究パート

1．はじめに

筆者は，2002年からDV（ドメスティック・バイオレンス[*1]）の被害を受けた女性の支援を行うNPO法人に所属し，相談・援助活動を続けてきた1人である。DV被害者支援員が，さまざまな困難を抱えながらも，支援活動を続けていくことができる要因について明らかにしたいと考え，約20年にわたりDV被害者支援活動を行っているSさん（仮名）の活動をTEM（Trajectory Equifinality Model：複線径路・等至性モデル）にて可視化し，支援活動を促進・阻害する要因について探りたいと考えた。

---

*1　DVとはドメスティック・バイオレンスの略であり，配偶者および親しいパートナーからの身体に対する暴力および心身に有害な影響を及ぼす言動をいう（内閣府，2001）。

これらの意味を検討することは，支援者が活動を続けるための要因だけでなく，DV被害者の支援ニーズがどのように存在しているかを明らかにできるとともに，今後のDV被害者支援活動における支援サービスの向上を目的とした相談援助活動の資料として役立つものになると思われた。

2. 研究の方法
● 調査協力者と筆者との関係

調査協力者Sさんは，50代後半の女性で，20年前の「女性の居場所作り」活動を機に，DV被害を受けている女性の支援に取り組んできた。現在，被害を受けた女性の一時保護施設（シェルター）をもつ民間団体の代表として，DV被害者の救済活動を行っている。筆者は，Sさんと面識はなく，今回の研究調査への協力の依頼は，筆者の所属するNPO法人の理事長の紹介で実現した。研究を進める際，筆者が調査協力者と同じDV被害者支援活動を行っていることのメリットとして，同じ活動を志す者として共通の話題も多く，初対面であっても，Sさんとすぐに打ち解け，面接がスムーズに進んだことがあげられる。一方で，筆者自身の経験から生じる思い込みや，価値観の偏りが研究の過程でどのように影響を与えていたか，常に留意する必要があった。

● データ収集

データ収集の方法として，約3カ月間にわたり，Sさんの事務所を訪問し3回の面接を行った（表2-1）。1回目と2回目の面接はすべてSさんの許可を得てテープ録音し，逐語記録を作成した。なお，1回目に行った半構造化面接では，複数の質問項目をあらかじめ用意し，Sさんに自由に語ってもらった。2回目の面接では，1回目の面接で得られたデータから，簡単なTEM図を作成し，図を見てもらいながらSさんに感想を述べてもらう非構造化面接を行った。

● TEM作成の手続き（サトウ，2009）

1回目の面接で作成した逐語記録をもとにKJ法（川喜田，1967）の手法

表 2-1　面接の概要および質問項目

	面接時間／形式	面接の質問項目
第1回	5時間／半構造化面接	①DV 被害者支援をはじめた経緯 ②DV 被害者支援活動の大まかな流れ ③活動が順調な時と，そうでない時，周囲の影響をどのように受けていたか
第2回	2時間／非構造化面接 ＊1回目のデータをもとに大まかに分岐点を記した TEM を作成し，S さんに直接見てもらいながら面接する	①分岐点となった出来事の前後にどのようなことが起きていたか，内的・外的な面で生じていた変化について ②今後の S さんの展望について
第3回	1時間／非構造化面接	1,2回目の面接データをもとに修正を加えた TEM を S さんに直接見てもらい，コメントをもらう

表 2-2　KJ 法の手続き

①逐語を「出来事」と「それにまつわるエピソード」に分けてカードに書き出す
②関連しているカードをグループにまとめる
③関連しているグループを線で結び図解化する
④抽出した文章をつないで図解化した全体を文章化する

を用いて文章化を行った（**表 2-2**，**表 2-3**〈58頁〉）。文章化されたストーリーをもとに，TEM の概念にもとづき分岐点（Bifurcation Point：BFP），等至点（Equifinality Point：EFP），必須通過点（Obligatory Passage Point：OPP）を設定した（60頁，**表 2-4**）。なお，KJ 法に準拠した TEM 作成手続きの方法は，廣瀬（2010）のひきこもり親の会を運営する活動家の質的研究を参考にした。廣瀬はこの研究で，活動の軌跡について語った面接の逐語記録を KJ 法の手法を用いてカテゴリー化したうえで文章化し，TEM の分析的枠組みの設定を行う方法をとっていた。なお，筆者の場合，KJ 法で得たカテゴリーを文章化する際に，「どの概念（カテゴリー）が重要か」ということについて，特に大きく悩むことはなかっ

表 2-3　KJ 法により完成した文章

　私は長いこと，専業主婦で鬱々としていた。そのころ，一番長くやっていたのは環境問題の運動。その時，勉強会を開いて講師を招いたら，あまりの粗悪な会場に「せっかく女性たちが学ぼうとしているのに，この環境の悪さはなんだ！あなたたちはなぜ女性センターを作ってほしいと行政に対して言わないのだ」と怒られた。女性センターの存在を初めて知り，**女性センターを作る会を立ち上げた（BFP1）**。講師から他市の女性専用の情報誌を紹介され，自分の住む自治体に「同じような情報誌を作ってほしい」と要請したら，「自分で作ってください」と言われてしまった。そこで，**女性情報誌『希望』を作った（BFP2）**。この雑誌を作ったら，「女は，地域で本音を語ることができなかった」「すごく勇気づけられた」という感想が全国の女性からいっぱいきた。そこで，「女の人が本音で語れる場所がほしいね」とメンバーで話し合い，1994 年に女性のたまり場として**〈希望の家〉を立ち上げた（EFP1）**。その頃から「夫から暴力を振るわれている」という相談が少しずつ入るようになり，**女性のための電話相談を立ち上げたら（BFP3）**，いっぱい相談が入ってきた。これを契機に，女性に対する暴力の問題に特化して取り組むようになった。**夫からの暴力をDVという概念ではっきり知ったのは 1995 年の北京の女性会議に参加した時（OPP）**。それで月に 1 回，暴力の学習会を開催することにしたら，県外からも参加者が来るようになった。海外のシェルターにも見学に行った。県警にも性暴力に対してもっと取り組むよう要請書を出した。新聞の取材も増えて，活動が大きく変わった。活動を続けるうえで，困難はたくさん出てくる。DV の問題に特化した頃から，DV に心を動かされないメンバーは活動から離れていった。でも，電話相談の向こうに，疲弊した女性たちの存在を感じていたので，2004 年に**付き添い支援を始め（BFP4）**，2005 年に**シェルターを立ち上げた（EFP2）**。その後，**シングルマザーの会を立ち上げ（BFP5）**，現在はシェルターを出た後の家庭訪問も行っている。常にスタッフ不足，財政難である。子どもと女性の命がかかっている仕事で，本来は行政がするべきことを，私たちがしている。私もそろそろ，誰かにバトンタッチしてもいいかなと思っている。若い人に来てほしいけれど，十分な給料が払えないので，**今後しばらくは定年退職した人たちに協力してもらいながら，活動を続けていくことになると思う（EFP3）**。

た。その理由として，筆者がSさんと同じ DV 被害者支援活動を行っているため，Sさんが活動を続けてきたうえでの苦労や喜び，活動を阻む壁など，共感的に理解することが容易であったことが考えられる。また，筆

者はTEMを完成させる際，第1回の面接で作成した簡易的に表現したTEM図を2回目と3回目の面接時にSさんに直接見てもらい，訂正・修正点についてコメントをもらった。当初，Sさんは自分の面接データが「図」として具体的に表現されることに，ややためらいがある様子だった。筆者はSさんの意向に配慮するため，KJ法によって文章化したストーリーをSさんに見せて，TEMの表現に用いるデータの範囲を限定することを約束し，Sさんの不安感を取り除くよう努めた。また筆者自身，Sさんの膨大な面接データを改めて文章化したことで，筆者がSさんの活動に同一化することを防ぎ，客観的な視点をもって，TEMの枠組みの設定作業を行うことができた。

● 分析的枠組みの設定

TEMの分析的枠組みについては，基本的概念の地に弦間（2009）の研究で用いられた，統合された個人的志向性（Synthesized Personal Orientation：SPO）の概念を加えた（60頁，**表2-4**）。弦間は，学生相談室に相談したいと思っている学生たちが〈学生相談室に相談したい〉という志向性をもちながら〈学生相談室を利用する〉という等至点に向かうという基本的なストーリーを作成し，個人がもつ志向性と外部からの情報や環境，イメージなどが絡み合って，一定の方向に進んでいく過程をTEMで表現する方法を用いていた。筆者の研究においても，Sさんが「DV被害者支援活動を続けていきたい」という強い意志をもっていることが，活動を継続する要因に何らかの影響を及ぼしていることは明らかであると感じたため，〈DV被害者支援活動を続けたい〉という信念を統合された個人的志向性と捉えた。そして，Sさんは〈DV被害者支援活動を続けたい〉という志向性をもちながら，〈DV被害者支援活動を続ける〉という等至点へと向かうと仮定した。なお，〈DV被害者支援活動を辞める〉を両極化した等至点（Polarized Equifinality Point：P-EFP）とした。筆者はさらに，客観的に見て，Sさんの活動内容が大きく変化したと思われる出来事を等至点として三つ設定し，活動期間を区分した。等至点を三つ設定した理由は，Sさんは〈DV被害者支援活動を続ける〉ことを目指しなが

表 2-4　TEM のための概念表

概念	本研究の位置づけ
等至点：EFP （Equifinality Point）	DV 被害者支援活動を続ける ①女性のたまり場〈希望の家〉を立ち上げる ②シェルターを開設する ③定年退職の人たちの協力を得ながら，活動を続ける（P-EFP：支援活動を辞める）
分岐点：BFP （Bifurcation Point）	①女性センターを作る会を立ち上げる ②女性情報誌『希望』を作る ③女性のための電話相談を開始する ④付き添い支援を開始する ⑤シングルマザーの会を作る
必須通過点：OPP （Obligatory Passage Point）	北京の女性会議に参加し DV の概念を知る
社会的方向づけ：SD （Social Direction） 社会的ガイド：SG （Social Guidance）	〈活動を辞める〉方向へと仕向ける環境要因や文化・社会的圧力 SD に対抗し，〈活動を続ける〉方向へと誘導する環境要因や文化・社会的支え
統合された個人的志向性：SPO （Synthesized Personal Orientation）	「母親を助けたい」「女性がのびやかに生きる社会を作りたい」という信念のもとに活動を続ける

らも，実際の活動においては，ある一定の到達点に辿り着いた時，S さんの活動内容の質が明らかに変容し，そこから新たな活動目的が生じ，活動が継続していくように思えたからである。S さんの活動には，重要と思われるさまざまな出来事がいくつか存在していたが，S さんが，いくつかある選択から一つの選択を行った時点について，それらを分岐点とした。また，S さんが女性に対する暴力を「DV」と認知した時点を必須通過点と設定した。S さんは，活動を継続する理由として，さまざまな要因がある（あった）ことを語った。それらを，SD（Social Direction：DV 被害者支援活動の継続を阻む要因となる社会的方向づけ），SG（Social Guidance：DV 被害者支援活動の継続を促進する社会的ガイド）として設定し，S さんが迷いながらも，ある一つの選択を行うことになった分岐点において，どのような SD や SG が現れたかを分析した（**表 2-4**）。

3. 結果と考察

　S さんの語りから，約 20 年にわたる活動の内容を，前述した分析的枠組みをもとに TEM 図を描いた（62〜63 頁，**図 2-1**）。S さんの活動を三つに区分し，それぞれ「活動初期-準備期」「活動中期-活性期」「活動後期-経営期」とし，S さんの活動内容を分析した。

　また，筆者は S さんが活動を続けるうえで影響を及ぼしたさまざまな要因を，SG（社会的ガイド）および SD（社会的方向づけ）として S さんの逐語を用いて表現した。なお，ここでは，S さんが DV 被害者支援活動を本格的に開始するにあたり，基礎となった出来事が集中している「活動初期-準備期」の部分のみ，S さんの逐語を用いた TEM 図を掲載し（64〜65 頁，**図 2-2**），活動内容における分析もやや詳細に記した。

● 活動初期（準備期）：女性運動を始めるきっかけ作り――「自分のためにはじめた運動」が「多くの女性の共感を得る活動」へと変化

　1980 年代後半，S さんは専業主婦で 30 代後半から環境運動に参加していたが，月に 1 回のミーティングに参加する程度で，なんとなく鬱々としていた。当時，環境運動の勉強会で講師を招いたら，講師から，あまりの粗末な勉強環境について一喝された。当時，S さんの住んでいた A 市には自治体が運営する婦人会館が存在し，料理教室などを開催していたが，S さんが学びたいと思っていた女性の人権などを勉強する講座はなかった。女性センターの必要性を強く感じた S さんは，メンバーを集めて女性センターを作る会を立ち上げた。しかし，当時はまだ「男は仕事，女は家庭」という古典的な男女役割分担の価値観が強く，S さんの主張に対する反発が強かった。

　講師から紹介された B 市の情報誌には女性団体の活動内容などが詳しく書かれており，S さんは非常に驚いた。S さんは自分の住む自治体に，

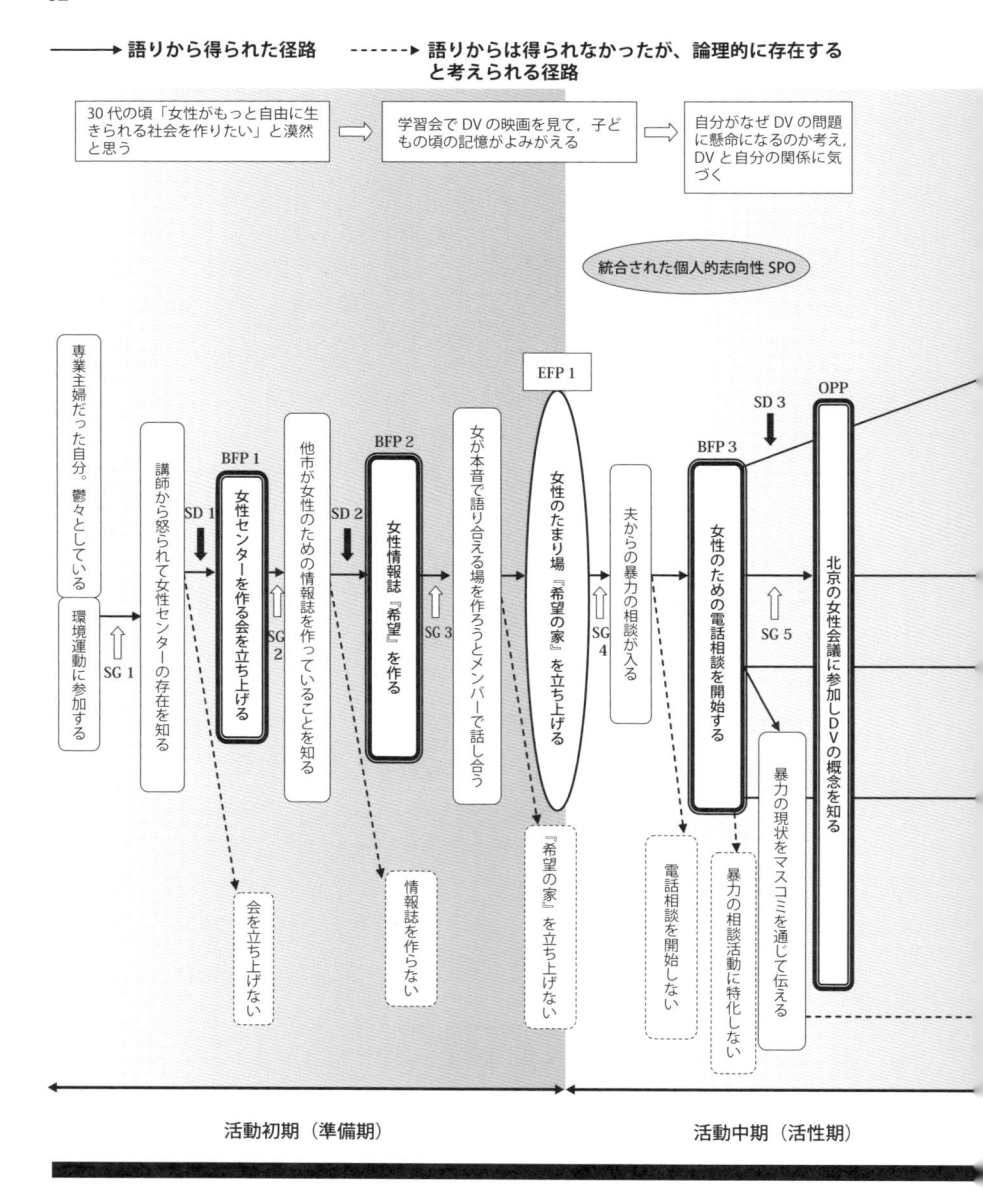

⟶ 語りから得られた径路　------▶ 語りからは得られなかったが、論理的に存在すると考えられる径路

- 30代の頃「女性がもっと自由に生きられる社会を作りたい」と漠然と思う
- 学習会でDVの映画を見て、子どもの頃の記憶がよみがえる
- 自分がなぜDVの問題に懸命になるのか考え、DVと自分の関係に気づく

統合された個人的志向性 SPO

活動初期（準備期）／活動中期（活性期）

非可逆的時間

専業主婦だった自分。鬱々としている
環境運動に参加する
SG 1
講師から怒られて女性センターの存在を知る
SD 1
BFP 1　女性センターを作る会を立ち上げる
SG 2
他市が女性のための情報誌を作っていることを知る
SD 2
BFP 2　女性情報誌『希望』を作る
SG 3
女が本音で語り合える場を作ろうとメンバーで話し合う
EFP 1　女性のたまり場『希望の家』を立ち上げる
SG 4
夫からの暴力の相談が入る
SD 3
BFP 3　女性のための電話相談を開始する
SG 5
OPP　北京の女性会議に参加しDVの概念を知る

（下段・点線分岐）
- 会を立ち上げない
- 情報誌を作らない
- 『希望の家』を立ち上げない
- 電話相談を開始しない
- 暴力の相談活動に特化しない
- 暴力の現状をマスコミを通じて伝える

図2-1　DV被害者支援員Sさんの活動のTEM

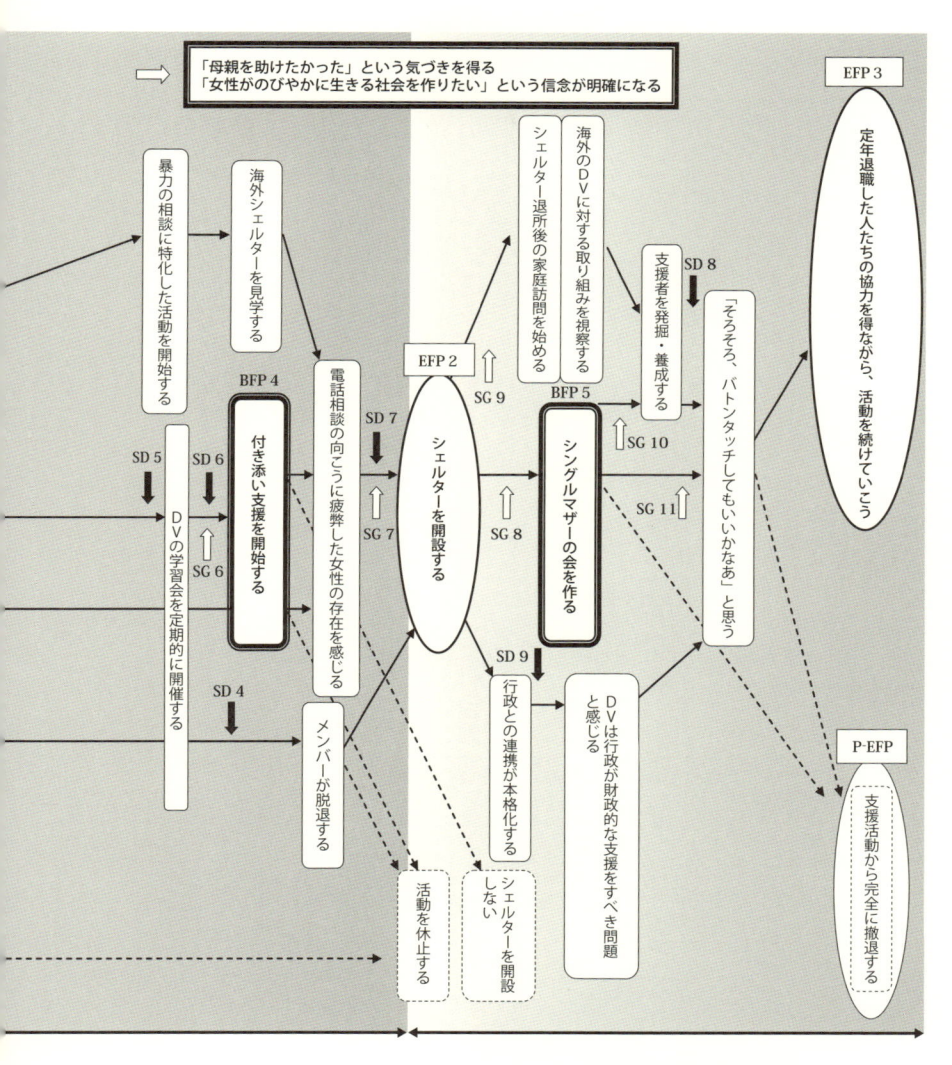

第 2 章 実践編──TEM 研究の可能性と多様性　63

「母親を助けたかった」という気づきを得る
「女性がのびやかに生きる社会を作りたい」という信念が明確になる

EFP 3

定年退職した人たちの協力を得ながら、活動を続けていこう

暴力の相談に特化した活動を開始する

海外シェルターを見学する

海外のDVに対する取り組みを視察する

シェルター退所後の家庭訪問を始める

支援者を発掘・養成する

SD 8

「そろそろ、バトンタッチしてもいいかなあ」と思う

BFP 4
付き添い支援を開始する

電話相談の向こうに疲弊した女性の存在を感じる

EFP 2
シェルターを開設する

BFP 5
シングルマザーの会を作る

SD 5　SD 6
　　　　SG 6

SD 7
　SG 7

SG 9

SG 8

SG 10

SG 11

DVの学習会を定期的に開催する

SD 4
メンバーが脱退する

SD 9
行政との連携が本格化する

DVは行政が財政的な支援をすべき問題と感じる

P-EFP

支援活動から完全に撤退する

活動を休止する

シェルターを開設しない

活動後期（経営期）〜現在

⟶ 語りから得られた径路　------▶ 語りからは得られなかったが、論理的に存在する
　　　　　　　　　　　　　　　　と考えられる径路

活動初期（準備期）：女性運動をはじめるきっかけ作り──
「自分のためにはじめた運動」が「多くの女性の共感を得る活動」へと変化

BFP1（女性センターを作る会を立ち上げる）
（勉強会のために）会場を借りていた。電車がすぐそばを走っていて、クーラーもなければ保育士もいない……暑い、子どもが殴り合いをする、そしたら講師が怒って「あなたたちは、女の人が真剣に学ぼうとしているのに、この状況はなんだ！なぜ、女性センターを作ってほしいと行政に対して言わないんだ！」って。女性センターというのを初めて耳にした。その頃、行政に何か言うなんて、恐ろしいことと思っていた。当時の私ね（SG1）。
でね、「女性センターっていうのを作ってほしいんですけど、もっと学びたいし、保育室もほしいし」て言ったら、「そんな子どもがいる人は、家にいるべきだ」て言われたり……ある男性からは「隣の県に行ったら、いっぱい学べるだろう？　こんなところでやったら、自分が消耗するだけだ、やめとけ、と言われたりした（SD1）。私は、隣県に住んでいる市民はそれを享受できるのに、A市に住んでいる私はなんでそれが学べないの、納得できない、と思ってしまったんですよ。それで、メンバーを集めて「女性センターを作る会」を立ち上げた（BFP1）。

BFP2（女性情報誌『希望』を作る）
講師が「B市の婦人会館は本当に、学びたい人のために開かれている」とB市の情報誌をくれた（SG2）。それで、自分の住む自治体の雑誌を作っている編集者に「こんな雑誌を作ってほしい」と言ったら、「そんなのは自分で作れ」と言われて（SD2）。でも、その頃から、なければ何でも作っちゃおうていう気持ちになった(BFP2)。

EFP1（女性のたまり場『希望の家』を立ち上げる）
情報誌を作った時「女は地域で語ることができなかった」「すごく勇気づけられた」みたいな手紙がね、全国からいっぱいきたんですよ（SG3）。それでね、女の人が集まって本音で語れる場所がほしいねって、メンバーでお金を出し合って〈希望の家〉を立ち上げました（EFP1）。そうしたら「私には帰る家がない。実家がない。希望の家ができて、実家ができたみたいですごく嬉しい」って、また電話が殺到した（SG4）。

SD ⬇　専業主婦だった自分、鬱々としている　⬆ SG1　環境運動に参加する　⬆ SG

活動初期（準備期）

非可逆的時間

図2-2　DV被害者支援員Sさんの活動初期のTEM

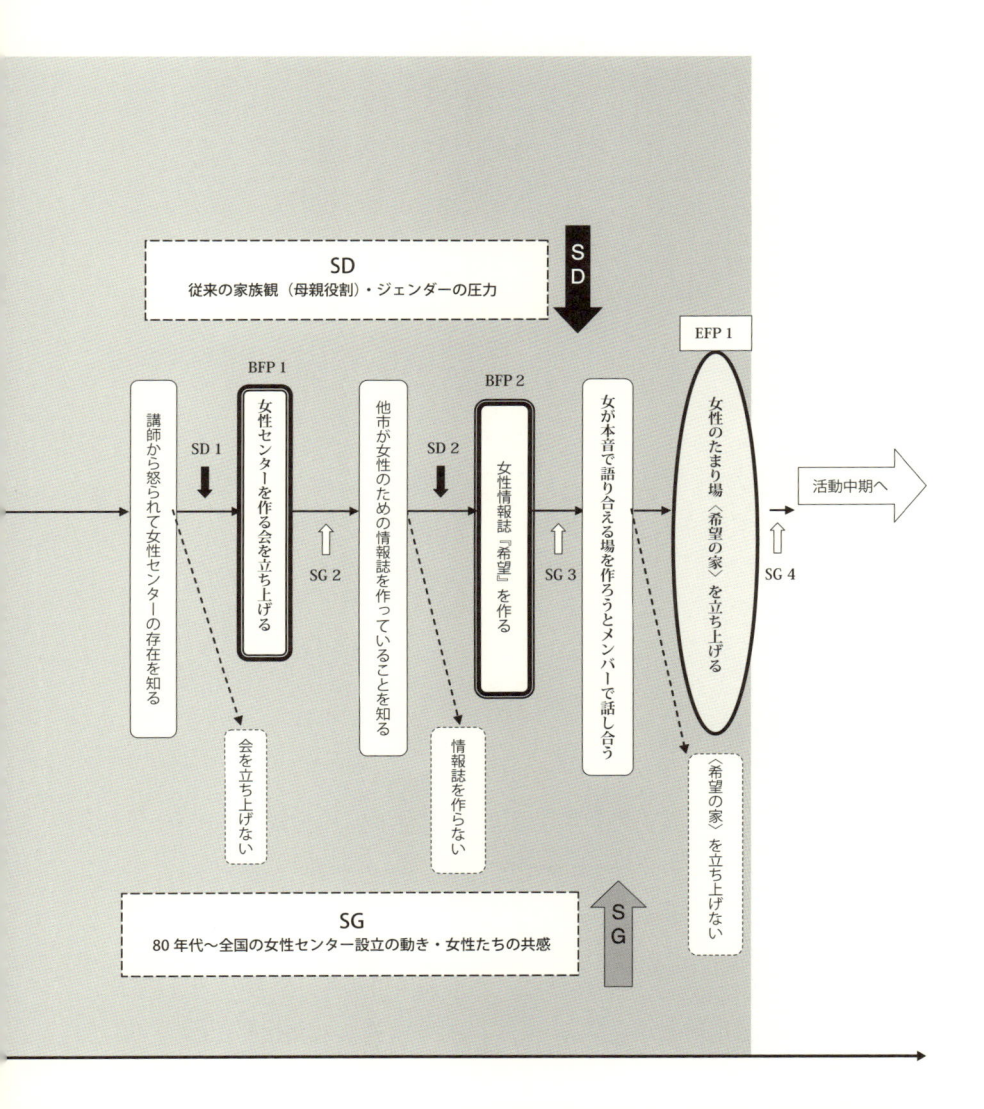

SD
従来の家族観（母親役割）・ジェンダーの圧力

SG
80年代〜全国の女性センター設立の動き・女性たちの共感

- 講師から怒られて女性センターの存在を知る
- SD 1
- BFP 1 女性センターを作る会を立ち上げる
- 会を立ち上げない
- SG 2
- 他市が女性のための情報誌を作っていることを知る
- SD 2
- BFP 2 女性情報誌『希望』を作る
- 情報誌を作らない
- SG 3
- 女が本音で語り合える場を作ろうとメンバーで話し合う
- EFP 1 女性のたまり場《希望の家》を立ち上げる
- 《希望の家》を立ち上げない
- SG 4
- 活動中期へ

女性情報誌を作ってほしいと頼んだが,「行政の仕事ではない」と一蹴されてしまった。行政の理解が得られないことに失望を感じたSさんだったが,その後,女性情報冊子『希望』を自分で実際に作り,女性がくつろげる地元の喫茶店や,子育て中の母親が利用できる施設,勉強したい人のための講座の紹介など,女性がほしいと思っている情報をたくさん集めて掲載した。

情報誌『希望』の反響は予想外に大きかった。多くの女性は自分たちの言いたいことが言えない,と感じており,『希望』が女性たちの声を代弁したとも言える。続いて〈希望の家〉を立ち上げたことで,多くの女性が自分の居場所を求めていることがわかった。

このように,Sさんにとって,女性センターを作る会の発起から,情報誌を発行し,女性の居場所作りに至るまでの期間は,その後に続くDV被害者支援活動の下地となる基盤を築いた準備期として捉えられる。それぞれの分岐点において,「会を立ち上げない」「情報誌を作らない」という選択があったにもかかわらず,Sさんは新たな行動に移した。また,Sさんが女性センターを作る会を立ち上げた当時は,全国的に女性センター設立の動きが活発だった時期であるため,会の発起は,当時の社会時勢が後押ししたとも言えるだろう。

● 活動中期（活性期）：暴力を受けた女性の支援に活動が特化する——DVという「言葉」が徐々に認識され始める

活動中期はSさんにとって,DV被害者支援に活動が絞り込まれていく時期である。なかでも,「女性のための電話相談」開始は,Sさんが暴力の相談に特化していくきっかけとなった出来事であり,Sさんが最初に行ったDV被害者支援と言ってよい。この時Sさんとは異なり,DVの問題に関心の薄い他のメンバーは,活動から離れていった。国際的な女性会議でDVの概念を明確に知ったSさんは,自ら企画した学習会で,自分とDVに深い関係があることに気づいた。この気づき体験を通して,SさんはDV被害者支援に携わる自分自身を客観的に見ることができるようになり,活動を続けていくうえでの軸のようなものを形成していくことに

なった。また，活動が活発になる一方で，あまりの忙しさに，心身ともに疲労していた時期でもあり，Sさんは活動を休止することを何度も考えた。一方で，海外のDVに対する取り組みを学ぶなど，活動の視野が大きく広がった。そして「シェルターを開設したい」というSさんの強い信念が，開設に反対したメンバーの脱退という危機を乗り越えて，開設を実現するに至った。

● 活動後期（経営期）：DV被害者の長い人生をサポートするための支援の確立──ゆるやかな活動の継続に向けて

活動後期においては，シェルターを維持するための資金確保など，活動に大きな変化が生まれた。加えて，DVから逃れた後のアフターフォロー，DVで離婚した後の居場所作りなど，DV被害者を長期にわたり支援するシステムが，ほぼ確立した時期とも言える。2006年から始まったシングルマザーの会は，将来的には当事者の母親たちに会の運営を任せていきたいと考えており，少しずつではあるが，Sさん以外の人の手に，活動を任せていく状況ができつつある。従来の支援活動に加えて，資金集めを専門とするファンドマネージャーを雇うことを考えるなど，Sさんが新しい活動スタイルを模索しているように見えた。

第2項　Making of パート

1. 自身の研究をまとめようと思ってどのようなことに困難を感じたか

筆者はSさんの「活動を続けよう」という志向性は，Sさんを取り巻く外部の影響を受けながら変化し続けていることに当初から注目していた。そのため，Sさんの活動において，「大変だけど支援活動を継続しよう」と思わせる要因（SG：社会的ガイド）と「大変だから，活動を中断しよう」と思わせる要因（SD：社会的方向づけ）が絡み合いながら，さまざまな分岐を経て活動が進んでいく過程をどのようにTEM図に表現するかが課題であった。Sさんの語りは「○○があったから活動を続けることができた」「××が起きて，挫折しそうになった」と，非常に明確なこ

とが多く，筆者自身も同じ支援員であるため，面接の内容から具体的なイメージを浮かべることは容易であった。そのため，筆者自身の思い込みではなく，Sさんが活動を続けるうえで感じてきたことや，Sさんがなぜそのように思うに至ったのか，Sさんの文脈に沿って表現することが大切と考え，Sさんの実際の逐語録の一部を使用してSGやSDを表現する方法を思いついた。一方で，Sさんを取り巻く出来事を社会・文化的な概念におきかえ，一般的な多くの人が見ても了解可能なSDおよびSGとして明確に表現することは非常に難しく，第三者から「なぜこの出来事がSGなのか，わからない」といった指摘を受けることも多く，反省の余地を残した。

2. TEMで何をしようとしたか

筆者は今回のTEMで，Sさんが30代の頃から抱えていた漠然とした思いが環境の変化や外部の情報を取り入れながら〈DV被害者支援員を続けたい〉という志向性と絡まって，活動が継続されている過程を表現したいと考えていた。そのため，時間の経過によって変容したSさんの〈DV被害者支援活動を続けたい〉という志向性（Synthesized Personal Orientation：SPO）も，TEM図のなかに描き，時間とともに志向性が変化している様子を表わした。また，Sさんが一つの選択を行う分岐点（Bifurcation Point：BFP）の前後に生じた出来事をSGおよびSDに分けて，EFP（Equifinality Point：等至点）〈支援活動を続ける〉とP-EFP（Plarized Equifinality Point：両極化した等至点）〈支援活動を辞める〉へ，それぞれの方向性へ向かわせる「力」がせめぎ合っている様子を，上下の矢印で表現し，Sさんを次の行動へと後押しするような力が，さまざまな方向から働いていたことを示した。

3. 何をEFPに設定しようと考えたか

EFPは，Sさんの活動内容の質が明らかに変容したと思われる時点を選んだ。たとえば，女性たちのたまり場「希望の家」を作った後は，Sさんはそれまで行っていた「自分のための活動」から明確にDV被害者支援

へと特化していることや，シェルターを作った後は，従来の被害者支援に加えて活動の資金集めに奔走するなど，活動目標の「質」が変化しているように見えた。後日談であるが，サトウから「活動が，一定の段階に到達したと実感された時をEFPとして設定することが適切ではないか」と指摘されたことも含め，このように活動が大きく変化した出来事をEFPとして設定したことで，EFPを拠点に活動の幅が大きく広がり，また一つの収束点へと結ばれていく過程が繰り返されているイメージが表現できたと考えている。

4. どのような工夫を取り入れて，TEMを用いた研究としてまとめたのか

今回のTEM作成過程にはSさんに直接見てもらう方法をとった。そのため，最終的に完成されたTEMは，単語一つひとつの使い方まで，Sさんの確認が入り，Sさんの使用した言葉や意志を忠実に再現したものとなった。Sさんは「あら，ここは違う，この○○の出来事の前にもっと大事なことがあって……」とコメントするなど，協力的であった。また，1回目の面接時に聞きもらした部分（例えば，Sさんの今後の将来的な展望など）を空白にしておいたら「これはね，こうなっていくんじゃないかな」とSさん自身が自分で線を書き込み，共同してTEMを完成させるようなやりとりが生まれたことも，非常に興味深かった。この「研究者が作ったTEMを調査協力者からフィードバックをもらい，修正を加える」というプロセスは，「語り」への向き合い方の一つの方法とも言える。TEM作成の作業を一緒に行うことそのものが，調査協力者の「語り」を促したとも言えるだろう。さらに，この点はTEMを臨床的面接に用いる可能性を示唆するものであり，今後是非とも検討していきたいと考えている。

5. なぜ完成したと考えたか，TEMによって何がわかったと思ったか。完成させたTEM図は何のモデルなのか，それが誰に役立つと思うのか

今回，TEMによってDV被害者支援員Sさんの活動を描くことで，S

さんが 30 代の頃から抱えていた漠然とした思いが，環境の変化や外部からの影響によって「DV 被害者支援活動を続ける」という強い信念に変化し，その信念（統合された個人的志向性）を基軸に，活動が継続していく過程が存在することがわかった。おそらく，同様の過程は，DV 被害者支援活動を続ける者には少なからず見られるものと推測されるため，今回の研究において作成した TEM は，DV 被害者支援員が抱える課題や，やりがいに結びつく出来事の可能性を探る，支援員の活動予測モデルと言えるかもしれない。迷い，悩みながらも，支援活動を続ける者が，自分自身の活動を客観的に振り返り，支援員としてのスキルの向上を目指す教育ツールとして活用できるのではないか，と筆者は考えている。

6. おわりに

今回の研究論文は，筆者の所属していた臨床心理系の大学院の修士論文として作成したものである。他の院生はもちろん，ご指導いただいた先生方も TEM について知る人は少なく，筆者は自分の研究がどのように評価されるか，非常に不安であった。しかし，結果的には，指導教官から以下のようなお褒めの言葉を頂き，大変嬉しく思った。

> 「インタビュー調査を用いた研究は，インタビューのデータが多すぎると調査者がデータを整理することが困難になり，内容がよくわからない論文になることが多いけれど，TEM というのはインタビューデータを一つの図に正確に表現することができるようで，非常にわかりやすい」
>
> 「（筆者が TEM を作成するときに，S さんにコメントをもらいながら作成した方法について）完成された TEM 図は調査協力者の言葉や意志が正確に反映されていることから，研究の妥当性が高いと言える」

上記の点について，完成した TEM 図は，「対象者と研究者の間に発生した新しい何か」であると言える。その何かとは，見方の融合である。従

来のインタビュー（Inter-view）とは異なる，トランス・ビュー（Trans-view）という概念を作るゆえんである（サトウ・安田・佐藤・荒川，2011）。インタビューのデータを研究者がどのように捉えたのか，研究者自身の当事者性を明らかにするとともに，調査協力者の内面を，協力者自身が受け入れることができるものとして目に見える形で外在化する新しい表現ツールとして，TEM が活用されることを，筆者は期待している。

（佐藤紀代子）

◆ 1-2　ひきこもり親の会が自助グループとして安定するまで

第1項　研究パート

1．問題および目的

ひきこもり[*2]とは，さまざまな要因の結果として社会参加を回避し，6ヵ月以上にわたって概ね家庭にとどまり続けている状態をさす。また，長期にひきこもることで社会生活の再開が困難となり，本人や家族が大きな不安を抱える場合を支援の対象とする（厚生労働省，2010）。現在筆者は心理士としてひきこもり支援に携わっているが，本人自らが直接支援を求めることは稀で，わが子をひきこもりと認識した家族の相談から本人不在のまま支援を開始する場合が多い。

[*2] ひきこもりという言葉を使用するとき，ひきこもりの状態をさす場合と，ひきこもりの状態にある人をさす場合がある。人をさす場合はひきこもりではなく，ひきこもりの状態にある人と記述するのが丁寧で妥当であると考えるが，本稿では便宜上ひきこもり，あるいはひきこもり者と記述するものとする。

　ひきこもりとは，さまざまな要因の結果として社会参加（義務教育を含む就学，非常勤職を含む就労，家庭以外の交流）を回避し，原則的には6カ月以上にわたって概ね家庭にとどまり続けている状態（他者と交わらない形での外出をしていてもよい）をさす現象概念である。なお，ひきこもりは，原則として統合失調症の陽性症状あるいは陰性症状にもとづくひきこもり状態とは一線を画した非精神病性の現象とするが，実際には確定診断がなされる前の統合失調症が含まれている可能性は低くないことに留意すべきである（厚生労働省，2010）。

子どものひきこもり状態に対する否定的評価が，親自身の心身の健康に悪影響を及ぼし（境・滝沢・中村・植田・石川・永作・佐藤・井上・島田・坂野，2009），特に子どもが親に対して拒否的・支配的である場合，家族の精神的健康度が低下し，困難度が高まる（小林・吉田・野口・土屋・伊藤，2003）。親は，本人にとってひきこもることを可能にする環境そのものであると同時に悪循環に巻き込まれる被害者ともなるが，関係性に悩みながらも本人の社会再接続に向けての第1番目の支援者としての役割が期待されている存在である。このようなことからひきこもり支援においては，本人を支える親そのものへの支援も重要視されている。

　ひきこもり問題のライフコースでの変化に対応する数少ない親支援の担い手として，ひきこもり親の会がある。なかでも不登校親の会は，不登校の遷延化にともない，対応を迫られる形でひきこもりの親を支援の対象としてきた。「不登校・ひきこもり」と冠して，例会を別に設けるなどの工夫をしている会もあるが（川北，2004），参加メンバーの要望や目的にずれが生じ，自然消滅してしまう会もある。このようななか，セルフヘルプ・グループ（Self-Help Group：以下，SHG）として不登校から継続してひきこもりの親を支え，20年近く活動している親の会に「中卒・中退の子どもをもつ親のネットワーク」（以下Tネット）がある。本稿では，世話人であるKさんのライフストーリー・インタビューを通して，TネットがSHGとしてどのように発展し，ひきこもりの親の支えとなってきたのか，その発展過程と継続維持要因をTEM（Trajectory Equifinality Model：複線径路・等至性モデル）および発生の三層モデル（Three Layers Model of Genesis：TLMG）を用いて分析する。

　TEMでは，研究者自身が必要に応じて新しく概念を導入することができるというユニークな一面がある。筆者自身の研究の焦点であったKさんのTネットに対する意味づけの変容過程を捉える際に，必要と考えて新たに分析に加えた価値変容点（Value Transformation Moment：VTM）という概念についても説明していきたい。

2. 方法

調査協力者およびTネットの概略

調査協力者は，Tネット設立時から現在に至るまで唯一の世話人であるKさん（67歳）である。1年前より仕事を辞めてひきこもっている息子の母親でもある。

Tネットは，1992年にKさんが仲間3人と立ち上げた。グループ名にあるように当初の目的は中卒で働く子どもの支援であったが，メンバーの要望を受けて語る場へと方向転換し，長い年月を経てSHGのナラティヴ・コミュニティ（Rappaport, 1993）として機能していくようになる。現在は学校年齢を超えたひきこもりの親が多い。現在は，月1回のニュースレターの発行とその発送作業を含めた月3回の例会開催が主な活動である。筆者は2006年から2年間，月1回の発送作業の例会に参加した。現在も時間が許すかぎり参加を継続している。これらの参与観察の結果をフィールドノーツにまとめた。

インタビュー方法

インタビューは，半構造化面接の形で計3回，Kさんの指定した場所で筆者自身が行った。インタビュー項目を**表2-5**に示す。

表2-5　インタビュー項目

	第1回（2007.6）	第2回（2007.7）	第3回（2011.5）
時間	100分	65分	85分
インタビュー項目	半構造化面接	半構造化面接	半構造化面接 その他
	①Tネットがどのように続いてきたか ②世話人としての思い	①SHGにおいてメンバーが集い，語ることの意味 ②世話人としての思い	①Tネットがどのように続いてきたか ②世話人としての思い ③これまでの分析結果を説明し，Kさんに修正点を尋ねた

分析方法

インタビューデータをもとに逐語記録を作成し，KJ 法（川喜田, 1970）の手順を用いてラベルを抽出したのち，TEM および TLMG を用いて分析し，図解化した。分析手順を以下に示す。

①はじめに K さんのインタビュー場面での様子，言葉の抑揚や非言語行動も含めて頭のなかで再現しながら逐語記録を読みこんだ。その後 KJ 法の手順でラベルを抽出してカード化し，意味のまとまりごとにグループ化した。グループ化を繰り返して上位ラベルを抽出し，TEM におけるカテゴリーとした。なおカテゴリー抽出までの手続きは，筆者ならびに，同一専攻の大学院生 3 人で行った。

② EFP（Equifinality Point：等至点）として，「ひきこもりの親だけの例会を再開する」，「T ネットを続けていく」を設定し，EFP に至る径路について，BFP（Bifurcation Point：分岐点），SG（Social Guidance：社会的ガイド），SD（Social Direction：社会的方向づけ）ならびに VTM（Value Transformation Moment：価値変容点）をそれぞれ設定した（**表 2-6**）。

VTM とは，個人において，価値が変容するような経験，あるいは何かに得心がいった状態を表わす概念で，発生の三層モデルにおける最上層が変容する「時」を記述する概念として位置づけるものである。

③ K さんが選択した径路を実線で示し，また実際には選択されなくても理論上は存在しうると考えられる径路について，点線を用いて可視化した（76〜77 頁，**図 2-3**）。さらに VTM に至る T ネットに対する意味づけの変容プロセスについて，個人内の心的メカニズムを捉えるために，TLMG により三層に分けて結果を示し，図解化した（78 頁，**図 2-4**）。

発生の三層モデル

次に，発生の三層モデル（TLMG）について説明する。ヴァルシナー（Valsiner, 2007）によって提唱された TLMG は，TEM の方法論の一つであり，行動選択あるいは転換点といった個人の変容に焦点をあてて記述するモデルである。人間を開放システムして捉え，記号を媒介として外界と

表 2-6　TEM の用語ならびに本研究における意味

用語	本研究における意味
等至点（EFP）	EFP1：ひきこもりの親だけの例会を再開する EFP2：T ネットを続けていく
両極化した等至点（P-EFP）	P-EFP：T ネットを続けない
分岐点（BFP）	BFP1：中卒で働く子どもの大変さを知人から聞く BFP2：語る場への方向転換 BFP3：セルフヘルプについて学ぼうと思う
価値変容点（VTM）	T ネットはセルフヘルプ・グループだと実感する
社会的方向づけ（SD）／ 社会的ガイド（SG）	SD1：ひきこもり問題の深刻さ
	SG1：自分自身の生き方への誇り SG2：メンバーの語り

相互作用する際のメカニズムを仮説的に三層で捉える（サトウ，2009）。三層とはすなわち最下層の「個別活動レベル」，中間層の「記号レベル」，最上層の「信念・価値観レベル」である。個人が行動選択の際，そこに至る経験に対してどのような意味づけをするかは各人によって異なる。その意味づけのガイドとなるのが記号である。最下層の「個別活動レベル」である日常では，さまざまな行動・感情・思考が立ち現れる。それらを意味づける記号が「記号レベル」で発生するが，そのほとんどは「信念・価値観レベル」の手前にとどまり，個人の価値観を揺るがすことはない。しかしながらある経験は，最上層での個人の信念や価値観に影響し，それ以降の行動・感情・思考を大きく変容させる場合がある。そのような価値変容の時点を VTM として捉え，それを媒介する事象を促進的記号（Promoter Sign：PS）とする。本稿で捉えた三層を**表 2-7**（79 頁）に示す。

第Ⅰ期 / 第Ⅱ期

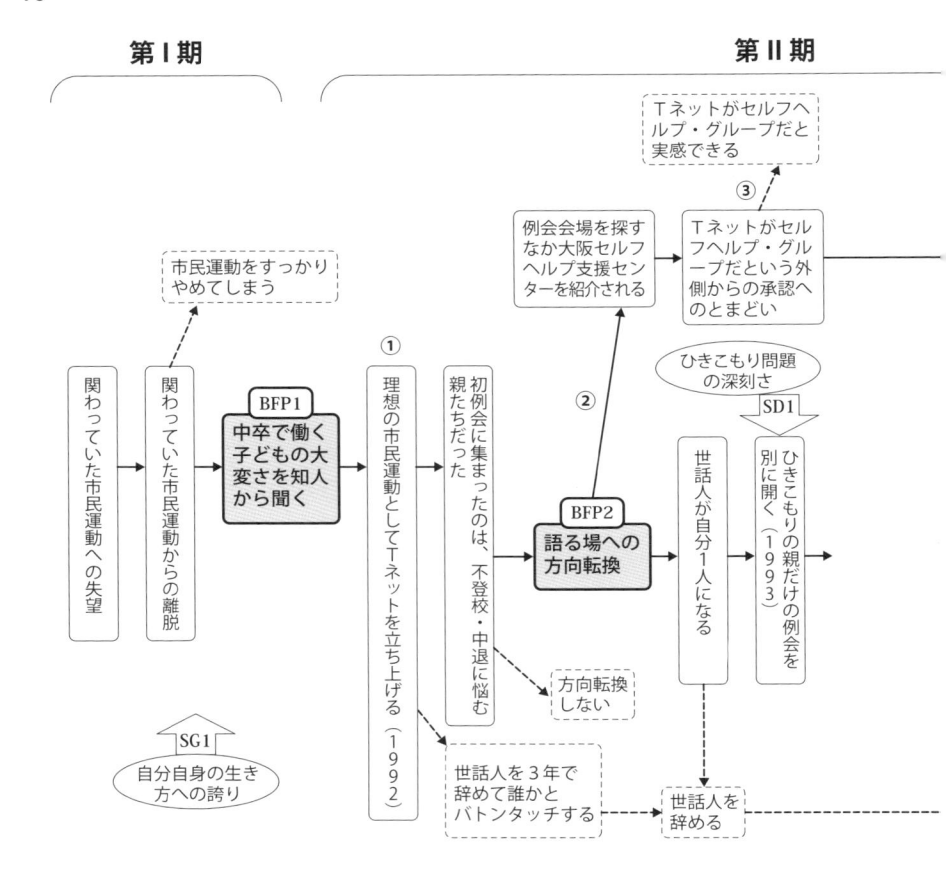

```
関わっていた市民運動への失望
  ↓
関わっていた市民運動からの離脱 ----→ 市民運動をすっかりやめてしまう
  ↓
【BFP1】中卒で働く子どもの大変さを知人から聞く
  ↑ SG1 自分自身の生き方への誇り
  ↓ ①
理想の市民運動としてTネットを立ち上げる（1992）
  ↓
初例会に集まったのは、親たちだった
  ↓
不登校・中退に悩む
  ↓ ②
【BFP2】語る場への方向転換 ----→ 方向転換しない
  ↑
例会会場を探すなか大阪セルフヘルプ支援センターを紹介される
  ↓
Tネットがセルフヘルプ・グループだという外側からの承認へのとまどい
  ↓ ③
Tネットがセルフヘルプ・グループだと実感できる
  ↓
世話人が自分1人になる
  ← ひきこもり問題の深刻さ SD1
  ↓
ひきこもりの親だけの例会を別に開く（1993）
  ↓
世話人を辞める ----→ 世話人を3年で辞めて誰かとバトンタッチする
```

Tネットの変化	中卒で働く子どもの支援→不登校・中退の子どもをもつ親の「話せる場」→
例会参加メンバー（人／例会）	80人（1992） / 40〜60人（1994）
ニュースレター発行部数	360部 / 450部

非可逆的時間

図 2-3　TネットのSHGとしての発展過程

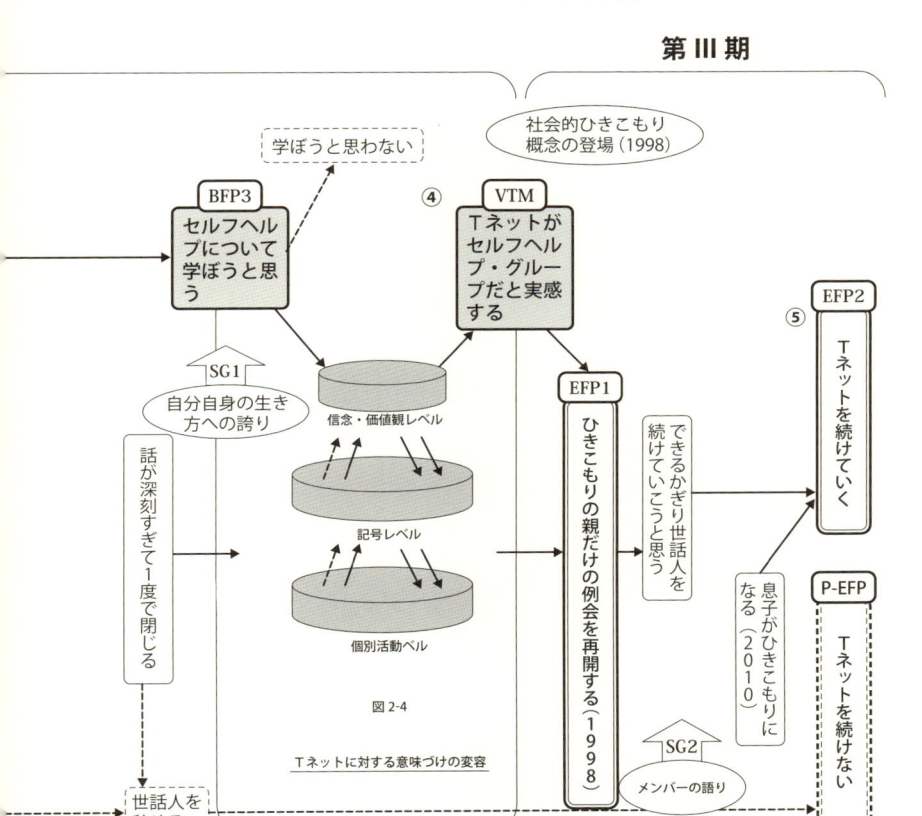

第 2 章 実践編──TEM 研究の可能性と多様性　77

第 III 期

社会的ひきこもり
概念の登場（1998）

BFP3
セルフヘルプについて学ぼうと思う

④

学ぼうと思わない

VTM
Tネットがセルフヘルプ・グループだと実感する

SG1
自分自身の生き方への誇り

信念・価値観レベル

記号レベル

個別活動レベル

図 2-4
Tネットに対する意味づけの変容

EFP1
ひきこもりの親だけの例会を再開する（1998）

できるかぎり世話人を続けていこうと思う

⑤
EFP2
Tネットを続けていく

息子がひきこもりになる（2010）

P-EFP
Tネットを続けない

話が深刻すぎて1度で閉じる

世話人を辞める

SG2
メンバーの語り

ひきこもりの子どもをもつ親の例会を一度で閉鎖→再開→不登校・ひきこもりの子どもをもつ親の「話せる場」		
40〜60人（1996）	20〜30人（2000）	10人前後（2007〜）
250 部	180 部	

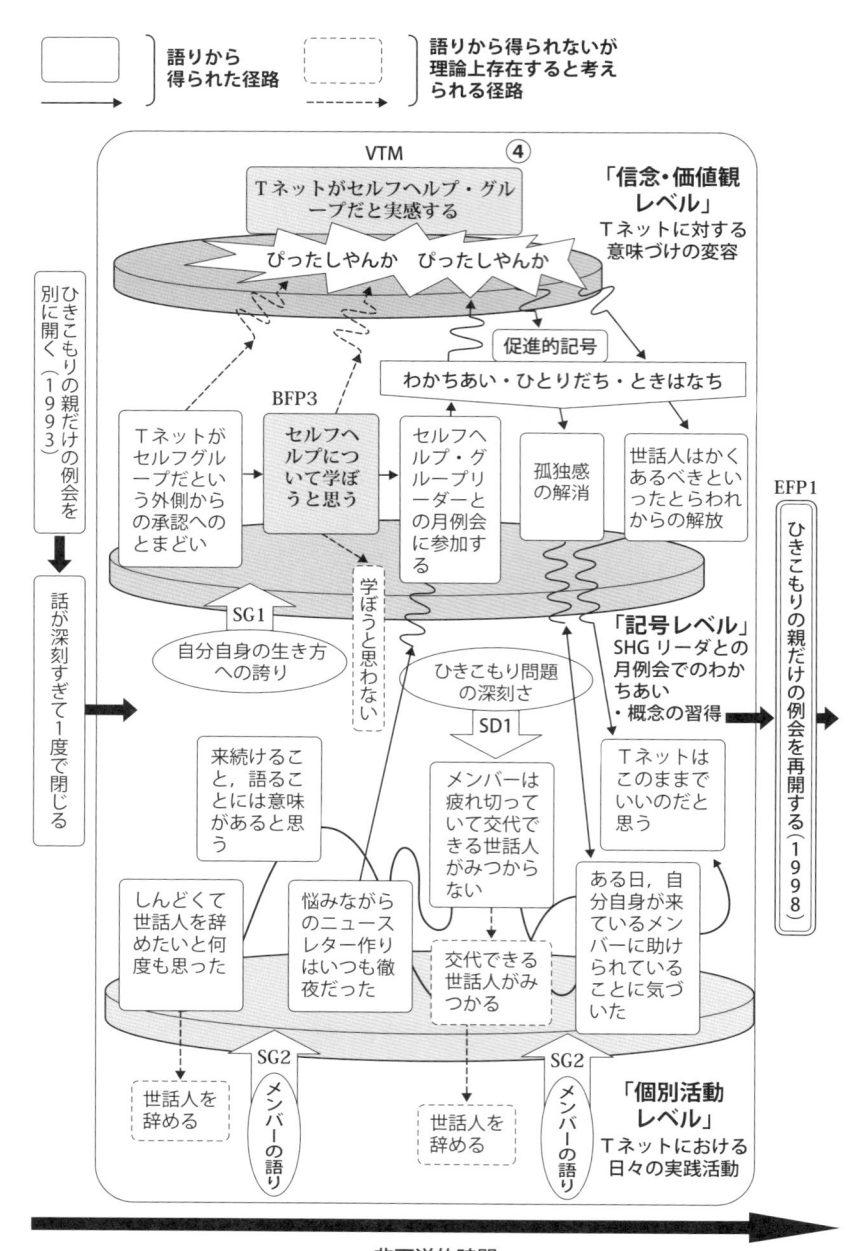

図 2-4 Tネットに対する意味づけの変容（TLMG）

表2-7 本研究における三層の捉え方（TLMG）

最上層	信念・価値観レベル	Tネットに対する意味づけの変容
中間層	記号レベル	セルフヘルプ・グループ リーダーとの月例会でのわかちあい・概念の習得
最下層	個別活動レベル	Tネットにおける日々の実践活動

3. 結果および考察

本稿では，KさんのTネットに対する視点から，「Tネット設立まで」を第Ⅰ期，「市民運動としてのTネット」を第Ⅱ期，「SHGとしてのTネット」を第Ⅲ期とし，三つの時期区分にわけて，TネットのSHGとしての発展過程ならびにKさんのTネットに対する意味づけの変容について結果を示し，考察する。文中ではTEMの基本概念およびカテゴリーを〔 〕，またKさんの語りを「 」で示す。なお結果の記述部分の①～⑤は，図2-3（76～77頁）の各々の番号に対応している。

● 第Ⅰ期：Tネット設立まで

Kさんは子育てするなか，教育の民主化を目指す市民運動に長年関わってきた。しかしある時，会の維持が優先されて個人が切り捨てられるという経験から〔関わっていた市民運動に失望〕する。「運動をすると〈数は力〉で数は要るし，そのためには何かアピールするものが要る」ため，会の維持が最優先される。「会則が会の維持のためにあるというのは，すごく危険だ」と感じ，〔関わっていた市民運動を離脱〕することにした。

Kさんが「市民運動家」として活躍した1970～80年代は性別役割分業が浸透した社会であったが，自らの生活に根ざした問題を通して社会に対峙する運動を展開することで自己実現を図っていった主婦が少なからずいた。Kさんは団塊の世代の一世代前にあたる。女性の大学進学率が5％に満たない時代（文部科学省，2011）に，「大学を出たことは，生きるうえで自信になり，自分のアイデンティティにもなった」という。元の市民運動から離れた後も，「市民運動家」である自分ができる何かを探しており，SG

(社会的ガイド)として〔自分自身の生き方への誇り:SG1〕が見いだされた。こうして〔中卒で働く子どもの大変さを知人から聞く:BFP1〕ことを契機として1992年に仲間3人と〔理想の市民運動としてTネットを立ち上げた〕(①)。

　Kさん自身のニーズからではなく「中卒の子どもの働くことの支援なら誰がやっても構わないだろう」と考えて立ち上げたTネットであったので,「3年たったら誰かにバトンタッチして,何かまた別の運動をしよう」と考えていた。

● 第Ⅱ期:市民運動としてのTネット

　しかし初例会でわが子の部屋に入りきらないほど集まったのは中卒で働く子どもの親ではなく,不登校・中退に悩み孤立する親たちだった。その深刻さに驚き「ひとまず安心して話せる場を作ることが私の仕事だ」と考えて〔語る場への方向転換:BFP2〕していった。Tネットはメンバーが求める「ただ話すだけの変な形の市民運動」へと変容したが,Kさんのなかでは市民運動であるという認識に変わりはなかった(②)。設立趣旨が大きく変わったため,仲間が抜けて〔世話人が自分1人になって〕しまった。

　メンバーが安心して話せる場を確保するため懸命に〔例会会場を探すなか,大阪セルフヘルプ支援センター[*3]を紹介された〕。そこでのセミナーに請われて参加したところ,「セルフヘルプという言葉さえ知らない」のにいきなりSHGのリーダーとしてパネリストの席に座らされて発言を求められた。図2-3の③において点線で示したように,その時点でTネットがSHGであるとは実感できず,〔SHGだという外側からの承認にとま

[*3] 大阪セルフヘルプ支援センターは,SHGの意義を広め,同じ状況にある人とSHGを結びつけ,また,グループを支援することを目的として1993年に開設された日本で初めてのセルフヘルプ・クリアリングハウス(セルフヘルプ情報センター)である。SHGに関する情報収集と提供,活動についての相談と援助,広報と社会教育,調査研究を行っている。宗教的政治的信条を越えた市民的性格を堅持しつつ,すべての市民運動の自主性の向上に寄与したいという考えのもと,原則として個人会員,団体会員の会費によって運営されている。

どい〕を隠せなかった。しかし，「なんかわけのわからんとこやけど，とりあえず勉強しよう」と考えて〔セルフヘルプについて学ぼう：BFP3〕と決意した。セルフヘルプ支援センターと関係なくTネットを続ける選択もあり得たが〔自分自身の生き方への誇り：SG1〕からくる学びへの積極的な姿勢が〔SHGリーダーとの月例会への参加〕に至ったと考えられた。

ひきこもり問題は，斎藤（1998）による「社会的ひきこもり」の概念化と2000年を前後して起こったひきこもりと称された少年の犯罪[*4]により，社会問題として急浮上した。しかしTネットでは，すでに設立時の1992年から〔ひきこもり問題の深刻さ：SD1〕に直面していた。「ひきこもりという言葉はなかったけれど，こもっている人のことが気になって」翌年に〔ひきこもりの親だけの例会を別に開く〕が，〔話が深刻すぎて1度で閉じて〕いる。Kさん自身が世話人としての対処能力や力量に自信がなかったため，続けることができなかったのである。けれども1998年に「やはりメンバーにとって必要であると感じて」〔ひきこもりの親だけの例会を再開した：EFP1〕。一度閉じた例会を5年後に再開し，ひきこもりの親の支援を続けていくという行動選択に，どのような転換点があったのだろうか。

次にその行動選択に大きく作用したと考えられたKさんのTネットに対する意味づけの変容について，TLMG（発生の三層モデル）の三層に分けてみていく（**図2-4**）。

● Tネットに対する意味づけの変容（TLMG）

はじめに「個別活動レベル」である〔Tネットにおける日々の実践活動〕について述べる。

Kさんは〔Tネットにおける日々の実践活動（最下層）〕を長年続けていくなか，さまざまな体験と気づきを経験していった。しかしそれは〔し

[*4] ひきこもりの若者が起こしたとされる事件には，たとえば京都児童殺害事件（1999年），新潟柏崎市少女監禁事件（2000年），佐賀バスジャック事件（2000年），寝屋川中央小学校教職員殺傷事件（2005年）などがあげられる。

んどくて世話人を辞めたいと何度も思う〕なかで,「ただわけもわからず求められるまま続けてきた」実践でもあった。「例会に来るたびにメンバーの表情が明るく変わっていく」様子から〔来続けること, 語ることには意味があると思う〕し, 多くの〔メンバーの語り：SG2〕からTネットを続けることの重要性を感じてはいたが, 支援に対する自信にはならず,「世話人がこんな私でいいのか」と悩むことが多かった。

　また, 例会でメンバーの語りを聞き, 書き留めるなか「皆に知ってもらいたい言葉や, 送られてくる手紙のなかにも良い言葉が沢山あった」ので, ニュースレターに載せることにした。しかし掲載がメンバーに役に立つと思う反面, 傷つけるのではないかという不安もあり,〔悩みながらのニュースレター作りはいつも徹夜作業だった〕。過去の経験から「会則は作らない。代表者もおかない」という理想を掲げてゆるやかなつながりを目指したが,〔ひきこもり問題の深刻さ：SD1〕で例会参加も難しい〔メンバーは疲れ切っていて交代できる世話人がみつからない〕ため, 運営の雑務も責任もすべてが世話人であるKさん1人の肩にかかることになった。

　このように最下層の〔Tネットにおける日々の実践活動〕は, メンバーのためにグループを続けていきたいという思いと, 不安や重責で世話人を辞めたいという思いがせめぎ合っていた。やがてこれらの気づきや体験は, SHGリーダーとの月例会に参加するなかで徐々に意味づけられ, 体系化されていくことになる。

　次に「記号レベル」である〔SHGリーダーとの月例会でのわかちあい・概念の習得〕ならびに「信念・価値観レベル」である〔Tネットに対する意味づけの変容〕について述べる。

　新たに参加したSHGリーダーとの月例会は, 自分の体験やグループについて語る場としてそれぞれの所属するSHGを越えたわかちあいが行われていた（松田, 1998）。参加当初Kさんにとっては「今までいた分野と違う言葉がくるから理解できない」不思議なところであった。しかしTネットでの悩みを抱えながら月例会に行くと, 他のSHGのリーダーたちも皆孤独で自分のグループについて同じように悩んでおり,「まるで悩んでい

る人が当事者のSHGのようで」徐々に世話人でいることの〔孤独感が解消〕されていくようになる。ともに集い「セルフヘルプとは何か」を学んでいくなかで，市民運動と捉えていたTネットの意味づけにゆらぎが生じていった。そして「来ていた学者さんの〈わかちあい・ひとりだち・ときはなち（岡，1994）*5〉」というSHGの基本的要素を説明する概念を聞いた時，「何か理由はわからないけれど必要に迫られて続けてきたことと，え？　ぴったしやんか」と驚き，〔TネットがSHGだと実感する：VTM〕。SHGの基本的要素の概念を促進的記号として，最上層の「信念・価値観レベル」で〔Tネットに対する意味づけの変容〕が起こり（④），「SHGとしてのTネット」という記号が立ち上がったと考えられた。

● 第Ⅲ期：SHGとしてのTネット

TネットがSHGであると実感することで，Kさんは「今まで自分のなかで不思議に思っていたことが学問的に裏づけされ，言葉をもらって力になった」と振り返る。子どものことで悩み，例会の帰りに海に飛び込んで死にたいとまで言っていたメンバーが3カ月後に笑顔で卒業していく姿を，Kさんはためらいを感じながら見送ったことがあった。しかし「メンバーを取り込んでグループを維持するのではなく，〈ひとりだち〉を見守るのがSHGだと知り，メンバーがいなくなることは嬉しいことなのだ」と見方が変わった。「グループがなくなるのはいいことだ」「本当に必要なことならばあなたが降りてもまた誰かがやるはず」といった月例会での

---

*5　岡（1994）は，日本におけるSHGの形として本質を説明する基本的要素として，「わかちあい」「ひとりだち」「ときはなち」の三つの働きをあげる。「わかちあい」は，複数の人が情報や感情や考えなどを平等な関係のなかで自発的に交換することであり，話し合いの場をもつことや，文集を作って回覧することによって行われる。「ひとりだち」は自分自身の問題を自分自身で管理・解決し，しかも社会参加していくことである。「ときはなち」は，自分自身の意識のレベルに内面化されてしまっている差別的・抑圧的構造を取り除き自尊の感情を取り戻すことである。また，外面的な抑圧構造をつくっている周囲の人びととの差別や偏見を改め，資源配分の不均衡や社会制度の不平等性をなくしていくための異議申し立ての行為が含まれる。小さな親密な集団のなかの「わかちあい」から自己に内面化された抑圧構造からの「ときはなち」が行われるとしている。

SHG リーダーたちの体験的知識を内在化することで，これまで抱えていた〔世話人はかくあるべきといったとらわれから解放〕されて〔T ネットはこのままでいいのだ〕と自信がもてるようになった。このような「個別活動レベル」での行動・感情・思考が大きく変容したことで〔1 度で閉じたひきこもりの親だけの例会の再開：EFP1〕を主体的に選択していったのである。

〔メンバーの語り：SG2〕に支えられ，〔ある日，自分自身がメンバーに助けられていることに気づいた〕。〔息子がひきこもりになって〕，「自分もメンバーであり，T ネットはメンバーとともにある SHG である」と捉え直され（⑤），〔できるかぎり世話人を続けていこう〕と〔T ネットを続けていく：EFP2〕に至った。

🡪 まとめ

K さんは，市民運動という認識ではじめた T ネットが SHG だという外側からの承認を，最初受け入れることできなかった。飛び交う言葉が理解できないまま，SHG リーダーとの月例会（中間層）に何年も参加し続けるうちに，日々の活動実践（最下層）でのさまざまな体験や気づきが，セルフヘルプという文脈のなかで徐々に新しい意味をもつようになっていった。そして SHG の基本的要素の概念を促進的記号として，「市民運動としての T ネット」から「SHG としての T ネット」へと価値変容（VTM）が起こった（最上層）。その結果，世話人としてのとらわれから解放されて以降の活動実践を主体的に選択していくことが可能になった。

以上のことから，K さんの T ネットに対する意味づけの変容が「世話人を辞める」選択をせずに，T ネットを柔軟に続けることを可能にする継続維持要因の一つであることが明らかになった。

第2項 Making of パート

1. TEM で何をしようとしたか，何を EFP に設定しようと考えたのか

ひきこもり問題は短期解決が難しい場合が多く，ライフコースで変化していく困難さに対応する継続的かつ柔軟な支援は少ない。設立当初とは目的や形態を変えながらもひきこもりの親のサポートを継続してきた T ネットを対象に，その発展過程と継続持続要因について TEM を用いて明らかにしようとした。「世話人も T ネットも続ける気はなかったのに，なぜか続いてしまったのよ」という K さんの言葉から，世話人を辞めるという非経験事象も視野に入れながら，〔ひきこもりの親だけの例会を再開する〕，〔T ネットを続けていく〕を EFP（等至点）に設定した。

分析を進めていくと，K さんのなかで T ネットと SHG リーダーとの月例会という二つの活動実践が重なり合って相互に影響していることが見いだされた。しかし，この2層間での K さんの行動の選択や感情の動きを1枚の TEM 図に描こうとすると，矢印が多いだけの平板なものになってしまった。納得いかずに何度も描き直すなかで，TLMG（発生の三層モデル）を併用することで，最もデータにフィットした図が描くことができた。

2. どこでうまくいき，どういうことで挫折を感じたか

とにかく研究が楽しいと思えたことが TEM に出会った一番の収穫であった。分析の枠組みがはっきりしていることも，応用行動分析に馴染んでいる筆者にとっては親しみがもてた。TEM の基本図を頭のなかに入れ，自らの分析結果に応用していく作業は，ノートと鉛筆があれば電車のなかでもどこでもできる。アイデアを思いついた時はすぐに記録にとどめる努力をした。カテゴリーを具体的に配置していくことで新たな視点も見いだせることから，データ分析と図解化を同時に進めていった。横向きや縦向きなどさまざまな TEM 図を作成し，最終的に TLMG を併用して図解化

した。

　一方，分析経過のなかで大きく困難を感じたのは，OPP（必須通過点）の取り扱いであった。1人を対象とするTEMの場合，さらにその対象が本稿のように限定的な領域であると，OPPの定義である「多くの人が経験せざるを得ない」という視点での設定は難しい。そもそも個人，そして一つのグループの独自性に焦点をあてるからである。また，分岐や選択が生じる結束点としてBFP（分岐点）の概念があるが，その後の行動・感情・思考を大きく変容させるような転換点となる時点を捉えるにはさらに違う意味をもつ概念が必要であった。VTM（価値変容点）という概念を新しく導入し，行動選択や転換点といった個人における変容時点を明確にしたことで，不定（uncertainty）状況も含めたEFPに至るまでの心的プロセスの変容をTLMGで丁寧に記述することができたのではないかと思う。

　図解化に際しては，気持ちの逡巡といった不定状況を図に表わす難しさがあった。最下層において，Kさんは「世話人を辞めたい」という思いと「続けていこう」という気持ちのせめぎ合いがあった。TEMの矢印ではうまく表現できなかったため，連続する点線で表わしたが，カテゴリーとの関連性を記述するうえで曖昧になってしまった。

3. なぜ完成したと考えたか，TEMによって何がわかったと思ったか

　インタビューを3回実施し，3回目のインタビューにおいて，Kさん本人とともにそれまでの分析結果をふり返った。TEM図を用いて時系列に沿って説明し，修正も含めてKさんの確認を得た。さらにTネットに関するセミナー報告書やニュースレターなどの文献資料によって分析結果の多角的な理解につとめた。以上のことから，TEMによる分析が完成したと考えた。

　これまで見てきたように，親の会では成り手不足のために世話人に過重な負担がかかることが多く（岡，1996），「個別活動レベル」での日々の実際の活動に追われて自身の実践をふり返る機会も得にくい。Kさんが〔Tネットはこのままでいいのだ〕と自信をもって活動を続けていけるように

なったのは，ともすれば埋没してしまう気づきや感情を分かち合い，意味づけることを可能にする中間層（大阪セルフヘルプ支援センターでの月例会）があったからだと言える。このことから「記号レベル」の中間層の有り様が世話人のグループ継続のコミットメントに関与することが，TEMによる分析によって明らかとなった。

4. 完成させたTEM図は何のモデルなのか，それが誰に役立つと思うのか

本稿で完成されたTEM図は，世話人のグループに対する意味づけの変容から捉えたひきこもり親の会のSHGとしての発展過程モデルである。

そもそもSHGでは，「メンバーかどうかは自分自身が決める」というようにそれぞれのメンバーの主体的な参加が尊重されるため（Hill, 1984/1988），グループの基盤は脆弱で不安定である。さらにひきこもりの親の会の場合は，「話せる場」を求めてはいても，子どもの問題で疲れ切って例会参加が困難なメンバーが多く，グループ運営についても困難がともなう。このためSHGがグループとしての自律性を保ちながらも，ひきこもりの親に対する持続可能な支援リソースであり続けるためには，例会会場の提供といった具体的なサポートと並んでグループを支える世話人（サポーター）自身への心理面も含めた総合的な支援が求められる。このことから，完成したTEM図は，ひきこもり親の会のサポーターを外側から支援するためのサポーター・サポートモデルと捉えることも可能で，支援者がSHGを理解し，サポートする際に役立つと考えられる。

また，「こうやって関心をもって聞いてくれる人がいるから，また頑張ろうと思う」とのKさんの感想から，インタビューを介した筆者との相互作用そのものもKさん自身のTネットを続けていこうというコミットメントを支えていると考えられた。このことから本稿のTEM図は，Kさん自身にとっても20年に及ぶ自身の活動のふり返りの一助になったのではないかと考える。

（廣瀬眞理子）

第2節　保育・保健専門職の格闘を味わう——アクションリサーチ

2-1　保育者の感情労働

第1項　研究パート

1. 問　題

「保育所保育指針」(厚生労働省, 2008)では，乳幼児の保育とともに，保護者支援が保育士の役割として規定されている。核家族世帯や共働き世帯の増加，子育ての孤立と負担感の増加などを背景に保護者の育児不安が高まっており，それを支える保育士の社会的責務は拡大の一途を辿っている。

今日，保育士が支援する保護者の様相は複雑化し，支援の内容は深刻化している。産後うつの親，虐待が懸念される親，高学歴の親，高齢出産の親，親になりきれていない10代のヤンママ，時にはモンスターペアレントと呼ばれる類の親も出現する。保育士としてさまざまな保護者と向き合い，支援するためには，保護者の特質に合わせた支援のあり方を検討する必要があるのではないだろうか。

本稿では，高学歴・高齢出産の母親支援の事例を取り上げる。高学歴・高齢出産の母親支援については，次のような理由から，保育士が不安に感じることが想定される。① 保育士より学歴が高いため，保育士を見下しがちになる。② 40歳前後まで仕事優先の生活をしてきているため，乳児に不可欠な安定した生活をつくることが困難である。③ キャリアウーマンとして築いてきた社会的地位によるプライドが高いため，保育士からさまざまな助言を受けても心を開くことが少ない。

2. 目　的

本稿の目的は，高学歴であり，43歳で双生児を出産した母親に対する

保育士の1年間にわたる支援の過程を対象に、その母親と向き合うなかで保育士は、どのように自らの感情を操作（抑制や表出）したのか、母親と保育士の間に、どのような感情の変化が生じたのか、その変容のプロセスを明らかにすることである。

なお、本稿では、保護者支援の過程における保育士の感情のアクチュアリティを描出するために、感情労働の概念に注目する。感情労働（emotional labor）とは、社会学者ホックシールドが提起した概念（Hochschild, 1983）であり、自分の感情を制御して相手の感情に合わせたり、職務上必要な感情を相手に惹起させたりすることで、対価を得る労働のことである。そこでは、自分の感情を押し殺したまま職務を行うことが要求されるなど、その職務に応じて期待される態度や行動（感情規則）にもとづかなければならず、それから逸脱すれば「あるまじき態度」として非難されかねない。

3. 対　象

本稿は、平成X年度の1年間における保育士の母親支援の過程を対象とする。以下、母親と保育士のプロフィールを示す。①母親：有名大学卒業。アパレル系企業を経営し、社会的・経済的地位も高い。43歳で双生児（KとH、女児）を出産する。子どもが生まれるまでは、休日も含めて仕事中心、外食中心の生活。父親（夫）は、理学系研究者。保育所への送迎については、朝（送り）は父親が、夜（迎え）は母親が主に行う。母親の両親のみ健在であるが、高齢（70歳代後半）のため、子育てに対する積極的援助は期待できない。②保育士：平成X年度当時、12年の保育経験を有するとともに、この年度は、4回目の0歳児クラス担当となる。保育士は、0歳児クラスの低月齢児グループに属するKとHの他、男児1人（計3人）を担当する。なお、対象である保育士とは、本稿著者の1人、小川晶である。

4. 方　法

分析データは、次の2点である。①エピソードの抽出：保育日誌、連

絡帳，実践記録など，保育士が記した母親やKとHに関する記録を収集し，そのなかから12個のエピソードを抽出した。②内省の記述：抽出したエピソードについて保育士は，その時々の自分の感情をふり返り，言語化する作業を試みた。

研究方法は，「複線径路・等至性モデル（Trajectory Equifinality Model：TEM）」を用いた。分析手順は，次のとおりである。①保育士が記した内省の記述の文章を対象に，意味内容が一つの命題に言及しているまとまり（文）ごとに切片化した。その結果，53枚のカードが作成された。②これらのカードを時系列（出来事の順序）に沿って配列し，1年間の保育士の感情労働のプロセスに関する「始点」（4月）と「終点」（3月）を設定した。③配列されたカードを分類し，類似内容をまとめたカード群にラベルを付して抽象度を上げるとともに，ラベル（カード群）同士を結ぶことでネットワーク化を試みた。④出来事のプロセスにおいて「等至点（Equifinality Point：EFP）」「分岐点（Bifurcation Point：BFP）」「必須通過点（Obligatory Passage Point：OPP）」「社会的方向づけ（Social Direction：SD）」など，ポイントとなる点を見いだすとともに，これらが保育士の行為にどのような影響を与えているのかについて検討した。⑤以上を網羅したTEM図を作成するとともに，全体を見返すことで説明可能性について検討した（92〜93頁，**図2-5**）。

5. 結果と考察

後述する「等至点（EFP）」「社会的方向づけ（SD）」「必須通過点（OPP）」「分岐点（BFP）」など，TEMの理論を構成する基本概念を用いて，これらが1年間の母親支援における保育士の感情労働とどのように結びつくのか，母親と保育士の感情の変化とどのように関係するのかを検討した。その結果，①母親に冷ややかな感情を抱きながらも，関係構築を図るために自らの感情を操作する保育士の姿が「社会的方向づけ」と結びつくと考えられること（第Ⅰ期），②母親を支援しなければならない自分と，支援したくない自分との間で葛藤する保育士の姿が「必須通過点」と結びつくと考えられること（第Ⅱ期），③保育士が保育に手応えを感じた

ことを契機に生じた母親との関係の変化が「分岐点」と結びつくと考えられること（第Ⅲ期），④保育士の自己反省を契機に生じた母親との関係の構築が「分岐点」と結びつくと考えられること（第Ⅳ期），⑤母親支援が終了する3月の保育士の姿を「等至点」として設定したこと（第Ⅴ期）から，以下のような，第Ⅰ期〜第Ⅴ期に時期区分できると考えた。

● 第Ⅰ期：母親への冷ややかな感情と職務上の「社会的方向づけ」

　家庭での育児状況を話そうとしない母親の態度から，保育士は，自分が期待されていない，むしろ見下されているといった感情を抱いており，保育士という職業に対する母親の理解の低さを感じ取る。他方，KとHを抱いた様子から保育士は，家庭の育児に問題があることを察知し，母親に冷ややかな感情を抱いている。しかしながら，母親と接近しなければという思いから保育士は，気が進まないものの自分のプライベートを話すことで，母親との関係構築を試みる。

　母親に冷ややかな感情を抱くにもかかわらず，なんとか関係を構築しようとする保育士の行為は，社会的に方向づけられていると考えられる。「社会的方向づけ」とは，他の選択肢があるにもかかわらず，特定の選択肢を選ぶようにし向けられる環境要因と，それを下支えする文化・社会的圧力のことである（サトウ，2009）。保育士は母親に対して，自分の正直な感情（保育士への理解の低さや，家庭での育児状況への不満など）を表出するという選択肢があるにもかかわらず，職業人としてのあるべき感情の表出を優先する（せざるを得ない）ことで，母親との関係構築という特定の選択肢を選ぶようにし向けられている。母親との関係構築を試みる保育士の感情は，自然に喚起されるもの（本音）ではなく，感情規則にもとづいて社会的に規定されたものである。

● 第Ⅱ期：母親を支援することのジレンマ

　保育士は，抱っこを求めるKとHに応じない母親の姿に唖然とし，抱っこの大切さを話して諭したいとの衝動に駆られるものの，そうした自分の感情を制御する。他方，母親を受容することを自らに言い聞かせたり，そ

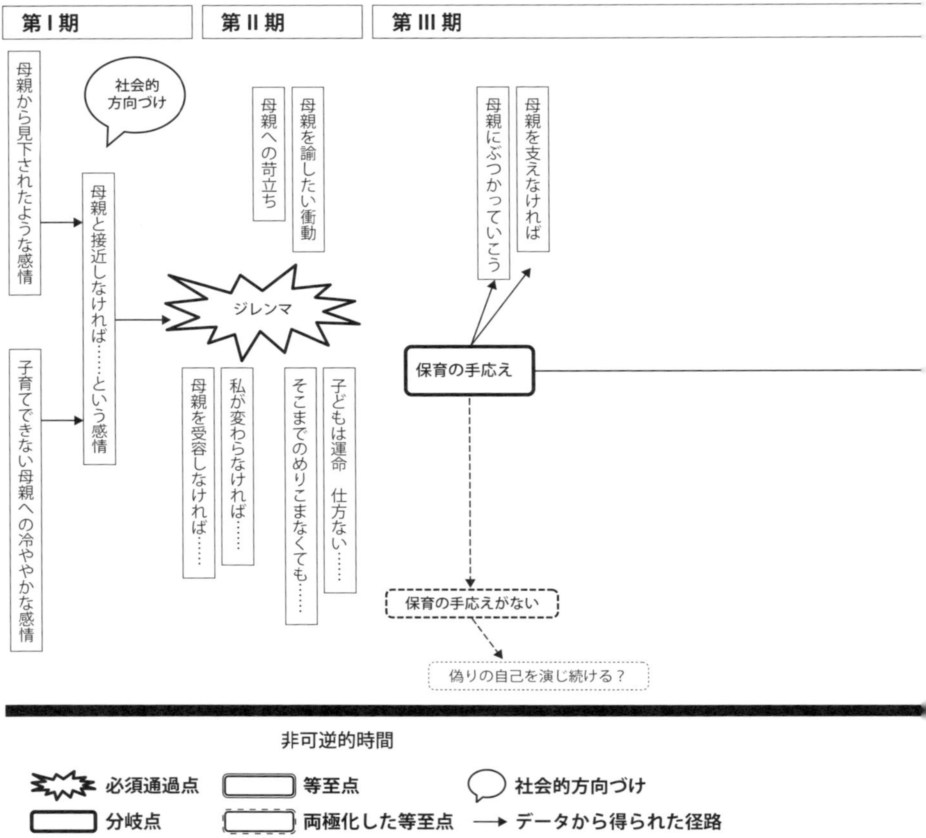
第Ⅰ期
第Ⅱ期
第Ⅲ期
母親から見下されたような感情
社会的方向づけ
母親と接近しなければ……という感情
子育てできない母親への冷ややかな感情
母親への苛立ち
母親を諭したい衝動
ジレンマ
母親を受容しなければ……
私が変わらなければ……
そこまでのめりこまなくても……
子どもは運命　仕方ない……
母親にぶつかっていこう
母親を支えなければ
保育の手応え
保育の手応えがない
偽りの自己を演じ続ける？
非可逆的時間
必須通過点
等至点
社会的方向づけ
分岐点
両極化した等至点
データから得られた径路

図 2-5　平成 X 年度の 1 年間における母親支援に関する保育士の感情労働のプロセス

こまでのめり込む必要はないと思ったりするなど，ジレンマに直面する。

保育士が直面するこうしたジレンマは，母親との関係が必ずしも良好でない場合，母親支援の過程において多くの保育士が経験する「必須通過点」として捉えられる。「必須通過点」とは，ある地点からある地点に移動するために，多くの人がほぼ必然的に通らなければならない地点のことである（サトウ，2009）。関係構築が難しい母親の支援において保育士は，職業人としてのあるべき感情の表出と，自らの感情の制御が求められるのであり，これらがジレンマとなって保育士の業務にのしかかる。

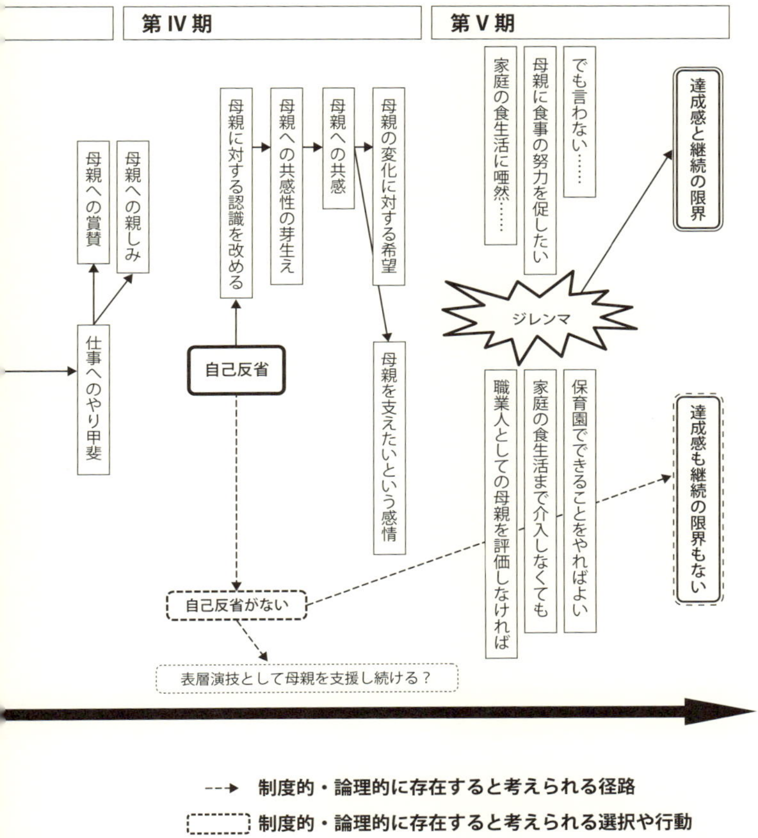
第Ⅳ期
第Ⅴ期
母親への賞賛
母親への親しみ
仕事へのやり甲斐
母親に対する認識を改める
母親への共感性の芽生え
母親への共感
母親の変化に対する希望
母親を支えたいという感情
自己反省
自己反省がない
表層演技として母親を支援し続ける？
家庭の食生活に唖然……
母親に食事の努力を促したい
でも言わない……
達成感と継続の限界
ジレンマ
職業人としての母親を評価しなければ
家庭の食生活まで介入しなくても
保育園でできることをやればよい
達成感も継続の限界もない
制度的・論理的に存在すると考えられる径路
制度的・論理的に存在すると考えられる選択や行動

第Ⅲ期：母親との関係の変化

発熱したKが病後児保育施設で泣き通したという出来事を契機に母親は，保育士の存在の重要性を認識するようになる。保育士もまた，泣き通すことで，病後児保育施設で過ごすことの不安を表現したKを愛おしく思い，子どもの気持ちを代弁する意味でも母親と関係構築を深めようと決心する。

保育所の重要性を認識した母親が保育士に期待や信頼を抱くようになり，それにともなって保育士も，やり甲斐や責任を感じるようになるな

ど，両者の関係が変化したその背後には，保育士と子どもの間の愛着形成が結実したことで，保育士が保育に手応えを感じたことが要因であると思われる。よって，保育の手応えを「分岐点」とした。「分岐点」とは，ある経験において実現可能な複数の径路が用意されている結節点のことである（サトウ，2009）。保育士が保育に手応えを感じたことで，母親との関係構築を深めようという径路を辿り，その結果，やり甲斐や責任を感じるようになったのである。逆に言えば，この「分岐点」がなければ保育士は，職業人としてのあるべき感情の表出と，自らの感情の制御という偽りの自己を演じ続けていたのかもしれない。

● 第Ⅳ期：母親との関係の構築

保育士はある日，自分がKを抱っこすることで，本当は自分も抱っこしてほしいという気持ちを引っ込めてしまい，我慢しようとするHの姿と接し，子ども一人ひとりの思いを満たすことの難しさを改めて痛感する。この出来事を契機に保育士は，自分を反省し，2人平等に接しようとする母親に共感するようになる。

母親との新たな関係のはじまりとともに，保育士のなかに，母親を心から支えたいという感情が喚起されている。こうした感情表出をもたらす背景となったのが，「分岐点」としての保育士の自己反省ではないだろうか。

● 第Ⅴ期：母親支援に対する達成感と限界

保育士は，食事の態度が身につかないKとHの姿から，子どもの生活とかけ離れた食生活を行っている母親に唖然とするものの，家庭の食事にまで自分が介入すべきなのか，保育所でできることをやればよいのではないかなど，新たなジレンマに直面する。個人面談を通じて，KとHの最善を考えて仕事や生活を選択するようになった母親の姿を実感した保育士は，達成感のようなものを感じる一方で，この母親に対しては，多くの感情を動かした1年であったことから，保育の継続に限界を感じる。

保育士は「必須通過点」としての母親支援のジレンマに再び直面するとともに，1年間にわたる保育士の感情労働の「等至点」として，達成感と

限界の両方を感じている。「等至点」(Equifinality Point：EFP) とは，研究者が研究目的にもとづいて焦点をあてた，等しく至る点のことである (サトウ，2009)。母親支援の帰結として保育士は，子どもに対する母親の態度の変化に一定の達成感を感じる一方で，保育の継続については限界を感じており，その背景には，これまでの経緯のなかで蓄積された保育士の感情労働によるものが大きいことが想定される。次年度もこの母親を支援することになれば，素直に喜ぶことのできない自分が存在するのである。ところで，TEM では，「等至点」の対極に位置する可視化されない「両極化した等至点」(Polarized Equifinality Point：P-EFP) を組み入れることで，仮想的径路を想定することの重要性が指摘されている (サトウ，2009)。これを本稿に即して述べるならば，達成感もなく継続の限界もないという「両極化した等至点」を想定することができよう。保育の手応え（第Ⅲ期）や自己反省（第Ⅳ期）といった「分岐点」がなかったとすれば，保育士は最後まで母親との良好な関係を構築することはなく，結果として，母親支援に対する達成感を感じることもなければ，保育の継続への限界を感じることもない年度末を迎えていたのかもしれない。

6. まとめ

以上，高学歴・高齢出産の母親支援における保育士の感情労働について，時間とプロセスの視点から描出した。年度当初の保育士は，自分の本音の感情とは裏腹に，保護者を支援する保育士としての職務に応じた態度や行動（感情規則）にもとづいて母親との関係構築を試みるものの（第Ⅰ期），母親を支援しなければならないという自分と，本音を偽ってまで支援したくないという自分との間で葛藤する（第Ⅱ期）。しかし，母親が自分の存在を認めたことで，両者の間に新たな関係がはじまるとともに（第Ⅲ期），自分の母親理解に対する反省もあって，互いの良好な関係が構築され（第Ⅳ期），保育士は達成感を感じる一方で，保育の継続については限界を感じていた（第Ⅴ期）。

（中坪史典）

第2項 Making of パート

1. 自身の研究をまとめようと思ってどのようなことに困難を感じたか

内省により言語化した保育士としての自分の感情が切片化されることで，自分が本来考えているよりも強すぎる感情として捉えられたり，前後の脈絡から分断されて異なる意味をもって捉えられたりする傾向があるような印象を抱いた。切片化は分析の信憑性を保持するためには欠かせない作業であるが，実践者としては実践が切り刻まれていくことで，実践のリアリティを欠いていくようにも感じ，保育士の感情の変容をリアルに描き出すことを目的とした研究であるだけに，切片化の行い方に難しさを感じた。

2. TEM で何をしようとしたか，何を EFP に設定しようと考えたか

TEM で，保護者支援における保育士の母親への感情労働の具体的様相を，時間とプロセスの視点から明らかにしようとした。

EFP（等至点）には，年度が終了する3月の時点における感情を設定するのが妥当であると判断し，さらに，達成感を感じる一方で，それだけでは満たされない保育士の感情を表現したくて，〈達成感と継続の限界〉と設定した。

3. どこまでうまくいき，どういうことに挫折を感じたか

まず，TEM 図にしたことで，保護者支援における保育士の感情の変容プロセスが明確になった。保育士の感情が，いくつかの小さな葛藤や解決を繰り返して変容している様子が手に取るようにわかった。

次に，感情について内省した段階では，支援における保育士の行為と感情の変容プロセスとが別々の次元で並行して時間的経過を辿っているかのように認識していた。しかし TEM 図によって，支援における保育士の行為が感情の変容によって選択されていることや，そのことでさらに感情が変容していることなどがわかり，支援における行為のプロセスと感情労働

プロセスとが絡み合うようにして存在していたことも明らかになった。

一方で，TEM 図によって自分の実践がよく見えたことで，新たな疑問が出てきた。保育実践者としての自分の感情の揺れはこれだけなのか，支援のなかで起こっていた感情はもっと複雑で迷いの連続であったのではないのか，支援者である自分の感情を動かした根底には子どもや母親への感情の深まりがあったはずだが，それが描き切れていないのではないか，といったことが気になりはじめた。そこで，保育実践過程での迷いの複雑さや，母親や子どもに対する感情の深まりの様子なども TEM 図に表現することを試みたが，TEM 図としての明瞭さに欠け，挫折した。

4. どのような工夫を取り入れて，TEM を用いた研究としてまとめたのか

TEM 図としては，保育実践過程での迷いの複雑さや，母親や子どもに対しての感情の深まりの様子などを表わせなかったが，以下の分析を行い考察として補足した。

● 二つのジレンマの質的な差異

保育士と母親との関係性の変容にともない，保育士のなかに生じた二つのジレンマには質的な差異が認められた。

第Ⅱ期に見られるジレンマは，共感的な関係が成立していない母親と保育士の間の感情の衝突であるのに対して，第Ⅴ期に見られるジレンマは，共感的な関係が成立した状況で保育士のなかに生じる，「子どもの視点に立つのであれば，母親のライフスタイルを変えることが望ましい」という考えと，「母親の視点に立つのであれば，現在のライフスタイルの維持もやむを得ない」という考えの間の葛藤であると捉えた。こうしたジレンマの変化は，保育者と子ども・母親との関係性の変容にともなって必然的に生じたものであると考えた。

● 保育士と母親の関係構築の契機としての分岐点

第Ⅲ期（保育の手応え）と第Ⅳ期（自己反省）という二つの分岐点は，

保育士と子どもと母親との関係性の変容が関係していると考えた。

「保育の手応え」（第Ⅲ期）が得られたことで保育士は，母親を排除するのではなく，向き合っていこうという感情が生じ，母親に対して，子どもを代弁するという動機を得て，支援に有効な関係の構築に臨んでいく。また，「自己反省」（第Ⅳ期）したことで保育士は，母親を深く理解しようと感情を傾け，共感的な関係を築こうとする。これらの分岐点は，子どもや母親との関係性の変容の契機となっており，保育士にとって，その後の母親支援の有効な要因となっていることがわかった。

5. 完成したと考えた理由と，TEM によって何がわかったと思ったか

保育実践の当事者として，TEM 図が自分自身の支援過程における感情労働プロセスを表わしているという納得が得られたことで，完成と考えた。

支援プロセスにおいて自分は，有効な支援方法を常に戦略的に考えて実践しているという認識をしていた。したがって，自分の感情について，保育士として主体的に動かしているわけではないその一つひとつを拾い上げたり，意識したりすることは，戦略的な実践の妨げになると考えていた。その一方で，親や子どもに対して意図せずに心が動いていくことで，感情の深いレベルで寄り添うことが可能となり有効な支援が導かれることも，これまでの保育実践のなかで経験していた。つまり，親や子どもに寄り添うために，自分の感情を深いレベルで動かすことへと自分を誘導するといった戦略上の感情の部分は肯定的に捉えていたが，実際に動かされていく感情の部分は専門性という観点からは必ずしも肯定的には捉えてはいなかった。しかし TEM によって，意図して動かしている感情と意図せずに動いてしまう感情が深く関係した結果，自分の行動を選択して保護者支援していることがわかった。

このように，自分の感情の変容が可視化できたことで，実践への内省はさらに深まった。分析の段階での内省や切片化は，当事者としては，上述したとおり確かに困難ではあったが，当事者として普段認識しないように

遠ざけてきた感情にもその存在や価値を自覚できるまでには，必要な作業であった．感情の変容の可視化を実現し，実践への内省を深めるうえで，大きな意味をもつと思っている．

6. 完成させた TEM 図は何のモデルなのか，それが誰に役立つのか

ここで完成させた TEM 図は，高学歴・高齢出産の母親を支援対象とした保育士の感情の変容に関する一つのモデルであるといえるのではないか．ただ，保育士が抱いた支援課題としては，母親の子どもとの関係構築とライフスタイル変換であり，そのためには，保育士と母親との関係構築も重要な課題であったという点を考慮すると，より限定的になる．つまり，わが子との関係構築とライフスタイルの変換という母親の育児課題の改善に向けて，母親への寄り添いを基軸にした支援を試みた保育士の感情労働モデルと言える．

寄り添うこと自体が支援の核となる場合，保育士が親を諭し指導するといった指導型の支援では生じることのない感情コントロールが求められる．保育所の保育士たちが抱く親支援への困難さを増大させている要因の一つがここにあると感じている．親支援が保育の中心的課題である現場の保育士たちが，この感情労働モデルを身近に感じて，自身の支援を肯定的に捉える一助になったら本望である．

(小川　晶)

◆ 2-2　地域住民と保健師の相互関係による自主グループ活動の展開プロセス

第1項　研究パート

1. はじめに

保健師は地域住民の健康に関する支援を行う看護職であり，家庭訪問や健康相談，健康教室などさまざまな方法を用いて活動しているが，近年では自主グループ活動や社会ネットワーク活動の活性化に向けて，住民との

パートナーシップにより活動していくことが求められている。日本の保健師活動におけるパートナーシップについて，鈴木・大森・酒井・安齋・小林・宮崎・尾崎・平野・有本・安武・長弘・龍・麻原（2009）は，自らの身近におり立場の異なる人びと・機関と信頼し力を活かし合う関係を作り，その関係を重視した活動を発展させること，と報告している。筆者は当時保健師として，高齢者の転倒予防を目的とした筋力トレーニング教室を企画していたが，その教室の参加住民と協力して運動自主グループを作った実践を，研究としてまとめたいと考えた。

2. 目　的

住民と保健師の相互協力により自主グループが形成され，継続するプロセスを，参加住民と保健師の相互関係から分析し，そのプロセスにおける保健師のグループ支援のあり方を考察することを目的とした。

3. 研究方法

● 対　象

対象は，65歳以上の高齢者を対象とした筋力トレーニング教室と，その教室の参加住民が結成した運動自主グループ（以下，自主グループ）とした。参加住民は地域の集会所を会場に毎週1回集まっており，1年間の実施回数は48回，参加人数は1回平均13.9人（5～20人）であった。

● データ収集

保健師の事業記録より，筋力トレーニング教室と，自主グループが1年経過するまでの保健師の支援と住民の様子についての記述を整理した。また，筋力トレーニング教室と自主グループの様子についてフィールドノートを作成した。次に，自主グループ参加住民8人および，筆者とともに筋力トレーニング教室を企画した保健師1人にインタビューを行い，逐語録を作成した。自主グループ参加住民8人の内訳は自主グループを立ち上げた4人，および自主グループ開始後に参加した4人とした。自主グループを立ち上げた参加住民4人については，保健所の筋力トレーニング教室か

ら自主グループを立ち上げ，1年経過するまでの過程などを尋ねた。また，自主グループ開始後に参加した住民4人については，自主グループに参加した理由や継続参加する理由などを尋ねた。また，保健師1人については，筋力トレーニング参加住民への支援内容や方法，自主グループを立ち上げ，継続する過程での保健師の役割などを尋ねた。

◯ 分析方法

TEM（Trajectory Equifinality Model：複線径路・等至性モデル）を用い，自主グループの形成および継続するプロセスについて，参加住民の視点からプロセスを分析し，さらに保健師の視点の分析を加えることにより，相互関係を捉えることを試みた。

分析手順1として，「筋力トレーニング教室から自主グループを作ることを決定するまで」をプロセス1，「自主グループの開始から1年経過するまで」をプロセス2とした。

次に，手順2として，それぞれのプロセスのEFP（Equifinality Point：等至点）を設定した。具体的には，プロセス1においては，EFPを「EFP1 自主グループを作ることを決める」とし，P-EFP（Polarized Equifinality Point：両極化した等至点）を「P-EFP1 自主グループを作らない」と設定した。プロセス2においては，EFPを「EFP2 自主グループが1年継続する」とし，P-EFPを「P-EFP2 自主グループが解散・消滅・休止などの状態となる」と設定した。

次に手順3では，フィールドノートおよび自主グループ参加住民のインタビュー逐語録から，グループの形成と参加継続に関して，それぞれ参加住民と保健師の視点がよく表われているフレーズを抽出した。具体的には，まず参加住民の視点として，参与観察のフィールドノートおよび自主グループ参加住民のインタビュー逐語録から自主グループの経過について述べられたフレーズを抜き出しラベルをつけ，共通したラベルをグループ化しサブカテゴリーとした。さらに抽象度をあげ，カテゴリーとし，それらを「参加住民の視点」として時系列に整理した。また，保健師の視点から捉えた自主グループの形成および継続するプロセスとして，事業記録お

よび参与観察，保健師へのインタビューの逐語録から自主グループの支援について述べられたフレーズを抜き出しラベルをつけ，「保健師の視点」として時系列に整理した．

手順4では，TEMの枠組みを用いてプロセス1，プロセス2として図に示した．具体的には，「住民の視点」および「保健師の視点」をそれぞれ時系列に，プロセス図に整理した．

次に手順5として，それぞれのプロセスのOPP（Obligatory Passage Point：必須通過点）を設定した．具体的には，プロセス1およびプロセス2において，「参加住民の視点」と「保健師の視点」の相互関係で，次のプロセスに移行するために特に重要と認められた場面を，OPP1，OPP2と捉えた．なぜなら，自主グループが形成・継続するには，参加住民同士がグループのニーズを共有することが必要であり，そのニーズの共有が行われる際に，参加住民と保健師の相互関係が捉えられたからである．

● 倫理的配慮

筋力トレーニング教室を開催した保健所，自主グループの代表者および参加住民，保健師に対し，研究目的と方法，データの管理方法やプライバシーの保護，調査への協力は自由意思によることなどを説明し，承諾を得た．

4. 結　果
● 必須通過点と等至点による時期区分

「住民の視点」および「保健師の視点」を時系列に示した結果，自主グループが形成され，1年継続されるプロセスは，プロセス1，プロセス2に整理された（104〜105頁，図2-6；106〜107頁，図2-7）．これらのプロセスにおいて住民と保健師の相互関係が認められた場面は，プロセス1ではOPP1，プロセス2ではOPP2の2場面であった．以下，筋力トレーニング教室開始から自主グループが1年継続するまでのプロセスについて，OPP（必須通過点）とEFP（等至点）の前後で4期に整理し，住民

第2章　実践編──TEM研究の可能性と多様性　**103**

と保健師の活動・交流に焦点をあてながらグループの形成，および維持されていくプロセスを記述していく。なお，本文中では，住民の視点を《　》，保健師の視点を【　】で示す。

● 各時期におけるプロセス

> **第Ⅰ期：OPP1「グループワークで運動の継続について尋ねる⇔安心・気楽に参加できるグループへの参加希望を出す」までのプロセス**

　第Ⅰ期では，保健師が住民に対し，【筋力トレーニング教室を企画し，回覧版で呼びかける】ことからはじまった。自身の体力の衰えなどから，《健康への不安を感じている》状況にあった参加住民は，回覧板を見て《筋力トレーニング教室へ参加する》ことを決めた。参加住民は教室へ参加し運動を継続するなかで，歩行時のふらつきがなくなるというような《運動継続による効果を実感する》ようになった。保健師は参加住民それぞれが運動継続の効果を実感して，教室終了後も運動を続けたいというニーズをもっていることを把握した。そこで，【グループワークで運動の継続について尋ねる（OPP1）】ことを試みた。参加住民はグループワークを通じて運動の継続方法について話し合い，このグループで運動を続けたいという思いを出し合った。そして保健師に対し，教室終了後も《安心・気楽に参加できるグループへの参加希望を出す（OPP1）》こととなった。

> **第Ⅱ期：OPP1「グループワークで運動の継続について尋ねる⇔安心・気楽に参加できるグループへの参加希望を出す」からEFP1「自主グループを作ることを決める」までのプロセス**

　第Ⅱ期では，保健師は参加住民に対して，【運動できる場所の紹介・自主グループを作ることなどの選択肢を提案】した。過去に仕事や地域でのグループ活動経験がある参加住民が，《自主グループへ好奇心》をもち，《グループ活動の経験を役立てたい》と申し出た。保健師は参加住民が自主グループを作ることに関心があることを知り，【自主グループをサポー

第Ⅰ期

```
[健康への不安を感じている] → [筋力トレーニング教室へ参加する] → [運動継続による効果を実感する] → OPP1
  ↑                                                                          ・安心・気楽に参加できるグループへの参加希望を出す
[筋力トレーニング教室を企画し回覧板で呼びかける]                                 ・グループワークで運動の継続について尋ねる
  ↓
[健康への不安を感じていない] ---> [筋力トレーニング教室へ参加しない]
                        [運動継続による効果を実感しない]
                        [安心・気楽に参加出来るグループへの参加希望を出さない]
```

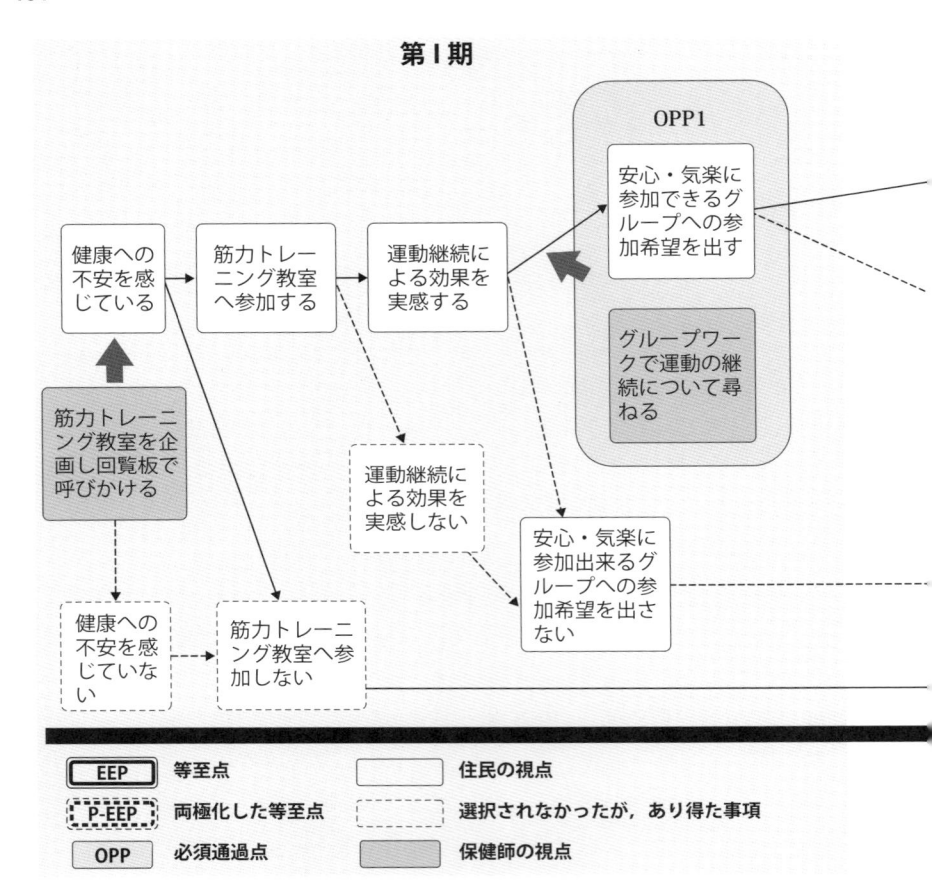

凡例:
- EEP：等至点
- P-EEP：両極化した等至点
- OPP：必須通過点
- □ 住民の視点
- ┊ ┊ 選択されなかったが，あり得た事項
- ■ 保健師の視点

図2-6　プロセス1：筋力トレーニング教室から自主グループを作ることを決定するまで

トする】と申し出た。その結果，参加住民間で，《自主グループを作ろうと意見が一致》し，「自主グループを作ることを決める（EFP1）」こととなった。

> 第Ⅲ期：EFP1「自主グループを作ることを決める」からOPP2「世話役の相談を受け，グループワークを設定する⇔世話役の交代について話し合う」までのプロセス

第 II 期

[図：第II期のTEM図]

- 自主グループへの好奇心をもつ → グループ活動の経験を役立てたいと申し出る → 自主グループを作ろうと意見が一致する → **EFP1 自主グループを作ることを決める**
- 運動できる場所の紹介・自主グループを作ることなどの選択肢を提案する（保健師の支援）
- 自主グループをサポートすることを申し出る（保健師の支援）
- 自主グループへの好奇心をもたない
- 自主グループを作ろうと意見を出さない
- グループ活動の経験を役立てたいと申し出ない
- **P-EFP 1 自主グループを作らない**

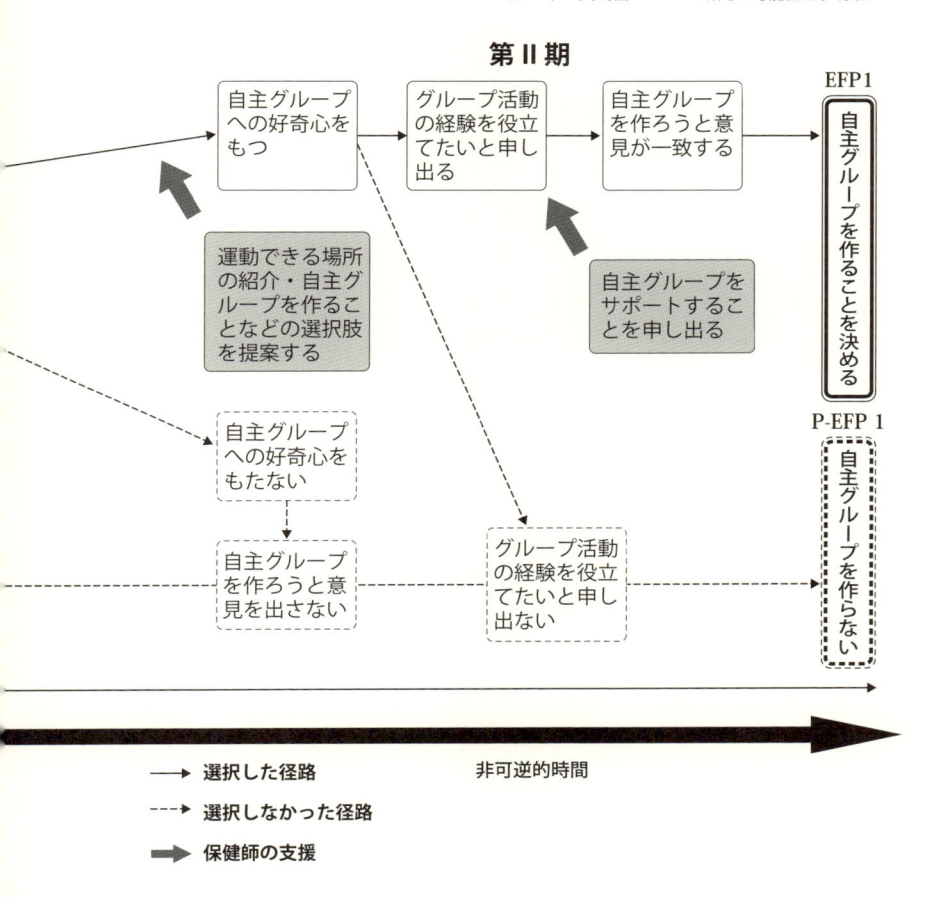

非可逆的時間

→ 選択した径路
---▶ 選択しなかった径路
➡ 保健師の支援

　第Ⅲ期では，保健師は参加住民へ【運動ボランティアを紹介】した。また，参加住民が会場を探し，地元の公民館を借り，《会場を確保する》ことができた。そして，参加住民は《友人に声をかける》ようになり，自主グループへの参加を呼びかけた。この時点から，自主グループを立ち上げた参加住民以外のメンバーが《声をかけられ，グループに参加する》ようになった。また，保健師も高齢者向けの事業で，【保健事業で自主グループを紹介】し，自主グループへの参加を仲介した。その結果，参加住民4

第 III 期

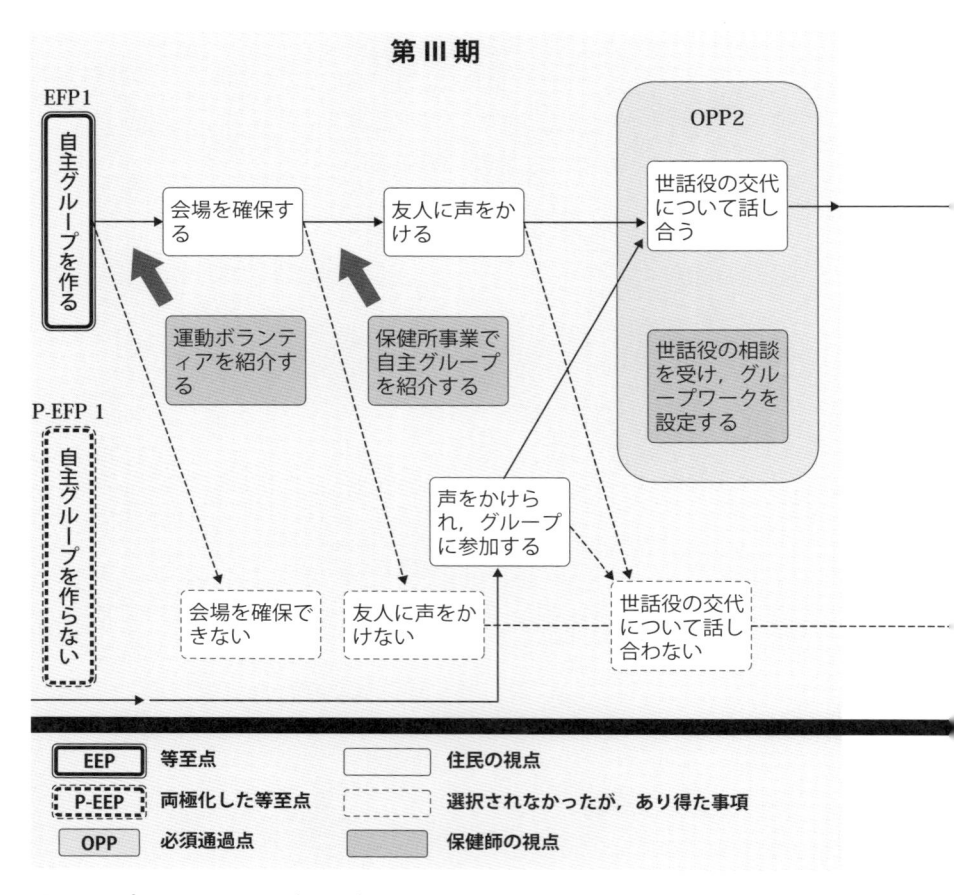

図 2-7　プロセス 2：自主グループの開始から 1 年経過するまで

人からはじまった自主グループは，20 人ほどのグループになった。自主グループは最初にグループを立ち上げた参加住民が世話係を引き受け継続していたが，ある時，会計を担当する参加住民は保健師に，身内の介護のためグループを休会する必要があるので，他の参加住民に会計を頼みたいと相談した。それに対して保健師は，【世話役の相談を受け，グループワークを設定する（OPP2）】ことを考え，参加住民が話し合う場を設定した。参加住民は《世話役の交代について話し合う（OPP2）》ことにな

第Ⅳ期

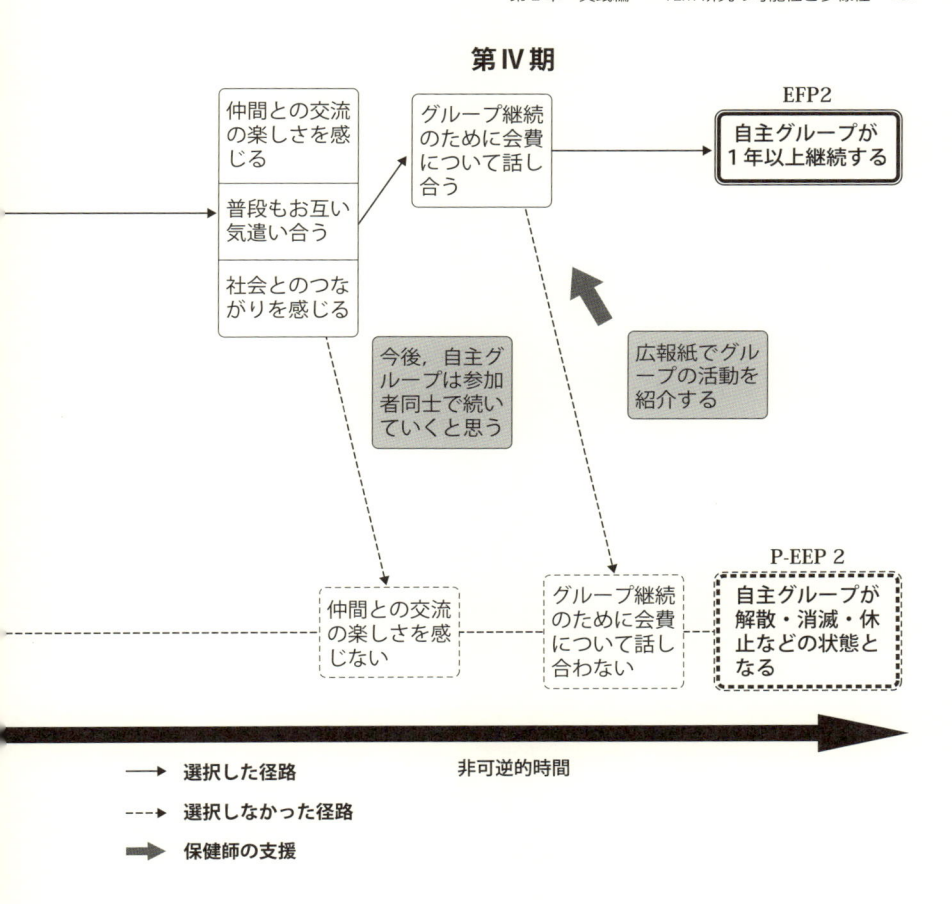

[図：第Ⅳ期のプロセス図]

- 仲間との交流の楽しさを感じる
- 普段もお互い気遣い合う
- 社会とのつながりを感じる
- グループ継続のために会費について話し合う
- 広報紙でグループの活動を紹介する
- EFP2: 自主グループが1年以上継続する

今後，自主グループは参加者同士で続いていくと思う

- 仲間との交流の楽しさを感じない
- グループ継続のために会費について話し合わない
- P-EEP 2: 自主グループが解散・消滅・休止などの状態となる

非可逆的時間

→ 選択した径路
---> 選択しなかった径路
⇒ 保健師の支援

り，世話役の交代ができた。

> 第Ⅳ期：OPP2「世話役の相談を受け，グループワークを設定する⇔世話役の交代について話し合う」からEFP2「自主グループが1年継続する」までのプロセス

　第Ⅳ期では，自主グループの参加住民は，《仲間との交流の楽しさを感じる》，《社会とのつながりを感じる》ようになった。また，《普段もお互

いを気遣い合う》関係となっていった。そして，参加住民は会場費や運動ボランティアへの謝礼などを支払うため，《グループ継続のため会費について話し合う》ことにした。この場面において保健師は，【今後，自主グループは参加住民同士で続いていく】と感じていた。こうして，「自主グループが1年継続する（EFP2）」に至った。保健師は住民自らが取り組む自主グループ活動の良さを多くの人に知ってもらいたいと思い，【広報紙で自主グループ活動を紹介する】こととした。

5. 考察——自主グループが形成・継続されるプロセスにおける保健師の支援のあり方

TEMにより，自主グループが形成・継続されるプロセスを分析した結果，住民と保健師の相互関係において特に重要な場面が，OPPとして捉えられた。第Ⅰ期のOPP1「グループワークで運動の継続について尋ねる⇔安心・気楽に参加できるグループへの参加希望を出す」では，保健師は参加住民のグループで運動を続けたいという希望を把握し，グループワークを設定していた。保健師がグループワークを設定したのは，参加住民がそれぞれの希望を話す場をもつことにより，参加住民同士でグループのニーズを見いだし共有するためであり，それが契機となって，第Ⅱ期のEFP1「自主グループを作ることを決める」という展開につながった。また，第Ⅲ期のOPP2「世話役の相談を受け，グループワークを設定する⇔世話役の交代について話し合う」では，保健師はグループが継続するには世話役の交代が必要であることを把握し，それについて話し合うためのグループワークを設定していた。この場面でも，保健師はグループを運営していくうえでの課題を参加住民同士が共有し，話し合うことにより解決できるようなきっかけを作っており，それが契機となり，第Ⅳ期のEFP2「自主グループが1年経過する」という展開につながっている。このように，OPP1，OPP2の各々の場面において，保健師は，参加住民それぞれとの個別の相互関係からグループとしてのニーズを捉え，グループワークを設定することにより参加住民同士の交流を促していることが示された。そして参加住民同士の交流によりグループのニーズが共有されたことを契

機に，次のプロセスに展開していくことが見いだされた。

　このような参加住民それぞれと保健師の相互関係，もしくはグループと保健師の相互関係を重視した保健師の支援のあり方について，安齋・都筑・横山（2003）は，保健師活動において，地域の健康問題を見いだし，問題解決のためにグループワークを選択するというプロセスに保健師活動の特性がある，と述べている。また，このような相互関係における保健師の支援のあり方について，教育心理学分野における「足場づくり」の理論で説明することも可能かもしれない。「足場づくり」理論とはブルーナーが提示した理論であり，学習者が課題に取りかかるときに適切なコミュニケーションを取り，必要に応じて助言や援助などの支援を受けることが重要とするもので，周囲の援助者が行う支援を「足場づくり」と呼ぶのである（久保田，2003）。保健師は住民との相互関係を保ちながら住民のニーズを捉え，そのニーズを住民同士が共有し実現していくプロセスにおいて，必要に応じて足場を設定するというような支援をしているとも言えるだろう。

第2項　Making of パート

1. 自身の研究をまとめようと思ってどのようなことに困難を感じたか

　保健師のグループ支援の特徴は，住民との相互関係を通じて，そのグループに共通した健康ニーズを把握し，そのニーズを実現させていくために，住民と協力して活動を展開していくことである。本稿では，筋力トレーニング教室における保健師と住民の相互関係を通して，自主グループが形成されるプロセス，また，自主グループが1年間経過するまでのプロセスを示したいと考えた。これらのプロセスを明らかにすることにより，保健師によるグループ支援の特徴が示されると考えたからである。しかし，こうした相互関係や時間軸に沿ったプロセスを，研究として扱う方法がわからずにいた。

2. TEM で何をしようとしたか，何を EFP に設定しようと考えたか

　筆者は TEM 研究会に参加し，保健師と参加住民の相互関係による自主グループのプロセスを，TEM を用いて分析することができるのではないかと考え，試みることにした。TEM での分析の手順では，まず時間軸の矢印を引き，EFP（等至点）を設定する必要があると知り，「自主グループを作ることを決める」，「自主グループが 1 年継続する」という時点を EFP に設定した。そして，P-EFP（両極化した等至点）を，「自主グループを作らない」「自主グループが解散・消滅・休止などの状態となる」と設定した。筆者の場合，EFP「自主グループを作る」，「自主グループが 1 年継続する」ことが保健師の支援の最終目的ではなく，住民との相互関係によるプロセスにおいて，保健師がどのように住民のニーズを把握し，必要な支援を行っているかということを示したかった。よって，P-EFP「グループが解散・消滅・休止などの状態となる」を示すことにより，仮に別のグループを対象として分析した結果，自主グループが解散した径路が示された場合には，自主グループを継続するという以外の別のニーズが，プロセス上に捉えられる可能性があると考えた。

3. どこまでうまくいき，どういうことに挫折を感じたか

　以上のように，時間軸の矢印を引き，EFP および P-EFP を設定し，住民の視点と保健師の視点を TEM 図上に同時に示すことで，相互関係が明らかにできるということはイメージできたものの，実際に TEM 図上に示すべき視点をどのように抽出するのか，また OPP（必須通過点）はどのように捉えるのかということが，筆者にとって困難であった。ひとまず，自主グループが結成されるまでの期間と，1 年継続するまでのプロセスについて，グループを構成する住民個々の径路を描き，そこに保健師の径路を加え TEM 図を完成させた。しかし，筆者自身が何を TEM 図上に示そうとしているのかという観点があいまいであったため，住民の径路が複雑になり，わかりづらい内容となってしまった。このため学会誌などへの投

稿した際,「住民の視点」と「保健師の視点」をどのように捉えたのか,分析が不十分であると指摘を受けることとなった。

4. どのような工夫を取り入れて,TEMを用いた研究としてまとめたのか

再分析にあたり,住民の径路を個々に描くのではなく,グループとしてどのような径路を辿ったのかを描くことを重視し,TEM図上に描く「住民の視点」の項目を抽出した(植村・畑下・金城・上野・鈴木,2010)。具体的には,インタビューの逐語録やフィールドノートから,グループの参加住民の「自主グループを立ち上げた背景」と「自主グループに継続参加する理由」についてのフレーズを抜き出し,ラベルを作成し,意味の共通したものをカテゴリー化した。次にそれらのカテゴリーを見比べ,意味が類似したものを整理し,抽象度を上げたカテゴリーを抽出した。

5. なぜ完成したと考えたか,TEMによって何がわかったと思ったか

このような再分析を行った結果,TEM図上に,グループとしての「住民の視点」と「保健師の視点」が明確に示され,住民と保健師が相互関係により影響し合いながら,自主グループが形成され,1年継続するプロセスが示された。そして,時間軸に沿った相互関係におけるプロセスにおいて,保健師が必要に応じて足場を作るような支援を行っているポイントがOPPとして捉えられ,OPPを契機に,住民と保健師が協力した活動が展開していく様子が説明できた。このように,TEM図の各項目や時期区分より,住民と保健師の相互関係によるプロセス,および保健師の支援の特徴が過不足なく説明できたため,完成に至ったと判断した。

6. 完成させた TEM 図は何のモデルなのか，それが誰に役立つと思うのか

　TEM での分析を試みた結果，住民の視点と保健師の視点が同時に示され，プロセスにおける相互関係が捉えられた。筆者が TEM 図で示したかったことは，いくつかの偶発的要因を含んだ保健師と参加住民の相互関係と，そのプロセスにおける保健師の支援にどのような特徴があるかということである。TEM での分析を試みた結果，参加住民と保健師の相互関係が視覚化され，筆者はそのプロセスに示された保健師の視点が，保健師の支援の特徴であると考えている。本稿の TEM 図で示された住民と保健師の相互関係，および保健師の支援のあり方について，保健師が自らの経験との共通性を見いだし実践に役立てることができるのではないかと考える。あるいは，これから保健師のグループ支援を学ぼうとする人や，グループ支援を研究としてまとめようとする人に，この TEM 図を参考にしていただければ幸いである。

（植村直子）

■第3節　大学生の学びを支援するために ── フィールドワーク

◆ 3-1　卒業論文を書き上げるまでの逡巡過程

第1項　研究パート

1. はじめに

　現在，日本の大学では，卒業要件として卒業研究または卒業論文（以下，卒論）を課す場合がかなり一般的になっている（読売新聞，2010年3月19日）。大学教育分野においては，卒論を指導する指導教員と卒論に取り組む学生との間での指導上の具体的なやり取りが，実際に学生をどのように主体的で能動的な学びへと方向づけるかについて検討することが重要な

課題とされる（毛利, 2004）。しかし，他方で，指導教員と学生との関わりそのものに着目し，学生の学びの視点から，学生自身がいかなるつまずきと葛藤を経験しながら卒論作成を進めるか，という点についてはこれまで十分な検討がなされてこなかった。こうした背景に鑑み，本稿では，卒論を指導する教員と卒論に取り組む学生とのやり取りとその変化に着目し，学生たちの卒論作成に対する取り組みのプロセスについてつぶさに検討することを試みた。

2. 目　的

学生が卒論作成に対し，つまずきをおぼえながら仕方なく取り組むことを特徴とする"妥協する"様相に焦点をあてる。ここでは，この事態を「逡巡過程」と規定したうえで，「卒論を書き上げるまでの逡巡過程」について明らかにすることを分析のねらいとした。

3. 研究方法

● 対　象

フィールド対象は，私立Ａ大学文学部心理学専攻における４年生を対象とするゼミである。卒論提出を必須課題とする当ゼミでは，次のとおり，１年かけて卒論作成を行う。まず，４月から７月にかけて研究目的・方法を定め，ついで８月から10月にかけて調査・分析を行い，その後11月から12月にかけて本格的な執筆作業をし，翌年１月初旬に卒論提出を行い，最終的に卒論が受理されたことをもって，卒論作成活動は終了となる。

調査対象は，当ゼミの学生８人である。ここでは，逡巡過程を明らかにする目的から，ゼミへの参加様相の違いとして示された，山田（2009）による"創発"，"調査"，"妥協"という三つの類型に従い，これらのうちの"妥協"プロセスとして抽出された３人（男性１人〈対象者Ａ〉，女性２人〈対象者B,C〉）を分析対象として選択した。ここでの妥協とは，「自身の興味・関心が活動の目的・意図に合わず，活動に価値を見いだせずに参加する」ものを意味する。

🔴 データ収集

卒論への取り組みに関する主体的な認知にもとづくデータを幅広く収集するため，卒論提出を終え，口頭試問が終了した後の2009年2月中旬〜3月中旬に1人60〜160分の半構造化インタビューを行った。インタビューでは，ゼミでの卒論作成に関する意識，行動，および指導教員との関係とその関係の変化について尋ねた。

🔴 分析方法

本稿では，プロセスを多層化させて描くと同時に，そのプロセス自体に焦点をあてて分析することがねらいであったので，TEM（Trajectory Equifinality Model：複線径路・等至性モデル）を採用した。TEMによる分析は，以下の手順で実施した。まず，①インタビューで得られた語りを最小単位に分け，それを分析単位とした。次に，②必須通過点（Obligatory Passage Point：OPP），分岐点（Bifurcation Point：BFP）を設定した。その際，語りで得られた情報だけでなく，社会的，制度的，文化的知識を活用した。ここでは，卒論作成に対する指導教員による直接的影響，および卒論作成への社会・文化・制度的な間接的影響を考慮した。そして，③目的に照らし，〈卒論が書き上がる〉を等至点（Equifinality Point：EFP）として定め，これを分析焦点とし，他方で，〈卒論が書き上がらない〉を両極化した等至点（Polarized Equifinality Point：P-EFP）とした。最後に，④等至点および両極化した等至点への径路の多様性を考慮しながら図化した。その際，インタビューから得られたデータにはもとづかないが制度的・論理的に存在すると考えられる場合の径路は点線で描いた。以上の過程で描写された図をもとに時系列に沿って，"妥協"プロセスを方向づける径路の多様性について考察した。以上の一連の作業は，筆者1人で行ったが，各概念の設定，図化の方法，図の解釈・検討においては，TEMを用いた経験のある心理学を専門とする大学院生・教員のメンバーチェックを受けた。

4. 結　果
● 時期区分

等至点，分岐点，必須通過点を研究目的にしたがって抽出し，それらを一覧で示し（**表 2-8**），TEM により図化した（116〜117 頁，**図 2-8**）。

表 2-8　TEM で用いた概念の本稿での位置づけ

概念	本稿での位置づけ
等至点：EFP （Equifinality Point）	〈卒論が書き上がる〉 〈卒論が書き上がらない〉
分岐点：BFP （Bifurcation Point）	〈興味・関心が定まる〉 〈卒論テーマが指導教員に伝わらない〉 〈卒論の方向性がずれる〉 〈卒論テーマがみえなくなる〉 〈納得のいく卒論テーマが定まらない〉 〈自分で納得のいく卒論テーマを決める〉 〈自分で分析しようとする〉 〈何を分析すればよいのかがみえなくなる〉 〈試しに分析を進める〉 〈分析が進まない〉 〈納得のいく卒論にならない気がする〉 〈自分から指導教員に相談しようとしない〉 〈指導教員に頼る〉 〈仕方なく分析を進める〉 〈指導教員に卒論の仕上げを催促される〉 〈卒論の提出に間に合わない〉 〈仕方なく卒論をまとめる〉
必須通過点：OPP （Obligatory Passage Point）	〈興味・関心を探す〉 〈指導教員の助言のもとで研究テーマを考える〉 〈指導教員主導で卒論の研究方法が決まる〉 〈指導教員の助言のもとで卒論調査を行う〉 〈指導教員に卒論のまとめ方を教わる〉 〈卒論を提出する〉

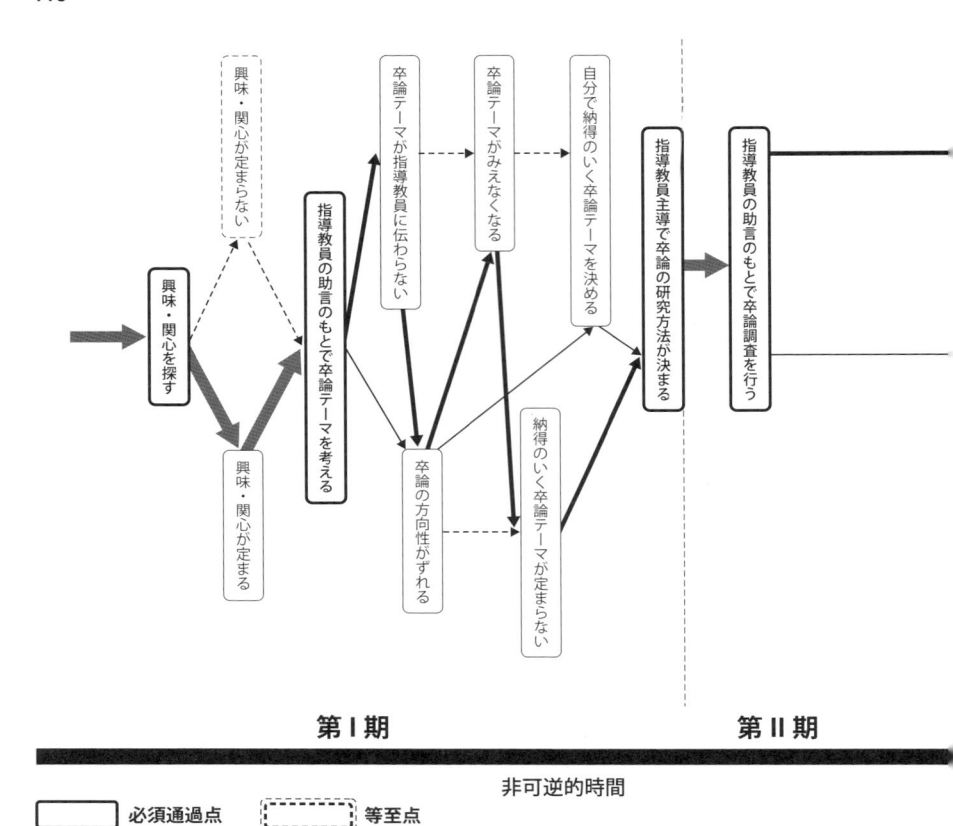

図 2-8　指導教員との関係からみた卒論を書き上げるまでの逡巡過程

　結果，卒論を書き上げるまでの逡巡過程は二つの型から説明できた。ここでの二つの型とは，卒論作成の早い段階で葛藤を経験してためらいをおぼえる"早期逡巡"型（対象者B，C）と終盤にかけて葛藤を経験してためらいをおぼえる"晩期逡巡"型（対象者A）である。逡巡過程の径路は，これらの型の違いによって異なるものとなった。以下では，その様相について，型ごとでの径路の差異が明瞭に示される時期に着目し，主とし

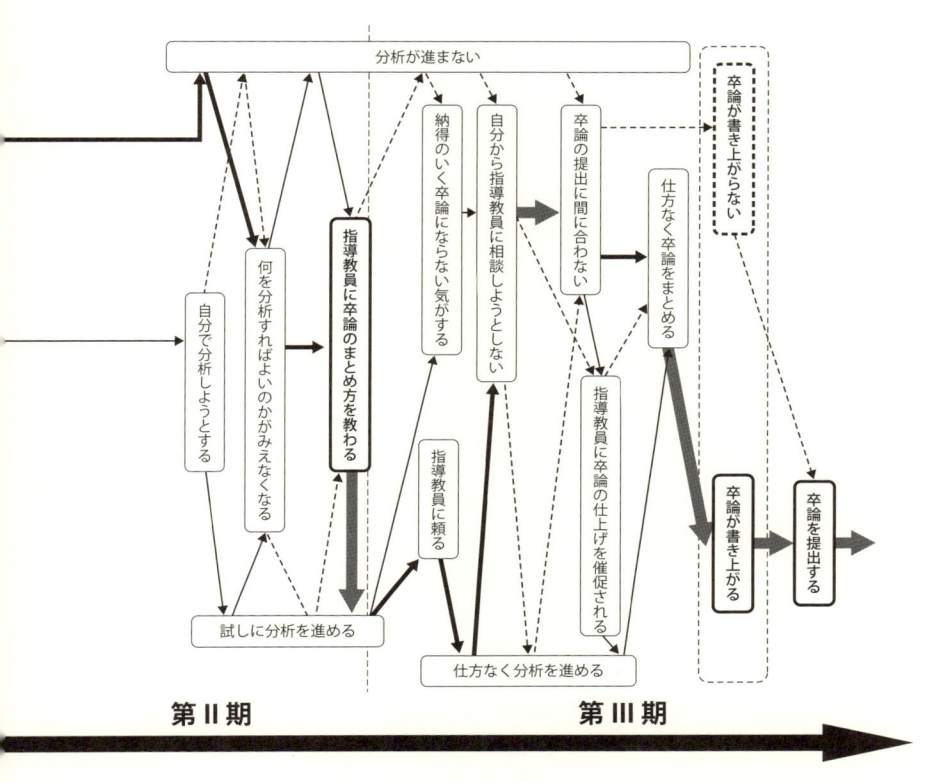

第2章 実践編――TEM研究の可能性と多様性 **117**

```
                          分析が進まない
```

図中のラベル（左から右、上下位置に応じて）:
- 自分で分析しようとする
- 何を分析すればよいのかがみえなくなる
- 指導教員に卒論のまとめ方を教わる
- 納得のいく卒論にならない気がする
- 自分から指導教員に相談しようとしない
- 卒論の提出に間に合わない
- 仕方なく卒論をまとめる
- 卒論が書き上がらない
- 試しに分析を進める
- 指導教員に頼る
- 仕方なく分析を進める
- 指導教員に卒論の仕上げを催促される
- 卒論が書き上がる
- 卒論を提出する

第Ⅱ期　　　　　　　　　第Ⅲ期

凡例：
- ⬚　語りからは得られなかったが，制度的・論理的に存在すると考えられる選択や行為
- ➡（太）　語りから得られた径路：早期逡巡型
- →　語りから得られた径路：晩期逡巡型
- ----▶　語りからは得られなかったが，制度的・論理的に存在すると考えられる径路

て必須通過点を基準に，卒論テーマに関する興味・関心を探しはじめてから卒論の研究方法が決まるまでの期間（第Ⅰ期），卒論調査を行いはじめてから卒論のまとめ方を教わるまでの期間（第Ⅱ期），卒論の分析をはじめてから卒論を提出するまでの期間（第Ⅲ期）に分けて論じる。なお，本文中では，分岐点を〈　〉で示す。

各時期におけるプロセス

> **第Ⅰ期：卒論テーマに関する興味・関心を探しはじめてから卒論の研究方法が決まるまで**

　卒論に取り組むゼミ生は，卒論テーマを決定するために，自身の興味・関心を探る過程を通じ，結果として卒論に関連する興味・関心を定めていく。実際，対象者A，B，Cは，それぞれ興味・関心を探すことに興味をもって取り組んでおり，自身の研究への意味・価値の志向を確認しながら作業を進めていた。〈興味・関心が定ま〉れば，指導教員の助言のもとで卒論テーマを考えるようになるが，この時点から早期逡巡型と晩期逡巡型では異なる径路を辿る。すなわち，早期逡巡型では，〈卒論テーマが指導教員に伝わら〉ないため，〈卒論の方向性がずれる〉という経験から，研究目的と研究方法との間をつなぐ研究仮説の設定に困難をおぼえ，その結果，〈卒論テーマがみえなくな〉り，〈納得のいく卒論テーマが定まらな〉くなった。それに対し，晩期逡巡型では，早期逡巡型が経験した〈卒論テーマが指導教員に伝わらない〉という経験を経ず，〈卒論の方向性がずれ〉ながらも〈自分で納得のいく卒論テーマを決める〉という径路を辿った。

　以上より，第Ⅰ期では，両型ともに，〈興味・関心が定まる〉，〈卒論の方向性がずれる〉という共通する経験をもつが，早期逡巡型では，卒論作成の初期段階で指導教員とのやり取りのなかですでに自身のやりたいテーマにずれが生まれ，ためらいが生じるのに対し，晩期逡巡型ではずれが生じていたとしても〈納得のいく卒論テーマを決める〉という行為を辿るなかでは，むしろためらいは生じていないことがわかった。

> **第Ⅱ期：卒論調査を行いはじめてから卒論のまとめ方を教わるまで**

　研究方法が決まると，指導教員の助言のもとで卒論調査を行う。この時期は，対象者間で卒論の進度に差が生じ，それにともない逡巡過程も多様なものとなる。早期逡巡型では，早期に葛藤が生じ，結果として自ら分析

することはしないので、〈分析が進ま〉ず、そもそも、〈何を分析すればよいのかがみえな〉くなる。そこで、指導教員に卒論のまとめ方を教わる過程を経て、再び分析を進める、という過程を経る。それに対し、晩期逡巡型では、卒論テーマ決定そのものにおける葛藤には直面しておらず、〈自分で納得のいく卒論テーマを決め〉た経緯から、〈自分で分析しよう〉とする。しかし、〈試しに分析を進め〉てみるものの、〈何を分析すればよいのかがみえな〉くなり、〈分析が進ま〉ず、結果として、卒論のまとめ方を教わる過程を経る。

以上より、第Ⅱ期では、卒論テーマがなかば定まらないまま研究方法が決まる早期逡巡型においては分析作業はなかなか進まないが、早期に葛藤を経ずあくまで自身のやり方で納得のいく卒論テーマを決めた晩期逡巡型では、生じていたはずのずれが解消しないままに卒論テーマが決まっていくので、結果、妥協しながら試しに分析を進めていくという事態に直面していたことがわかった。

第Ⅲ期：卒論の分析をはじめてから卒論を提出するまで

第Ⅰ期、第Ⅱ期での指導教員との関わり方の違いによって、第Ⅲ期での卒論作成の進行は型ごとで異なるプロセスを辿る。ただし、早期逡巡型、晩期逡巡型の両型ともに、〈自分から指導教員に相談しようとしない〉という経験は辿りながらも、卒論のまとめ方がわからないので指導教員からの支援を受けて、〈仕方なく分析を進め〉るという過程は同じである。しかしながら、初期に葛藤に直面した早期逡巡型では、終盤には葛藤ではなく諦念をおぼえるのに対し、晩期逡巡型では、次第に葛藤が生じ、戸惑いをおぼえて逡巡していくという過程で違いが見いだせる。つまり、第Ⅲ期では、両型ともに〈自分から指導教員に相談しようとしない〉という経験を経るものの、早期逡巡型は、一度〈指導教員に頼った〉後に、〈仕方なく分析を進め〉、分析の意味がよくわからないので、相談しないという過程を経るのに対し、晩期逡巡型は、分析を進めた結果として、次第に〈納得のいく卒論にならない気がする〉過程を経て、指導教員には相談しない

という径路を辿る。結果，晩期逡巡型の分析の進め方についてみれば，〈卒論提出に間に合わない〉という理由から〈指導教員に卒論の仕上げを催促される〉ことで〈仕方なく分析を進め〉，〈仕方なく卒論をまとめる〉のであった。他方の早期逡巡型では，すでに指導教員に相談しているので，あえて卒論提出前にわざわざ質問することに対しては気後れしてしまい，そもそも自分の納得のいく卒論テーマではないために割り切って卒論に取り組んでいるという経緯から，〈卒論の提出に間に合わない〉という時間的な制約によって，〈仕方なく卒論をまとめ〉，卒論が書き上がることとなった。

　以上より，第Ⅲ期では，早期逡巡型においてはすでにテーマ決定当初から葛藤を経験し，納得のいく卒論テーマが定まらないので，試しに分析を進めてみようとはせず，結果として分析が進まないので，早々に指導教員に相談をし，終盤には卒論提出に間に合わないという時間的な焦りから卒論を仕方なくまとめ，書き上げる，という過程を経る。それに対し，晩期逡巡型においては，指導教員に卒論のまとめ方は教わるものの，納得のいく卒論にならない気がするので，あくまであらためて相談することはせずに自分の納得のいく形で分析を進めるのだが，結果的には，指導教員に提出を促されたことによって，卒論の仕上げに踏み切り，卒論を書き上げる，という過程を辿ることがわかった。

5．考　察

　TEMによる分析から得られた示唆は三つある。第1は，指導教員との関係からみた卒論を書き上げるまでの逡巡過程は，学生が，指導上のポイントとなる各時期で各々がどのようにつまずきに至り，どのような行為・選択をなしたか，という点について，等至点，必須通過点，分岐点という概念を用いて特定できたことである。たとえば，第Ⅰ期では，対象者B，Cは卒論のテーマを考える時期において，指導教員とのやり取りのなかで，卒論テーマ設定に関し，指導教員と十分に対話できる関係が構築できなかった。これは，学生が一見，指導教員からのアドバイスを受け入れたかのようにみえるが，実際は，指導が十分な卒論作成の支援のための「足

場かけ」(Brown, Collins & Duguid, 1989) にはなり得ていなかったことを示している。TEMでは，この指導教員と学生との間での「ずれ」を〈卒論テーマが指導教員に伝わらない〉ポイントとして特定できた。

　第2は，指導教員とのコミュニケーションの連鎖のなかで変化する逡巡過程を辿る学生の行為・選択の岐路は多様であることがわかった点である。卒論作成という営為は，従来，「指導教員から学生へ」という教授様式のなかで，一方向的に理解されることが多かったが，本稿では，あくまで学生側の視点に立ち，そのプロセスの多様さ自体を指導教員との関わりという視点から示し直し，多岐にわたる径路からなる卒論作成過程として記述した。たとえば，第II期で，卒論を書き上げるまでには，指導教員とのやり取りを介した形で，〈分析が進まない〉，〈試しに分析を進める〉という経験を繰り返し辿る様相をみせることがわかった。

　第3は，時間が経過するなかで，分析を進めなくてはならない，といった「期が熟す」，という感覚には，卒論作成に対するつまずきへの直面の仕方によって，違いが見いだせることがわかった点である。たとえば，第III期では，早期逡巡型では，分析を早めに切り上げていたのに対し，晩期逡巡型では最後まで分析を仕方なく行っていた。このように，TEMによって，学生たちのなかで，分析を進めなくてはならないという意識がいつの時点で立ち上がり，結果としてそれがどのような径路を辿らせ，そのそれぞれの地点でどのような行為を促すこととなったのか，という点について具体的に示すことができた。

第2項　Making of パート

1. 自身の研究をまとめようと思ってどのようなことに困難を感じたか

　もともと筆者は，卒論作成への取り組みのプロセスを，指導教員と学生の関係のあり方の変化として示そうと考えていた。そのため，「指導教員-学生」という関係そのものを分析単位に据え，その変化の多様さそのものを同時に描く必要があった。しかし，従来の質的研究法では，時間のなかで多様に変化する姿を可視化することは困難であるように思われた。他の

質的研究法においてもプロセスの記述が可能になるというが,それらの多くは,通常,プロセスを読み取る側が図・モデルなどから「時間」を読み取る,という具合になっており,結果としてプロセスが描かれたようにみえる,というものであるので,時間の変化そのものの可視化にあたっては,また新たに別の方法論上の工夫を加える必要があるように感じられたのである。もちろん,その解決策として非可逆的時間という概念を含むTEMを取り入れたとしても,他の研究手法ではなくてなぜあえてTEMという手法を用いる必然性があるのか,という点でTEMの採用の妥当さをどのように説明するかには苦心した。筆者の場合は,TEMでこそ可視化できる,多様さそのものを変化とともに示す,という視点によって,上述の問題に対しアプローチ可能な見通しをもてると判断したことをもって,本稿へのTEMの採用についても妥当と判断し,分析に進めるに至った。

2. TEMで何をしようとしたか,何をEFPに設定しようと考えたか

本稿では,TEMを用いて学生たちの卒論作成という一連の過程に沿う形で指導教員との関係とその変化を記述することを試みた。特に,卒論を作成するうえでのつまずきのポイントを特定するために,卒論に取り組む際の一連の経験(興味・関心を探す,研究テーマを考える,研究方法が決まる,卒論調査を行う,卒論のまとめ方を教わる,卒論を提出する)を必須通過点(OPP)とした。また,卒論を書き上げるうえでの"妥協"プロセスに特徴的な行為・選択を示すことを試みていたので,ここでは,それらを分岐点(BFP)として定めた。こうした「点」の辿り方から,卒論作成過程の多様さを記述することをねらいとしていた。

また,卒論提出が義務づけられる教育課程における,卒論を書きはじめてから書き上がるまでの過程というのが,研究の焦点であった。さらに,すでに先行研究のなかで,分析の焦点が「卒論を完成させるまで」という期間に定められていた背景があり,書きはじめから書き上げまでの過程自体が研究関心としてすでにあった(山田,2009)。加えて,本稿では,すべての学生が結果的に卒論を書き上げたが,卒論を書き上げないという場合

の選択も実際は考えられた。このことは，多様な制約上，意図的に書き上げなかった可能性，結果的に書き上げられなかった可能性もありながら，そこを辿らなかった行為の意味を相対的に検討可能にする点で重要と言えた。以上の経緯から，卒論が書き上がることを等至点（EFP）とし，卒論が書き上がらないことを両極化した等至点（P-EFP）に定めた。

3. どこまでうまくいき，どういうことに挫折を感じたか

　今回，指導教員との関係を学生側からみた卒論作成過程として記述するスタイルを取り入れたため，TEM では指導教員との関係そのものを図内に組み入れた形で記した。結果，その様相をより明瞭に示すことはできたと思われる。しかし，指導教員側の具体的な関わりについては不可視となり，システムとしての指導が変容する様相にまで迫ることはできなかった。本来，両者の関係そのものに着目した場合，指導教員側からみた支援としての卒論指導プロセスを併記する必要があるが，学生側の視点から得られたデータの性質上，その記述は困難であった。よって，データ収集のやり方に工夫を加えると同時に，システムとしての指導という様相についての，両者が影響を及ぼし合う開放システムとして，忠実にその変容プロセスを表現することが今後の課題と言えよう。

4. どのような工夫を取り入れて，TEM を用いた研究としてまとめたのか

　以下の 3 点の工夫を取り入れた。第 1 は，自身の研究の方法論との整合性を加味し，必要最低限の概念（等至性，必須通過点，分岐点，非可逆的時間）を用いて簡潔に示した点である。TEM のシンプルさを長所として活かし（渡邊, 2009），重要なエッセンスのみを用い，「わかりやすさ」にウェイトをおいて描き記すことも，一つの工夫と言えるだろう。

　第 2 は，類型化を介在させると同時に，「研究対象の選択」という位置づけでデータ収集に臨んだ点である。本稿の場合，分析視点・分析対象は，実際には，研究フィールドに長く付き合った過程のなかで，山田(2009) で抽出された卒論作成過程における三つの類型のなかから「結果的

に」選ばれたものであった。したがって，データ収集の位置づけに関しては，あらかじめ研究対象が研究目的に照らされた形で「サンプリング」されたわけではなく，実際には単に「研究対象の選択」（尾見，2009）という，ゆるい限定のうえで実施されたものであった。研究対象に長期にわたって関わりながら対象者間の関係性について記述したり，複数の方法を組み合わせながら多様な視点で示したりすることそのものに意味があると考えるならば，本稿のような「選択」という位置づけによるデータ収集法を取り入れるスタイルも，TEMの方法論上の「自由さ」が活かされた一例として参考になるのではないだろうか。

第3は，図化に関して，逡巡過程の差異を型ごとに明確に示すため，それぞれの型の径路の違いが図から読み取れるようにした点である。ここでは，"早期逡巡"型と"晩期逡巡"型の違いを矢印の形態・大きさの違いとして表現した。これらの工夫によって，自身の研究の方法論との整合性を図りながらも，卒論作成過程の多様さを示す，というねらいを達成することができたように思われる。

5. なぜ完成したと考えたか，TEMによって何がわかったと思ったか

分析を通じて，卒論作成において逡巡する過程には，学生たちの間で違いがあり，それが一定の時期ごとに径路の辿り方の違いとして示されることがわかった。特に，卒論作成においてつまずきをおぼえるプロセスが捉えられ，卒論の分析の仕方や指導教員への相談の仕方によって，異なる径路を辿ることがわかり，その辿り方も各時期で型ごとに多様に展開していく様相として説明できた。このように，指導教員と学生との関係から学生のつまずき方に違いが生じるということが説明できたことをもって，分析を終了した。

6. 完成させたTEM図は何のモデルなのか，それが誰に役立つと思うのか

卒論に妥協して取り組む学生への対応は，卒論指導を担当する教員にお

いて重要な課題と考えられる。学生たちが妥協的に卒論に取り組み，主体的で能動的な学びから離れていく過程として示された本稿のモデルは，その離脱のポイントの特定を一定程度可能にするという意味で，卒論指導を実践・支援する教員，あるいは今後卒論に取り組む学生に対しても，参考になりうるものと考えられる。さらには，指導教員と学生との指導上のやりとりを単に一方向的に捉えた視点ではなく，両者の相互変容を視野にいれたシステムとしての指導という視点を提供したところに，本稿の意義があるものと思われる。

(山田嘉徳)

◆ 3-2 大学生がカウンセリングルームに行けない理由・行く契機

第1項 研究パート

1. はじめに

学生相談室とは，高等教育機関における心理的援助を中心とした相談活動をさし，日本において学生相談室が活動を開始してからすでに50年が経過している。しかし，学生相談室に対する学生のニーズは決して少なくないにもかかわらず，実際には学生相談室が十分に利用されていないというのが現状である。学生相談室に相談したいのに相談しないという学生は多く，その背景にあるメカニズムを解明することが求められている。

心理的な援助を求める行動は「援助要請行動」と呼ばれ，これまで援助要請に影響を及ぼす要因を分析する研究や，援助要請のプロセスに関する研究が行われてきた。しかし両研究はいまだ統合されておらず，援助要請プロセスのどこに援助要請を促進・阻害する要因が位置づくのかが，十分に明らかにされているとは言えない。この点を克服するために，方法論としてTEM (Trajectory Equifinality Model：複線径路・等至性モデル) を採用し，学生相談室に相談したかったが相談できなかった経験の径路を視覚化することにした。TEMは「時間」という概念を取り入れている点が

大きな特徴であり，それによって個人内の援助要請プロセスを視覚化するとともに，従来の研究で明らかになっている要因がプロセス上のどこにどのように立ち現れるのかについて検討することが可能であると考えた。

2. 目　的

本稿では，学生相談室に相談したかったが相談できなかったという経験の径路を視覚化するとともに，学生相談室の利用を促進・阻害する要因がプロセス上のどこにどのように現れるかについて明らかにすることを目的とした。

3. 方　法

● 調査協力者

歴史的構造化サンプリング（Historically Structured Sampling：HSS）として，X大学の専門科目，教養科目の講義受講生に対しアンケートを行い，インタビューの調査協力者を募った。本稿のEFP（Equifinality Point：等至点）は〈学生相談室を利用する〉であるが，その大前提にあるのは〈学生相談室に相談したい〉という意志である。したがって，①心理的な目的で，学生相談室に相談したいと思ったことがあるか（「利用悩み経験」），②心理的な目的で，実際に学生相談室を利用したことがあるか（「利用経験」），という質問をアンケートにて行い，①について「はい」と答えた学生にまず協力を依頼した。また，径路の多様性を示すためにも，②について「はい」と答えた学生にも協力を依頼した。その結果，調査協力者は「利用悩み経験」のある学生が3人（女性2人，男性1人），「利用経験」のある学生が4人（女性4人，男性0人）となった。平均年齢は22歳だった。

● データ収集

1人54分～90分の半構造化面接を行った。主な質問項目は，①悩みの気づきと認識，②情動の落ち込みの時期とその時の対処，③悩みの解決プロセス，④学生相談室を利用しなかった（あるいはした）理由，⑤他者か

らの影響・相談室の制度的条件・相談室についての認識（情報），⑥どうすれば学生相談室がもっと利用しやすくなると思うか，である。なお，⑤の質問は筆者の前研究結果を参考にしたものである（弦間・サトウ・水月, 2008）。面接は協力者の許可を得て IC レコーダに録音し，音声を文字化したもの（語りデータ）を分析の対象とした。調査期間は 20XX 年 9 月〜11 月で，X 大学において，周囲に面接内容が聞かれることがない講義室を貸し切り，面接を実施した。

データ分析のプロセス

分析 1　分析的枠組みの設定

　TEM 分析のための概念を**表 2-9**（129 頁）に示す。本稿では〈学生相談室に相談したい〉を SPO（Synthesized Personal Orientation：統合された個人的志向性）とした。協力者たちは，〈学生相談室に相談したい〉という SPO をもちながら，〈学生相談室を利用する〉という EFP へと向かうが，それを妨げる要因もあり成就しないこともある，というのが本稿における基本的なストーリーである。また，〈学生相談室を利用しない〉を P-EFP（Polarized Equifinality Point：両極化した等至点）とした。学生相談室への相談を試みるには，〈学生相談室を知る〉，〈学生相談室への期待の増加〉，〈学生相談室に相談しよう〉というプロセスを辿ることが必要となるため，これらを OPP（Obligatory Passage Point：必須通過点）とした。EFP に向かう協力者たちは，〈学生相談室への相談に対する不安・不満の喚起〉に行く手を阻まれる。これは文化的・社会的に形成された価値観や学生相談室に必然的に付随する特性であると思われたため，SD（Social Direction：社会的方向づけ）とした。なお本稿では，内的状態（感情・認知）についても，文化・社会の影響を受けたものとしてSD に含めて扱っている。SD に道を阻まれた協力者は，学生相談室利用をあきらめるために〈問題の再査定〉を行うことになる。これも多くの協力者の語りから得られたため，OPP とした。BFP（Bifurcation Point：分岐点）と SG（Social Guidance：社会的ガイド）については，結果と

考察において詳しく述べる。

分析2　類型化の試み

本稿で明らかになった，相談したかったが相談できなかった経験の大きな特徴は，何回もの相談の試みが繰り返されているということである。繰り返される相談の試みの質的な変化に着目することによって，学生相談室を利用するか否かの選択についての重要なエッセンスを明らかにすることができると考えた。この点に着目し，相談の試みが1回か複数回か，そして実際に学生相談室を利用したか否かの2×2のマトリックスによって四つの類型を導き出した（**表2-10**）。なお，ここでいう相談の試みとは，相談に行くか否か逡巡した経験のことを指しており，実際に行動に移したかどうかが問題になっているわけではない。

分析3　総合的な径路の視覚化

学生相談室に相談したかったが相談できなかった経験についての総合的な理解を目指し，調査協力者7人分の径路をまとめて視覚化する。分析2と分析3は同時進行で行っている。

4. 結果と考察
● 結果1　径路の類型化による経験の理解

抵抗小・利用型

抵抗小・利用型の協力者は，1回の相談の試みで利用に至っており，利用に対する抵抗がほとんどない類型である。抵抗小・利用型の協力者は，中高の相談室利用経験や医療機関を利用した友達の話をよく聞くといった，学生相談室に関する間接的な経験を参照したことが，〈学生相談室への相談に対する不安・不満の喚起〉というSD（社会的方向づけ）の影響を弱めるのに大きく貢献している。その結果，最終的にEFP（等至点）に至っていると思われたため，学生相談室利用を大きく左右するものとして〈学生相談室に関する間接的な経験の参照〉をBFP（分岐点）①とし

表 2-9　TEM 分析のための概念（サトウら，2006；サトウ，2009；Sato, Hidaka, & Fukuda, 2009）

概念	本研究では
等至点：EFP （Equifinality Point）	〈学生相談室を利用する〉
両極化した等至点：P-EFP （Polarized Equifinality Point）	〈学生相談室を利用しない〉
分岐点：BFP （Bifurcation Point）	〈学生相談室に関する間接的な経験の参照〉 〈SG の影響〉 〈積み残した問題への思い〉
必須通過点：OPP （Obligatory Passage Point）	〈学生相談室を知る〉 〈学生相談室への期待の増加〉 〈学生相談室に相談しよう〉 〈問題の再査定〉
統合された個人的志向性：SPO （Synthesized Personal Orientation）	〈学生相談室に相談したい〉 （個人の内的志向性であり図示しない）
社会的方向づけ：SD （Social Direction）	〈学生相談室への相談に対する不安・不満の喚起〉
社会的ガイド：SG （Social Guidance）	〈他者の勧め〉

表 2-10　径路による類型

		学生相談室を利用	
		した	していない
学生相談室への相談の試み	1 回	抵抗小・利用型 （分岐点①） A, B	抵抗大・あきらめ型 （分岐点①） C
	複数回	躊躇・利用型 （分岐点②・③） D, E	躊躇・あきらめ型 （分岐点②・③） F, G

（　）内は学生相談室に相談するか否かの分岐点を表わしている

た。

抵抗大・あきらめ型

抵抗大・あきらめ型の協力者は，1回の相談の試みで，利用には至っていない類型である。抵抗大・あきらめ型の協力者は，抵抗小・利用型の協力者とは対照的に，〈学生相談室に関する間接的な経験の参照〉が相談室利用をしないという意志選択へと方向づける SD の影響を強めている。その後の語りを見ても SD の変化が読み取れず，また EFP にも至っていないこともあり，抵抗小・利用型と同様に〈学生相談室に関する間接的な経験〉が BFP ①としての役割を果たしていると考えられる。

躊躇・利用型

躊躇・利用型の協力者は，相談の試みを複数行った後に学生相談室を利用しており，「躊躇」を特徴とする類型である。相談の試みが 1 回のみの類型とは異なり，BFP ②の〈SG (Social Guidance：社会的ガイド) の影響〉，BFP ③の〈積み残した問題への思い〉が〈学生相談室に相談したい〉という SPO (Synthesized Personal Orientation：統合された個人的志向性) を〈学生相談室を利用する〉という EFP へ導いていく際に重要となっている。すなわち，SG により学生相談室への期待が増加すること，積み残した問題を根本的に解決しようと思うことが EFP に至る契機となっていた。

躊躇・あきらめ型

躊躇・あきらめ型の協力者は，複数の相談の試みをするが利用に至っていない類型である。BFP ②の〈SG の影響〉，BFP ③の〈積み残した問題への思い〉が学生相談室を利用するか否かに重要なポイントとなっている。すなわち，この類型の協力者を P-EFP (Polarized Equifinality Point: 両極化した等至点) にとどまらせているのは，SG が学生相談室への期待を増加させないこと，積み残した問題と決別しようと思うことであった。なお，SG はただあればよいわけではなく，タイミングや個人の

受け止め方によって影響パターンが異なるため，〈SG〉ではなく〈SGの影響〉という名称にした。

● 結果2　学生相談室に相談したかったが相談できなかった経験の総合的理解

　本稿は調査協力者7人の語りをもとに，学生相談室へ相談したかったが相談できなかった経験をEFPとして一つにまとめ，そこでの経験における内的状態（感情・認知・行動）・外的状態（人間関係・環境）の変化に着目し，時間の流れに沿った変化を検討したものである。最終的に相談した事例も含めたのは，それ以前に相談の試みがある場合，ない場合の比較も可能になると考えてのことであった。総合的なTEM図は図2-9（132～133頁）に示した。

　協力者たちは，〈学生相談室に相談したい〉というSPOをもち，〈学生相談室を利用する〉（EFP）へと向かう。まず，入学オリエンテーションなどで，〈学生相談室を知る〉（OPP：必須通過点）という段階がある。その時，中高の相談室利用経験や友達の学生相談室のつきそいといった〈学生相談室に関する間接的な経験の参照〉（BFP①）が行われ，学生相談室に対するイメージが形成される。これが〈学生相談室への相談に対する不安・不満の喚起〉（SD）の強さを暫定的にだが決めることになる。

　協力者たちは，悩み多き学生生活を送っており，本人たちにとって学生相談室に行くべき問題を抱えた時点で，意志や行動を示す矢印がEFPの方へと向く。相談の試みが1回目と2回目までは，医療機関や親の勧めといったSGにより〈学生相談室への期待の増加〉（OPP）が行われる場合がある。そして，〈学生相談室に相談しよう〉（OPP）と決意する。〈SGの影響〉（BFP②）は〈学生相談室に行かなくてはだめか〉というプレッシャーを生んだり，〈学校生活の問題は学生相談室に行くべきだ〉という後押しになったりと，学生相談室利用に対するモチベーションを決定づけている。相談の試みも3回目ともなると，さすがにSGは現れない。むしろ，解決手段模索の結果，積み残した問題に対し，〈根本的な解決を〉しようとするのか，〈問題と決別〉し距離を置くのか，自ら判断することが

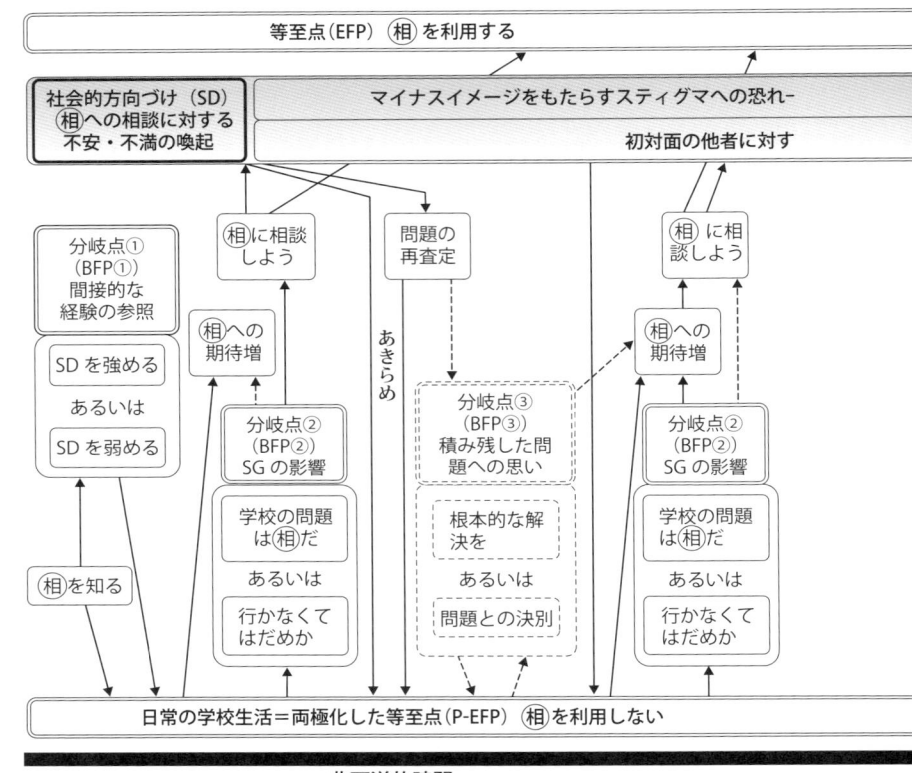

図 2-9 学生相談室に相談したかったが相談できなかった経験の径路

迫られる。これら〈積み残した問題への思い〉（BFP③）も、学生相談室利用に対するモチベーションを決定づけている。

　EFP に行き着く直前、協力者たちは SD の壁に阻まれる。そして、学生相談室へ行くほどのことではなかったのだと〈問題の再査定〉（OPP）を行うなどして学生相談室利用をあきらめ、〈学生相談室を利用しない〉（P-EFP）を含む、〈日常の学校生活〉へと踵を返すことになる。SD の影響が軽減されている者は、EFP に至り、再び〈日常の学校生活〉へと戻っ

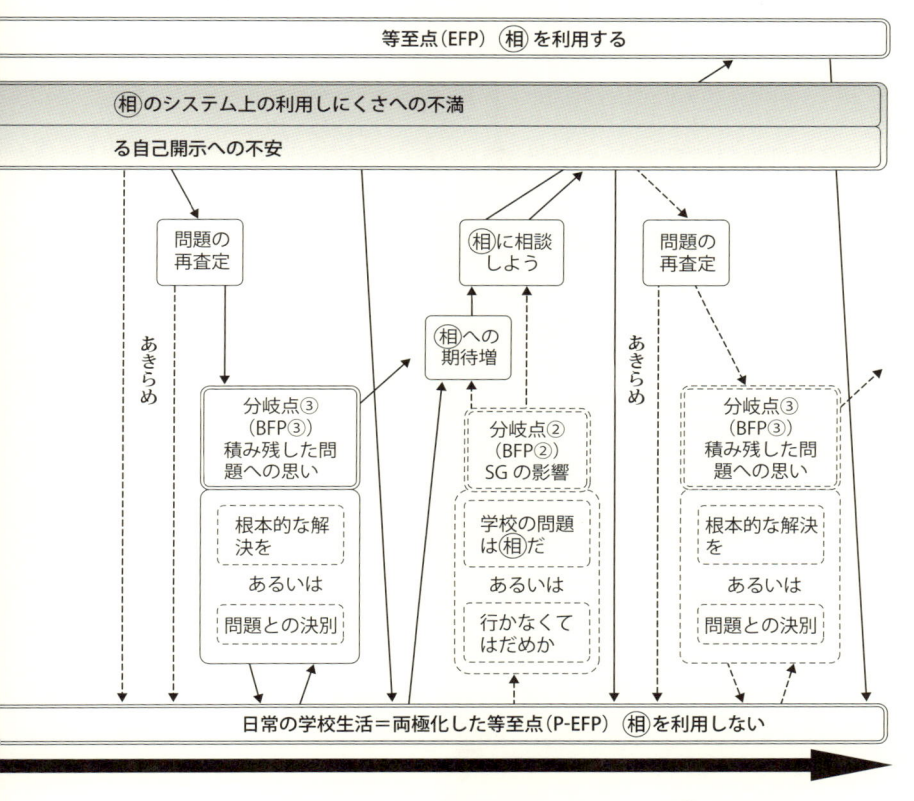

```
┌────────────────────────────────────────────────────────────────────┐
│                    等至点(EFP) ㊥ を利用する                        │
└────────────────────────────────────────────────────────────────────┘
┌────────────────────────────────────────────────────────────────────┐
│          ㊥のシステム上の利用しにくさへの不満                       │
├────────────────────────────────────────────────────────────────────┤
│          る自己開示への不安                                         │
└────────────────────────────────────────────────────────────────────┘
```

```
        ┌─────┐         ┌─────┐         ┌─────┐
        │問題の│         │㊥に相談│        │問題の│
        │再査定│         │しよう │        │再査定│
        └─────┘         └─────┘         └─────┘
                         ┌─────┐
                         │㊥への│
                         │期待増│
                         └─────┘
```

分岐点③ (BFP③) 積み残した問題への思い
  根本的な解決を / あるいは / 問題との決別

分岐点② (BFP②) SG の影響
  学校の問題は㊥だ / あるいは / 行かなくてはだめか

分岐点③ (BFP③) 積み残した問題への思い
  根本的な解決を / あるいは / 問題との決別

```
┌────────────────────────────────────────────────────────────────────┐
│   日常の学校生活＝両極化した等至点(P-EFP) ㊥を利用しない             │
└────────────────────────────────────────────────────────────────────┘
```

```
---▶ 語りからは得られなかったが論理的に存在しうる径路    ㊥ 学生相談室
 ─▶ 語りから得た径路
```

てくる。その後〈日常の学校生活〉のなかで悩みが生じると，再び SPO をもって EFP を目指すことになる。

　SD は，〈マイナスイメージをもたらすスティグマへの恐れ〉や〈学生相談室のシステム上の利用しにくさへの不満〉といったいわゆる社会的なものから，学生相談室利用に必然的に付随する〈初対面の他者に対する自己開示への不安〉によって構成されている。これらは多くの協力者たちの語りから得られたものであり，非常に強力な壁となっている。

5. 全体考察

　本稿では，学生相談室に相談したかったが相談できなかった経験の径路を視覚化し径路の多様性を示すとともに，学生相談室利用を大きく左右する契機の存在をBFPとして表現し，SDという学生相談室利用の前に大きく立ちふさがる壁の存在を明らかにした。相談の試みが1回の協力者たちのBFPとなっているのは，〈学生相談室に関する間接的な経験の参照〉であり，相談の試みが複数の協力者たちのBFPとなっているのは，〈SGの影響〉，〈積み残した問題への思い〉であった。本稿では，TEMにより時間の流れに沿って個人の経験の分析を行ったことで，結果的に相談を促す契機となっている要因や，最終的に相談を踏みとどまらせている阻害要因を明らかにできた。このことは，これまでの要因分析研究ではなしえなかった，援助要請過程における要因間の重要度の差を明らかにすることができたと考える。

第2項　Making of パート

1. TEMで何をしようとしたか，何をEFPに設定しようと考えたか

　筆者は卒業論文において，KJ法 (川喜田, 1967) を用いて学生相談室を利用するか否かの葛藤を生じさせている要因について検討した (弦間ら, 2008)。そこでは，相談室を利用するか否かに関わる要因や，要因間のダイナミズムを表現することができた。しかし，研究の焦点が葛藤状況の表現にあてられていたため，結果的に何が契機になって利用した，あるいはしなかったのか，といったことは表現できずにいた。そこで，TEMを方法論として採用し，学生相談室の利用を促進・阻害する要因がプロセス上のどこにどのように現れるかについて明らかにすることにした。筆者の場合，EFP (等至点) は研究目的から自動的に〈学生相談室を利用する〉となった。

2. どこで困難を感じたか，どのような工夫を取り入れて乗り越えたか

　TEM分析において最初に課題となったのは，相談の試みが1回と複数回のデータをいかに一つにまとめるかということだった。TEM図には最終的にEFPを"面"で表現することで一つにまとめることができたのだが，はじめはどこをEFPとして表現すればよいのかわからない状態だった。なぜなら，EFPはいったん経験の径路が収束する"点"として表現すべきだと考えていたからだ。そのため筆者は，相談の試みが複数回の協力者のデータについては，どこかの回を切り取って相談の試みが1回のデータと回数を合わせるべきではないかと考えていた。しかし一方では，繰り返し自体がこの経験の特徴なのであって，捨て去るべきではないという考えもあった。そこで，安田（2005）の研究を参考に類型化を試みることにした。相談の試みの繰り返しに着目した類型化を行うことによって，相談したかったが相談できなかった経験の特徴が繰り返しにあるということが明確になった。そして，繰り返しの違いがBFP（分岐点）という形で浮かび上がってきた。〈SG（Social Guidance：社会的ガイド）の影響〉や〈積み残した問題への思い〉は，類型間の径路を比較しなければ捉えることが難しかっただろう。

　次に課題となったのは，どのように繰り返しを視覚化していくかということだった。すでに述べているが，EFPは"点"ではなく"面"で表わす必要があった。なぜなら，非可逆的時間を表わすには矢印は一方向に流れなければならず，いったん通り過ぎた点に矢印が戻ってくることはできないからだ。そこで，何度も出現させる必要があるEFPについてはTEM図上に"面"の形で表わすことにした。"面"で表現することによって，時間経過のなかでいつでも存在し続けるものとして視覚的に読み取りやすくなると考えた。面の形となって上下に張り付けられたEFPにはいつでも矢印を這わせることが可能となり，行ったり来たりの繰り返しをわかりやすく表現することができた。これにともない，SD（Social Direction：社会的方向づけ）についても面で表現することにした。結果として，何度も点として出現するOPP（Obligatory Passage Point：必須通過点）の

冗長さが際立つことになった。本稿では，BFP以外の繰り返しをあえて冗長に描いている。そうすることで，冗長な繰り返しを打ち破る契機を，つまりBFPをより浮き彫りにさせることができると考えたからだ。

3. なぜ完成したと思ったか，TEMによって何がわかったと思ったか

本稿では，径路の多様性を示すために「利用経験あり」の学生にも調査協力を依頼しており，実際に得られたデータは豊富であった。そのため，筆者にとっては捨てがたい情報も多く，研究目的を達成するためには，いかに余分な情報を捨象していくかが課題であった。相談の試みの繰り返しに着目し類型化を行った後，個々人の抱える問題に関する情報は思い切って捨象し，BFP以外の情報を同じことの繰り返しという形でシンプルに描くことにした。結果的に，研究目的である，学生相談室を利用するか否かに関わる契機をより明確にすることができ，完成に至ったと判断した。

4. できあがったTEM図は何のモデルなのか，それが誰に役立つと思うのか，誰に見てほしいか

本稿でできあがったTEM図は，学生相談室への援助要請プロセスモデルである。学生相談室側，つまり相談したいが相談できない当事者を支援する側にとっては，活動改善に役立つモデルとなっている。たとえば，今回明らかになった類型それぞれの状況に合わせた学生相談室紹介のあり方を検討する，といったことが考えられる。

また，相談したいが相談できない当事者がこのモデルを見ることによって，今後のプロセスを予測し整理することができると考える。自身の抱える悩み以外で不明瞭な部分を少しでもクリアにすることができることは，たとえ結果として相談室を利用しなかったとしても，当事者にとって助けになるのではないだろうか。学生相談室への相談の試みは何回も行われるものであるし，SDの存在はほとんどの人にとって強大なものである。したがって，期が熟した時に相談すればよい，というのがこのTEM図が当事者に送るメッセージである。

> 最後に，このモデルは今後の仮説生成を行っている。TEM 図で示されているように，SD は強大なものであり，なかでもスティグマの影響力は大きいものだった。今後，個人のなかでスティグマが形成されていく仕組みを解明することが，阻害要因としてのスティグマを低減させる示唆を得るために必要である。

（弦間 亮）

第 4 節　女性に働く力──パワーアナリシス（文化圧力分析）

4-1　1980 年代の 20 歳代女性が目指させられた「ふつうの結婚」

第 1 項　研究パート

1. 問　題

TEM を用いた谷村・サトウ・土田論文（2008）では 1980 年代の女性の結婚を取りあげた。1980 年代は「女の時代」と呼ばれ，戦後にかけて一般化した結婚までのお勤め，そして寿退社を経て専業主婦になるというライフコースに対し，新しい女性の生き方が注目を集めた時代である（落合, 1994）。

本稿の「ふつうの結婚」とは専業主婦になる結婚を指している。「専業主婦」の変遷を簡単に述べると，戦前までの「専業主婦」とは経済的にも階層的にも豊かな結婚生活の象徴であり，ごく限られた女性のみが実現できた憧れの座であった（斎藤, 2000）。しかし戦後の高度経済成長はサラリーマン世帯の急増と経済的豊かさをもたらし，猛烈に外で働く夫と家庭の留守を預かる妻という役割分担のニーズを高め「男は仕事，女は家庭」という性別役割意識の大衆化とともに「専業主婦」は急増した（上野, 2009）。これにより専業主婦は，「憧れ」から「平凡」の代名詞となり一般化した（斎藤, 2000）。

1980 年代の女性の平均初婚年齢は 25 歳で推移しており（内閣府, 2007），

調査対象者である1980年代に結婚した女性たちとは，高度経済成長期に成育し，1980年代はちょうど結婚適齢期にあった女性たちである。彼女たちの親は，先に述べた「男は仕事，女は家庭」という性別役割意識の大衆化「専業主婦」の一般化を実現してきた世代であり，言いかえれば対象者の女性たちは，「男は仕事，女は家庭」，「専業主婦」という環境（社会も家庭も）のなかで育ち，結婚を考える年齢になって新しい女性の生き方という新たな動向を経験した女性たち，ということになる。

　女性の結婚意志や職業選択には親からの影響があることが示されている。女性の結婚意志に有意な影響を及ぼすものに「結婚に対する一般的態度」（結婚に対し肯定的な態度か否定的な態度か）があり，親の結婚が幸福であるとみなす女性ほど，肯定的な一般的態度をもち結婚意識も高かった（伊東，1997）。また父母の伝統的性別役割分業や家庭第一主義の養育態度に，娘が否定的なほど職業主婦型，肯定的なほど専業主婦型の職業選択を志向することも示されている（伊藤，1995）。本稿の調査対象者たちの親の結婚生活や性別役割分業は，「専業主婦」「男は仕事，女は家庭」である。

2. 目　的

　では，新しい女性の生き方という新たな社会の動向と，親の「男は仕事，女は家庭」という性別役割意識や「専業主婦」の結婚生活との狭間にあったであろう1980年代に結婚した女性たちが，具体的にどのような影響を受けどんな経緯で結婚へ至ったのか。谷村ら（2008）は，その結婚までのプロセスを明らかにする目的で研究を行った。

3. 方　法

　調査時期は2007年から2008年にかけて行った。調査対象者は1980年代に結婚を経験した女性たち9人（調査時平均年齢46.3歳）で，半構造化インタビューを行いKJ法とTEM（Trajectory Equifinality Model：複線径路・等至性モデル）を用いて分析を行った。面接の内容は成育歴から進学や職業選択を含め，結婚にまつわる親からの示唆や考え，調査対象

者たちが抱いていた結婚展望，そして実際の結婚に至るまでの経緯であった。

　得られたインタビュー・データはKJ法に準じ意味まとまりごとにカテゴリー化し，最終的に18個のまとまりとなった。その18個のまとまりを分析の視点，①結婚の形態とその選択の理由，②子ども・学生時代の結婚の展望とその理由，③娘の結婚に対する親の意見や態度とその内容，④娘から見た父親像・母親像と親の夫婦像，の4点との関連を踏まえ，模造紙上に時系列に並べTEM図によって可視化した（140頁，**図2-10**）。また本稿の分析の視点に関連のないまとまり（例えば，兄弟・姉妹関係など）は除いた。EFP（Equifinality Point：等至点），P-EFP（Polarized Equifinality Point：両極化した等至点），BFP（Bifurcation Point：分岐点），OPP（Obligatory Passage Point：必須通過点），SD（Social Direction：社会的方向づけ）は**表2-11**（141頁）に示した。

　退職し専業主婦になる結婚形態を「ふつうの結婚」と表わし，結婚後も仕事を続け経済的に自立する結婚形態を「継続就業の結婚」と表わした。なお，等至点の「ふつうの結婚」とは，調査対象者全員が結婚とともに退職し専業主婦になる結婚形態を自ら言い表わしたものである。問題でも述べたように，本稿の調査対象者たちが結婚した80年代は専業主婦の大衆化・一般化を経て新しい女性の生き方という新たな動向が立ち現れた時代であった。その時代の渦中にいた彼女たちが「ふつう」と言い表わしているところに，歴史的・社会的背景の特徴があると考え，そのまま用いた。

4. 結　果

　調査協力者たちの結婚形態は，「ふつうの結婚」と「継続就業の結婚」の二つに分かれた（**図2-10**）。

　彼女たちの結婚までの径路には大きく三つの流れがあった。一つ目は娘が認知した母親像で，結婚生活における母親の振る舞いや姿を娘がpositiveに捉えたかnegativeに捉えたかの違いによって母親と同じ結婚形態を望むか，反対に母親とは異なる結婚形態を望むかに分かれた。たとえば，"仕事のため不在の多い母親に寂しさと家の居心地の悪さを感じ自分

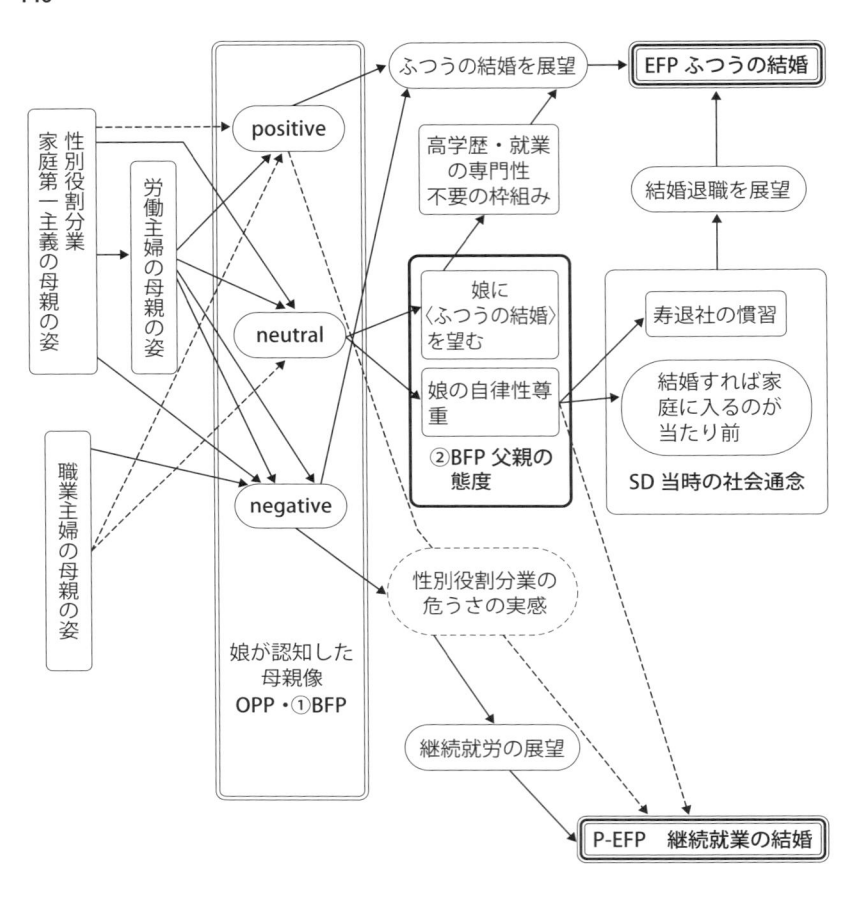

図 2-10　調査対象者たちの結婚までの径路

表2-11 TEM概念と本稿における意味

TEM概念	本稿における意味
等至点：EFP （Equifinality Point） 両極化した等至点：P-EFP （Polarized Equifinality Point）	調査協力者が経験した結婚 〈ふつうの結婚〉 〈継続就業の結婚〉
分岐点：BFP （Bifurcation Point）	①娘が認知した母親像 ②父親の態度
必須通過点：OPP （Obligatory Passage Point）	娘が認知した母親像
社会的方向づけ：SD （Social Direction）	「結婚すれば家庭に入るのが当たり前」という当時の社会通念とそれにもとづく，寿退社の慣習

は家庭にいるお母さんになろうと思った"など，娘たちは母親の振る舞いや姿を「子どもの視点」・「女性の視点」の双方で捉えたことで，よりリアリティをもって自らの結婚を展望していた。二つ目は父親の娘に対する態度の違いであった。父親の態度はさらに二つのタイプに分かれ，一つは父親が娘に専業主婦の結婚を望み娘の進学や職業選択を規制する態度と，もう一つは娘の将来は娘の選択を尊重する父親の態度であった。この父親の態度の違いで，娘たちの将来展望と結婚までの径路が異なった。三つ目は自らの選択を尊重された女性たちであったが，職場で直面した「結婚すれば家庭に入るのが当たり前」という80年代ではまだ顕在であった社会通念を象徴する寿退社の慣習にあてはまり，専業主婦となる結婚を展望し至った径路であった。

　自分の進路選択を尊重された娘以外の女性たちは，自らの結婚展望を子どもの頃か遅くとも中学生頃までには形成しており，進学や職業選択・結婚相手までもがその展望に沿う選択を行っていた。たとえば専業主婦の結婚を展望したものは高学歴や専門性の高い職業は選択せず，逆に経済的自立を目指す者は専門性の高い職業を選び，結婚後も働き続けることを尊重する配偶者を選んでいた。

5. 考　察

　谷村ら（2008）研究に参加した女性たちは，80年代となって時代の流れに乗り「新しい女性の生き方」と叫ばれたところで，彼女たちの結婚の展望は，ずっとそれ以前に母親の姿や父親の態度など日常の彼女たち自身の経験をとおしてすでに形成済みであった。そしてその形成された展望は，進学や職業，そして配偶者までも含む選択の指標となってガイドし，結果的にその後の径路を規定する働きをした。

　彼女たちは「新しい女性の生き方」との対比として，退職し家庭に入る結婚形態を「ふつうの結婚」と言い表わした。このことは高度経済成長に大衆化し一般化した「男は仕事，女は家庭」という性別役割意識や「専業主婦」が，「当たり前」「平凡」と彼女たち自身も価値づけていたことを示唆する。

　谷村らの研究（2008）では主に「ふつうの結婚」に焦点をあて論じたため，多くは触れなかったが，「継続就業の結婚」に至った径路について述べておきたい。

　この結婚形態を選択した者は，親の「男は仕事，女は家庭」で成り立った夫婦関係の不仲，不安定な結婚生活の経験から，その選択に至った。しかし，親の不仲や不安定な結婚生活はさほど特異なことではない。実際，昨今ではDVという言葉の定着によってアンバランスな夫婦関係が浮き彫りになっているが，このような夫婦関係や結婚生活が以前からあったことは周知の事実であろう。時代や社会の移り変わりによって女性の職業領域への可能性はずいぶんと異なることを考慮しなければならないが，対象者たちと同じ時代や社会にあった女性たちであっても，このような親の結婚生活を経験したからといって誰もが「継続就業の結婚」を選択したわけではないと考える。それではなぜ彼女たちはこうした径路に至ったのであろうか。それは「男は仕事，女は家庭」という性別による役割分担そのものが危険をはらむことに気づき，価値観に変容をもたらしたからである。

　TEMでは，人の価値観の変容部分に焦点をあて，TLMG（Three Layers Model of Genesis：発生の三層モデル）を用いて捉えようと試みる

（サトウ, 2009）。TLMG は「個別活動レベル」「記号レベル」「信念・価値観レベル」という三つの層によって人の変容を捉えるモデルである。「継続就業の結婚」を選択した対象者の事例から，あくまでも仮定と断ったうえで発生の三層モデルを推察すると，「個別活動レベル」として見聞していた親の振る舞いや姿に，ある時，何らかの気づきがある。しかし「記号レベル」に何が立ち現れるかは，各々によって異なるだろう。たとえば"暴力的なお父さんだからお母さんは幸せではない"もしくは"母親は経済力がないから弱い立場に置かれ幸せではない"と気づいたとしよう。すると次の「記号レベル」では，それぞれ，"暴力的な男性と結婚すると幸せになれない"，"経済力がないと夫婦間であっても弱い立場になり得る"と異なってくる。そして「信念・価値観レベル」では，"幸せな結婚は優しい夫を選ぶこと（自分が幸せとなるための，選ぶ夫タイプの価値づけ）"，"弱い立場にならないために自分の経済力獲得は必要だ（自分が幸せになるためにどのような自分になるかという価値づけ）"と異なる。あくまでも仮定であり，変容させる何かは他の事象や経験でもあり得るだろう。しかし同じような事象や経験をしても，「継続就業の結婚」を選択する者もいれば専業主婦になる結婚を選択する者もいる。この違いはどのように発生し価値観が変容していくのか，その過程を明らかにすることが今後の課題と考える。

第 2 項　Making of パート

1. 自己の研究をまとめようと思ってどのようなことに困難を感じたか

谷村らの研究（2008）では，成育歴から結婚に至るまでの 9 人分のインタビュー・データを取り扱った。データの特徴は，時間的に長いスパン，親との関係，進学や就職などのライフイベント，結婚相手との出会いから交際の進展など多くのエピソードが社会や時の流れとともに盛り込まれ十人十色といわれるように個々人のエピソードや人生模様は多様であった。しかし，一方では"違うのにどこか似ていて"，そして"似ているのにどこか違う"という印象をもった。多様でありながらも"違う／似ている"

を内包する調査協力者たちの結婚までのプロセスを，時の流れとともに明示できる分析方法に悩んだ。

2. TEM で何をしようとしたか，何を EFP に設定しようと考えたか

TEM（複線径路・等至性モデル）は，時間的経緯とともに EFP（等至点）を設定し多様な径路を描くことができる。個々人の結婚までのプロセスのどこが似ていてどこが違うのかを浮き彫りにしたい分析に最適な方法と考えた。

最初 EFP には「結婚する」を設定し，P-EFP（両極化した等至点）は「結婚しない」とした。しかし「結婚する」の EFP では，すべての径路がその一点に収束してしまい，どこが似ていてどこが違うのかを明確に示せなかった。そもそも「結婚する」／「結婚しない」を問うているのではなく，"違う／似ている"を含む多様な径路を描きたいのである。そこで EFP の再検討を行った。

調査協力者たちは，退職し専業主婦になる結婚を「ふつうの結婚」と呼び，家庭環境や職業が異なるにもかかわらず，その「ふつうの結婚」に至っていた。そこには異なる地点から同じ地点へと辿る，つまり"違うのに似ている"径路があるのではないかと考えた。EFP を「ふつうの結婚」に設定し直した。ではその対極として，「ふつう」でない結婚とはどのような結婚なのか。"ふつうの結婚はしたくなかった"と語った調査協力者たちがいた。このことは調査協力者たちには，「ふつうの結婚」という共通した認識があることを意味する。"ふつうの結婚はしたくなかった"と語った彼女たちは，経済的自立を目指し継続して就業する結婚をしていた。つまりその彼女たちは，共通した認識とは異なる選択をしたことになる。何がその違いをもたらしたのか。それは"似ているのに違う"径路ではないかと考え，「継続就業の結婚」を P-EFP とした。

3. どこまでうまくいき，どういうところに挫折を感じたか，どのような工夫を取り入れて，TEM を用いた研究としてまとめたか

　工夫は，BFP（分岐点），OPP（必須通過点）の設定も含め，分析を結婚の形態が異なることに力点を置き，それに至るまでの流れを遡っていったことである。

　結婚形態の違いの前段階には，職業選択の経緯に違いがあった。継続就業の結婚形態を選択した者は，結婚後も就労を続ける展望をもち，「ふつうの結婚」に至った多くの者は，就労は結婚までのものという前提で選択していた。つまりいずれの結婚形態も，進学や職業選択時にはすでにどのような結婚を望むかという展望が形成されていたことになる（寿退社の習慣にあてはまった者以外）。ここでの結婚展望とは，自身の就労計画や結婚後どのような家庭を築き，どんな母親になりたいかも含む具体的な展望を指す。

　結婚展望を形成したタイミングに注目した。結婚展望は子どもの頃か遅くとも中学生頃には形成していた。なぜ，そのようなタイミングで結婚の展望を形成したのか。その経緯に，彼女たちは親の結婚生活や夫婦関係を語っていた。娘たちは，結婚展望を成育過程で接してきた親の結婚生活や態度に対し，自分のなかに生じた思いや評価をもとに形成していた。

　結婚展望が形成されるもととなった娘たちの親の結婚生活・夫婦関係の語りを，さらに分析した。その語りから二つの BFP を設定した（141 頁，**表 2-11**）。一つ目は母親の振る舞いや姿が，娘にはどう映り何を思ったかの違いであった。二つ目は娘の進学や職業選択，さらには結婚も含めた将来に対する父親の態度の違いであった。これら二つの違いによってその後の進路選択も異なったことは，先行研究（伊東，1997；伊藤，1995）とも一致する。さらに二つの BFP を比較した。娘の捉える母親の振る舞いや姿は，父親の態度の違いよりもはるかに前の段階で認知され，また多くの調査協力者がその語りに触れた。母親の振る舞いや姿はその家庭で娘が育っていく日常の経験であり，これらは避けられない経験とも言える。このことから娘の捉える母親の振る舞いや姿を OPP としても設定した（**表**

2-11)。

　一方，結婚相手との出会いから関係性の経緯をどう扱うかという課題があった。すなわち TEM 図に含めるか否かである。結婚相手との関係性は確かに結婚へと至る重要なプロセスであり，これで一つのテーマとなり得るほどの大きなものと考える。しかし，結婚相手との関係性から影響を受けた者は 1 人のみで，他の者たちは展望した結婚が実現できる配偶者を選択していた。このことは結婚相手との関係性が結婚形態の選択に大きく作用しなかったことを示唆しており，谷村らの研究（2008）では，形成された展望は結婚相手との関係性より強力であった。したがって，図には含めず本文中に記述することとした。

4．なぜ完成したと考えたか

　調査協力者が実際に至った径路が設定した各々の点に過不足なく一致し，さらに先行研究の知見をふまえ可能性の可視化ができたこととの合致性をもって，完成したと考えた。

5．TEM によって何がわかったと思ったか

　TEM によって，女性の結婚に至るまでの径路が示せた。結婚へゴールするまでといえば，結婚相手との出会いや関係性などに注目が集まりやすい。しかし，そもそも結婚に対する女性の意思や態度には親の影響があることが示されており（伊東, 1997；伊藤, 1995），さらに谷村ら（2008）は，親世代で大衆化し一般化された「男は仕事，女は家庭」という性別役割意識に特化することで，親の影響が，個々人にどのように経験され，そしてどのように進学や職業，配偶者選択へとつながっていったか，その具体的なさまを明らかにした。

6．完成させた TEM 図は何のモデルなのか，それが誰に役立つと思うのか

　完成した TEM 図は，女性が結婚展望をどのように形成し結婚に至るのか，その径路の一つのモデルである。その一方で TEM を用いる場合のモ

第2章 実践編——TEM研究の可能性と多様性

デルとしては，径路の類型化と歴史的・社会的特色をもつテーマを扱う一助になると考える。

径路の類型化は，複数のデータを扱う場合，得られたデータのコア部分やもつ意味を抽出し端的に示すために，必要である。これは筆者の経験であるが，TEM図は多様性を描くことと図のわかりやすさのバランスも大切である。

谷村ら（2008）の研究で扱ったように，9人分の質的データともなれば，情報量が多く複雑で個別性が高くなる。先述した"不在の多い母親に寂しさや居心地の悪さを感じ，家庭にいるお母さんになろうと思った"などは，全く一個人の経験である。しかし，これが結婚展望を描かせた事象であることに着目すれば，一個人の経験は他の対象者たちの結婚展望を描かせるに至った異なる事象と同じものとしてまとめることができ，共通項として径路を類型化できる。

さらに谷村ら（2008）の研究では，EFPも再検討した。もちろん研究の目的があってまずEFPが設定される。EFPを「する」，P-EFPを「しない」のような設定もあれば，得られたデータやリサーチクエスチョンによっては谷村ら（2008）が行ったように「結婚する」は同じであるが，その中身またはタイプ（本稿では「ふつうの結婚」「継続就業の結婚」）を用いて相対化する設定も可能である。EFPの設定は，TEMの"要"であり，洗練することで類型化もより明確となる。

また，われわれが扱いたいテーマには歴史的・社会的特色をまとうものも少なくない。見え隠れするそれらをどのように示すかには，頭を悩ますところである。谷村ら（2008）の研究では，結婚にかかる歴史的・社会的背景および影響を，「男は仕事，女は家庭」という性別役割意識に特化することで示そうと試みた。それを象徴するものとして，「専業主婦」「ふつうの結婚」というワードを活用した。「男は仕事，女は家庭」という性別役割意識が個々人の経験に落とし込まれた時，それは母親像や父親の態度，寿退社と姿を変えながら取り込まれていく様が描けた。たとえるならば，谷村ら（2008）のTEM図は全体が社会的方向づけ（SD）であったとも言えるだろう。谷村ら（2008）が，歴史的・社会的背景や影響を十分に

示せたかどうかは疑問が残るとしても，TEM を用いて歴史的・社会的特色をもつテーマを，象徴するある特定の事象やワードを用いることで浮き彫りにできる可能性を示唆したと考える。

このようにTEM は，柔軟性に富み，描くことで分析の方向性やデータのもつ意味が見えてくる思考ツールである。

(谷村ひとみ)

◆ 4-2 在米日本人留学生が日常的化粧をしなくなる移行プロセス

第1項 研究パート

1. 問題

個人は社会・文化的文脈のなかに位置づけられ，ある程度の制約を受けながら生きる存在である。習慣も個人に制約をもたらす文化の一つのあり方である。習慣の多くは，自ずと日常に取り入れられ，実践される。たとえそれが矛盾に満ちて構成されているとしても，習慣の前提が疑われることは少ない。

本稿では，習慣としての女性の化粧行為（メイクアップ）を研究テーマとして扱う。化粧行為は，中学や高校では，多くの場合，暗黙のうちに禁止される。化粧をしていた場合には，教師や保護者からの注意を受けることもある。一方，たとえ高校生であっても就職活動をはじめたり，社会人として一般の社会で活躍するようになると，化粧をすることが暗黙のうちに求められるようになる。このように，青年期の女性にとって，化粧はある時点までは不適切な行為とみなされて禁止され，ある時点を越えると身だしなみやマナーとして求められ化粧をしないことが不適切な行為とみなされるようになる。そして，成人になると日常的に化粧をしないでいることも物理的に可能であるにもかかわらず，（たとえ化粧をすることを本人が面倒に感じていたとしてもとしても）なんらかの形で習慣として取り入れられるようになる（阿部，2002）。

2. 目　的

本稿では，女性の化粧行為の形成と変容を，個人の発達と個人が生きる社会・文化的文脈とのダイナミクスのなかで捉えることを目的とした。そのために，1）日本における化粧行為の形成過程と，2）留学を機に日本からアメリカへの文化移行を経験した場合の化粧行為の変容過程を検討した。

3. 方　法

調査対象者は，日常的に化粧行為をする／しない選択を行った日本とアメリカの大学に通う女子学生9人とした。調査対象者の選定にあたり，歴史的構造化サンプリング（Historically Structured Sampling：HSS）を行った。本稿におけるサンプリングポイントは以下の2点である。すなわち，①日本で化粧行為をする／しない選択を行った経験，②あらかじめ日本での化粧行為を形成したの後の（アメリカ留学による）文化移行の経験である。

日本での化粧行為の形成過程に関する調査では，日本にある私立A大学に在籍する女子学生5人（18歳から21歳まで）を対象とした。文化移行にともなう化粧行為の変容過程に関する調査では，アメリカにある私立E大学在籍の女子学生4人（22歳から32歳まで）を対象とした。その際，アメリカもしくはそれ以外の海外在住経験が1年以上あることを条件とした。

調査は，筆者が半構造化インタビュー法を用いて，個別に1度ずつ実施した。インタビューの実施にあたり，以下の項目は全員に共通の質問として設定した。①身近な他者は，どのような化粧をしていたか，②身近な他者は，化粧に対してどのような態度をとっていたか，③身近な他者の化粧にあこがれをもったことはあったか，④初めて化粧をされたのは，いつ，どのような場面においてか，⑤初めて自分で化粧をしたのはいつか，⑥化粧が日常的な行為となったのはいつか，⑦現在，化粧をどのように捉えているか，という項目である。

インタビューの様子は，調査対象者に許可を得たうえで電子機器に録音した。分析に際して，電子機器に収めたインタビューの様子を 1 次データとして使用した。1 次データはトランスクリプト化し，意味のまとまりごとにカード化した。カード化したデータは，その出来事の生起した順序に従って配置した。ある程度，調査対象者の経験のまとまりがみえた時点でラベルをつけ，ボトムアップにまとめあげた。なお，本稿の等至点（Equifinality Point：EFP）は化粧行為が「日常化する／しない」選択が定常的に決定された時点とし，化粧行為を認識した時点から現在の化粧行為の選択に至るまでの径路を描き出した。

4. 結果と考察

はじめに，日本での化粧行為の形成過程を示す。この過程において，必須通過点（Obligatory Passage Point：OPP）として，本人が化粧をしたい／したくないという意志とは関係なく，他者からなかば強制的に施される「受身的化粧（OPP1）」と，本人の意志でする／しないを決めて行う「自発的化粧（OPP2）」があることが明らかになった。自発的化粧（OPP2）は，さらに 2 期に分けられた。第 1 期は「部分的化粧期」である。眉毛を描き足す，マスカラのみを使用して顔の特定の部位を強調する，もしくは，ファンデーションのみを使用して，肌のきめを整えるような化粧をする時期である。第 2 期は「本格的化粧期」である。いわゆるフルメイクをしはじめる時期である。

化粧行為の形成過程に及ぼす社会・文化的影響としては，四つの社会的方向づけ（Social Direction：SD）（SD1「興味喚起」，SD2「コミュニティ内の選択透過」，SD3「規範意識にもとづく他者からの化粧の抑制」，SD4「規範意識にもとづく他者からの化粧の促進」）を同定した（152 頁，図 2-11）。

必須通過点と社会的方向づけの同定から，日本での化粧行為の選択過程には，化粧を促進する方向に働く社会・文化的影響が強く反映されていると考えられた。それは，すべての調査対象者が，類似の径路を辿って化粧行為をする／しない選択を行っていたためである。もちろん，一人ひとり

の経験は独自のものである。事例を重ねることにより多様性の背後にある共通の影響力がみえてくるのである。

続いて，留学を機に日本からアメリカへの文化移行を経験した女性の化粧行為の変容過程を示す。ここでは，アメリカ留学後の必須通過点である「化粧の価値・意味の自己省察過程（OPP3）」に焦点化して分析を行った。価値観の相対化とそれにともなう行為の意味の再考は，調査対象者にとって，化粧行為を新たな様式に変容させていくきっかけとなっていた。OPP3 に及ぼす社会・文化的影響としては，二つの社会的方向づけ（SD5「コミュニティからの抑制」，SD6「親しい友人からの促進」）を同定した（153 頁，**図 2-12**）。

この過程は，個人の意思決定プロセスにおける分化と統合，新たな行為のヴァリエーションの創出プロセスである。分析から，調査対象者の変容は，単に留学前にしていた化粧行為をやめてしまう，化粧の方法を変えるだけではなく，化粧行為そのものへの新しい意味づけや本人の価値観が反映されることが示唆された。

第 2 項　Making of パート

1. 自身の研究をまとめようと思ってどのようなことに困難を感じたか

TEM による分析を行う前に，筆者は日本の大学に通う女子学生のインタビュー・データから KJ 法（川喜田，1986）を用いてモデルを作成した。KJ 法による分析から，**図 2-13**（154 頁）のような図解ができあがった。KJ 法の図解をみると，全体的なインタビュー調査の内容を構造として把握できる。しかし，個人の化粧行為が形成され，変容する過程を捉えるという研究目的を達成することはできなかった。そのため，分析枠組みとして TEM を採用し，インタビュー・データの再分析を試みることとなった。

2. TEM で何をしようとしたか，何を EFP に設定しようと考えたか

化粧行為の形成と変容を，個人と社会・文化的文脈とのダイナミクスとして捉えることが筆者の研究目的であった。初めに，化粧行為の形成過程

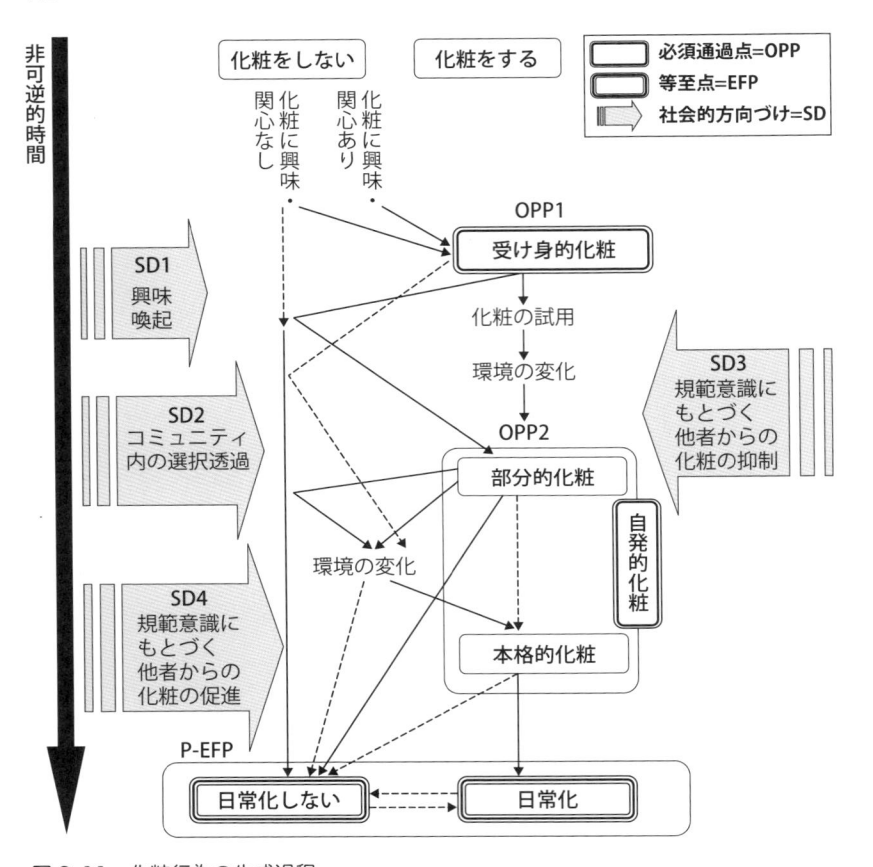

図 2-11　化粧行為の生成過程

　を捉えるために，日本の大学に通う女子学生にインタビュー調査を行った。ここでは化粧行為を認識してから定常的に化粧行為をする／しない選択が決定した時点を EFP（等至点）とした。続いて，化粧行為の変容過程を捉えるために，アメリカの大学に通う女子学生にインタビュー調査を行った。ここでは異なる社会・文化的文脈に移行し，化粧行為を新たに選択する／しない決定をした時点を EFP とした。

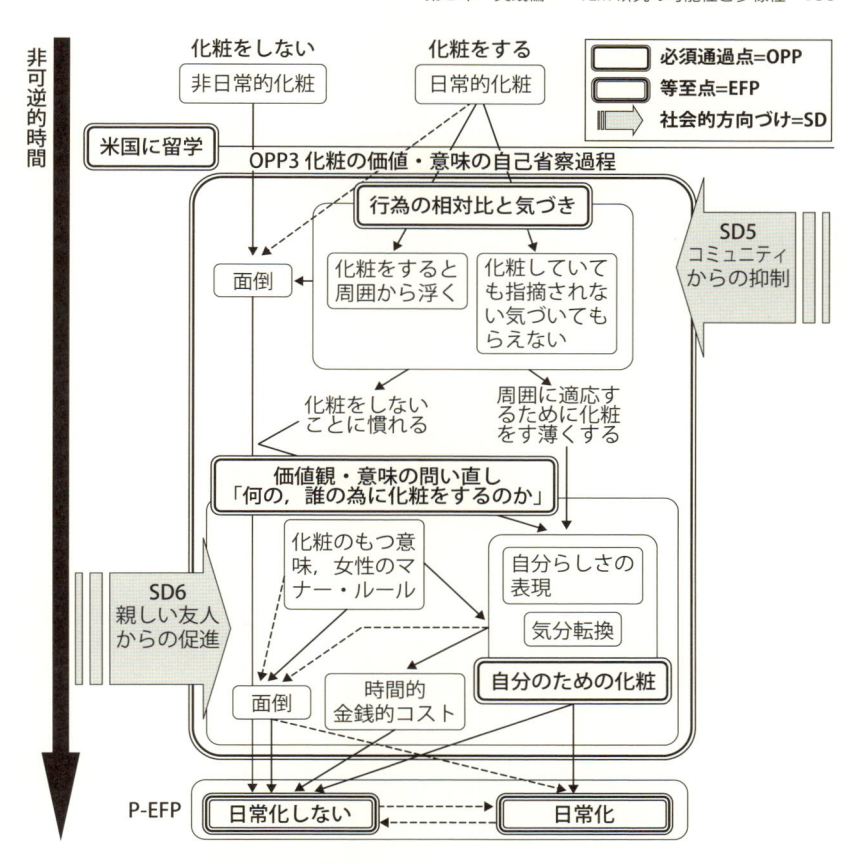

図2-12 価値・意味の自己省察過程

3. どこまでうまくいき，どういうところに挫折を感じたか

　研究をはじめた当初は，日本での調査のみを想定し，一つの社会・文化的文脈における化粧行為の形成と変容を検討しようとしていた。径路が形になりはじめた時点では，KJ法からは見いだせなかった化粧行為の形成過程を，多様性をもったモデルとして提示できそうだと感じた。しかし，全体をまとめ終えた時点で，できあがったTEM図があまりに単線的な径路になっていることに気づいた。

　そのため，ここで二つの研究上の必要性が生じた。第1に，いったん習

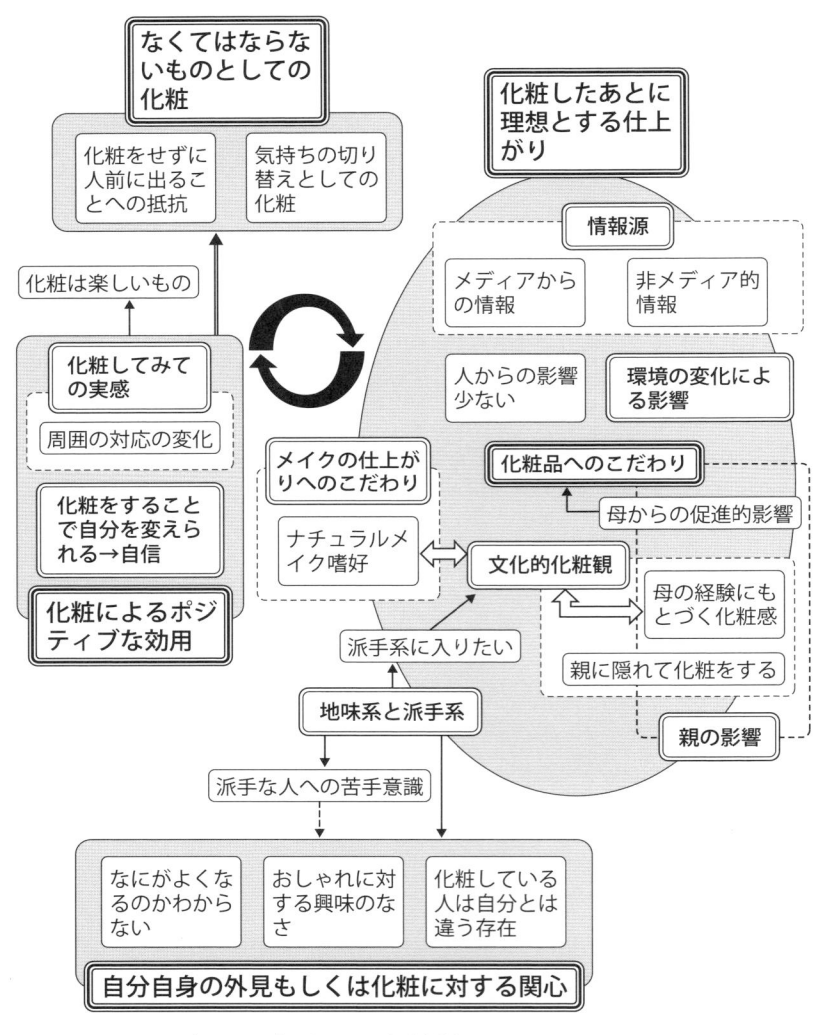

図2-13 インタビュー・データのKJ法分析結果

慣として形成された化粧行為が変容する過程を検討する必要性である。形成された化粧行為が変容するという語りはこの調査では得られなかった。第2に，モデルに何らかの説明力をもたせる必要性である。分析結果として単線的な径路のTEM図ができあがったことから，モデルによって示唆

されることが何なのかよくわからなくなった。モデルに説明力をもたせるためには，社会・文化的文脈から受ける影響を反映させる必要があると感じたものの，それまでのTEM研究では，社会・文化的な影響を表わす場合に，法律や制度などのような明示化されたルールをモデルに組み込むことが通例であった。一方，化粧に関しては，日本では明示的な法律や制度が存在しないので，どのように社会・文化的な影響を組み込むべきか新たに考えなければならなかった。

4. どのような工夫を取り入れて，TEMを用いた研究としてまとめたのか

径路の変容を見いだすことの必要性に関しては，他国に留学している学生の化粧が普通の大学生とはどこか違っているという経験的な仮説をもとに，日本人留学生を調査対象者としてインタビュー調査を行うことにした。その際に，いったん日本で化粧行為を形成した後に，異なる社会・文化的文脈に移行した場合の変容を扱うことにした。

社会・文化的文脈からの影響をモデルに反映させる必要性に関しては，この研究を論文として執筆した当時は，社会的方向づけ（SD）の概念自体が存在しなかった。そのため，筆者は社会・文化的文脈における力関係として社会学で用いられる権力を意図して，"POWER"と書いた矢印をTEM図に描き加えたが，"POWER"という概念には強制力のニュアンスが強く含まれるように感じたため，ヴァルシナー（Valsiner, 2001）の「社会的示唆・方向づけ（Social Suggestion／Direction）」という概念を使用することにした。社会的示唆・方向づけとは，オープンシステムな存在である人間が，システムが機能するフィールドのなかで強い抑制を受けることによって統制される，もしくは，フィールドの特定の事象に対してある程度の制約を受けることを示す概念である。筆者は，「POWER」よりもこの概念がTEMにはふさわしいと考えた。なお，「社会的方向づけ」に限定したのは，「示唆」というよりも，行為や志向を一定の方向に「向ける」という意味が，方向づけという言葉においてより強調されていると考えたためであった。

5. なぜ完成したと考えたか，TEMによって何がわかったと思ったか

すべての調査協力者が類似した径路を辿っていたことと，径路に影響を与える社会的方向づけが同じパターンを示していたことから，TEM図を完成したものと考えた。

TEM図の作成からわかったことは，青年期の女性が習慣としての化粧行為を選択し，取り込む過程では化粧は必ずしも自らの意志によって行われているのではなく，社会・文化的な影響を強く受けることによって生じることもあるということである。化粧のような習慣的行為は，本来は自由に選択できるはずである。しかし，習慣的行為の価値が見えない社会・文化的文脈の圧力によって作りあげられている場合，その前提が疑われることは少ない。本稿は，第1に，化粧行為の選択が多様性の抑圧を受けていることを明らかにした。第2に，異なる社会・文化的文脈に移行することをきっかけに，習慣的行為の価値の問い直しが起こり，化粧行為が変容する過程を明らかにした。

6. 完成させたTEM図は何のモデルなのか，それが誰に役立つと思うのか

従来の心理学における化粧研究では，化粧は女性がするべき行為であるという前提が暗黙のうちに共有されている。これに対して本稿では，TEM図を作成することで，化粧行為自体が社会・文化的文脈との相互作用のなかでどのように形成・変容するかを問い直した。本稿で提示したTEM図は，人がなぜ化粧をするようになるか，なぜ化粧が変容するのかという疑問に対して社会・文化的な影響の諸力と個人の選択のダイナミズムの観点から説明するモデルである。これは，化粧やファッションの研究以外にも，たとえば男女のジェンダー役割を捉え直す研究など，日常的な行為や在り方を問い直す研究に広く貢献できると考えられる。

7. 分析時に苦労したことと最終的に捉えられたこと

　分析を行った当時，TEM自体が未整備で方法論や用いられる概念が今よりも少なかったことは，筆者にとって苦労したことでもあり，楽しかったことでもあった。TEMは「分析枠組み」であり，「分析方法」ではない。他の方法論と異なり，分析に自由度があるため，自分で新しく分析の方法を作っていく楽しみがあるのである。現在では，新たな分析枠組みと実践的研究が積み上げられ，概念として使えるオプションが充実してきている。これからTEMを用いた研究をはじめる方は，たくさんのオプションから自分の分析の目的に合ったツールを選択することが重要になるのかもしれない。

　TEMを用いた研究から，化粧行為が女性にとって特にその意味や価値が意識されることなしに習慣的に取り入れられていることと，化粧行為の問い直しが，個人が社会・文化的文脈を移行することで，それまでの行為に違和を覚えることによって生じることを明らかにした。TEMを用いた研究で得られた知見は，続く研究にも影響を与えることとなった。筆者は続く研究として，より微細な化粧行為の在り方を検討することを目的として，化粧を熟知しており，それを使いこなすことのできる美容職従事者を対象に，日常生活の場の移行と化粧行為の関連をナラティヴ分析から検討する調査研究を行った（木戸・やまだ，投稿中）。

　最後に，TEMがもたらしてくれた研究テーマへの視点の転換について言及しておきたい。筆者は，大学の学部時代に卒業論文の研究テーマを化粧として研究をはじめた。当初は化粧行為を，女性が当然するべきこととして考えていた。だが，TEMを用いるためには，背反する視点をP-EFPとしてすえる必要があった。何かを選択「する」ことは，何かを選択「しない」ことである。一見当たり前のようにも感じられるが，「しない」という視点をもつことが，筆者にとっては自らの前提としていた枠組みを相対化するために役立ち，新たな発見をもたらしてくれたと感じている。

（木戸彩恵）

引用・参考文献

阿部恒之（2002）．ストレスと化粧の社会生理心理学　フレグランスジャーナル社

安齋由貴子・都筑千景・横山 梓（2003）．地域看護活動におけるグループ形成のための理論・技術　看護研究，**36**(**7**)，537-549.

Brown, J. S., Collins, A., & Duguid, P.（1989）．Situated cognition and the culture learning. *Educational Researcher*, **18**(**1**), 32-42.

弦間 亮（2009）．学生相談室に相談したかったが相談できなかった経験の径路――TEM による大学生の語りの分析（2010 年 8 月 29 日開催 TEM 研究会資料）

弦間 亮・サトウタツヤ・水月昭道（2008）．学生相談室への来談・非来談の葛藤――KJ 法による大学生の語りの検討　立命館人間科学研究，**17**，47-59.

Hill, K.（1984）．*Helping you helps me: A guide book for self-help groups*. Canadian Council on Social Development.（外口玉子（監修）岩田泰夫・岡 知史（訳著）（1988）．患者・家族会のつくり方と進め方――当事者組織：セルフ・ヘルプ・グループの手引　川島書店）

廣瀬眞理子（2010）．セルフヘルプ・グループにおけるナラティヴ――「ひきこもり」親の会の実践をとおして（2010 年 7 月 30 日開催 TEM 研究会発表）．

Hochschild, A. R.（1983）．*The managed heart: Commercialization of human feeling*. University of California Press.（石川 准・室伏亜紀（訳）（2000）．管理される心――感情が商品になるとき　世界思想社）

伊東秀章（1997）．未婚化に影響する心理学的諸要因――計画行動理論を用いて　社会心理学研究，**12**(**3**)，163-171.

伊藤裕子（1995）．女子青年の職業選択と父母の養育態度――親への評価を媒介として　青年心理学研究，**7**，15-29.

川喜田二郎（1967）．発想法――創造性開発のために　中央公論社

川喜田二郎（1970）．続・発想法――KJ 法の展開と応用　中央公論社

川喜田二郎（1986）．KJ 法――渾沌をして語らしめる　中央公論社

川北 稔（2004）．引きこもり親の会の組織戦略――「親が変わる」という解決策の選択　現代の社会病理，**19**，77-92.

木戸彩恵・やまだようこ（投稿中）．ナラティヴとしての女性の化粧行為――対話的場所と宛先，パーソナリティ心理学研究．

小林清香・吉田光璽・野口博文・土屋 徹・伊藤順一郎（2003）．「社会的ひきこもり」を抱える家族に関する実態調査　精神医学，**45**(**7**)，749-756.

厚生労働省（編）(2008)．保育所保育指針解説書　フレーベル館

厚生労働省（2010）．ひきこもりの評価・支援に関するガイドライン　厚生労働科学研究（こころの健康科学研究事業）「思春期のひきこもりをもたらす精神科疾患の実

態把握と精神医学的治療・援助システムの構築に関する研究（主任研究者：斉藤万比古）平成19-21年総合研究報告書
久保田賢一（2003）．構成主義が投げかける新しい教育　コンピューター＆エデュケーション，**15**，12-18．
松田博幸（1998）．大阪セルフヘルプ支援センターとは？　大阪セルフヘルプ支援センター（編）　セルフヘルプ・グループ　朝日新聞厚生文化事業団，pp. 73-78．
文部科学省 学校基本調査（2011）．http://www.mext.go.jp/b_menu/shingi/chou-sa/shougai/008/toushin/030301/07.htm（2011. 12. 1）
毛利 猛（2004）．卒論指導の臨床教育学のために　京都大学高等教育研究，**10**，1-7．
内閣府（2001）．配偶者からの暴力及び被害者の保護に関する法律
内閣府（編）（2007）．国民生活白書　平成19年度版　時事画報社
中坪史典・小川 晶・諏訪きぬ（2010）．高学歴・高齢出産の母親支援における保育士の感情労働のプロセス　乳幼児教育学研究，**19**，155-166．
落合恵美子（1994）．21世紀家族へ第3版——家族の戦後体制の見かた・超えかた　有斐閣
岡 知史（1994）．セルフヘルプ・グループの援助特性について　上智大学社会福祉研究平成5年度年報，pp. 1-19．
岡 知史（1996）．難病の子どもをもつ親の会——役員との面接調査から浮かんだセルフヘルプグループとしての活動と問題点　上智大学社会福祉研究平成7年度年報，pp. 25-52．
尾見康博（2009）．サンプリング論とHSS　サトウタツヤ（編著）　TEMではじめる質的研究——時間とプロセスを扱う研究をめざして　誠信書房　pp. 123-130．
Rappaport, J. (1993). Narrative Studies, Personal Stories, and Identity Transformation in the Mutual Help Context. *The Journal of Applied Behavioral Science*, **29**(**2**), 239-256.
斎藤美奈子（2000）．モダンガール論——女の子には出世の道が二つある　マガジンハウス
斎藤 環（1998）．社会的ひきこもり——終わらない思春期　PHP研究所
境泉 洋・滝沢瑞枝・中村 光・植田健太・石川信一・永作 稔・佐藤 寛・井上敦子・嶋田洋徳・坂野雄二（2009）．子どものひきこもり状態に対する親の否定的評価とストレス反応の関連　カウンセリング研究，**42**(**3**)，207-217．
サトウタツヤ（編著）（2009）．TEMではじめる質的研究——時間とプロセスを扱う研究をめざして　誠信書房
サトウタツヤ（2009）．ZOF（目的領域）による未来展望・記号の発生と「発生の三層モデル」　サトウタツヤ（編著）　TEMではじめる質的研究——時間とプロセスを扱う研究をめざして　誠信書房　pp. 92-101．

Sato, T., Hidaka, T., & Fukuda, M. (2009). Depicting the Dynamics of Living the Life: The Trajectory Equifinality Model. In J. Valsiner, P. Molenaar, M. Lyra, & N. Chaudhary (Eds.), *Dynamic process methodology in the social and developmental sciences.* Springer, pp. 217-240.

サトウタツヤ・安田裕子・木戸彩恵・高田沙織・ヤーン=ヴァルシナー（2006）．複線径路・等至性モデル――人生径路の多様性を描く質的心理学の新しい方法論を目指して　質的心理学研究, **5**, 255-275.

サトウタツヤ・安田裕子・佐藤紀代子・荒川 歩（2011）．インタビューからトランスビューへ――TEM の理念に基づく方法論の提案　第8回日本質的心理学会発表

鈴木良美・大森純子・酒井昌子・安齋ひとみ・小林真朝・宮崎紀枝・尾崎章子・平野優子・有本 梓・安武 綾・長弘佳恵・龍 里奈・麻原きよみ（2009）．日本の「地域保健活動におけるパートナーシップ」：概念分析　日本地域看護学会誌, **12**(**1**), 44-49.

谷村ひとみ・サトウタツヤ・土田宣明（2008）．「ふつうの結婚」を目指させた親の性別役割意識――1980年代に結婚を経験した女性たちの語りから　立命館人間科学研究, **17**, 61-74.

Valsiner, J. (2001). *Comparative study of human cultural development.* Function Infanciay Aprendizaje.

Valsiner, J. (2007). *Culture in Minds and Societies: Foundation of Cultural Psychology.* Sage Publication.

Valsiner, J., & Sato, T. (2006). Historically Structured Sampling (HSS)：How can psychology's methodology become tuned into the reality of the historical nature of cultural psychology? In J. K. Straub, C. Kölbl, D. Weidemann, & B. Zielke (Eds.) *Pursuit of Meaning: Advances in Cultural and Cross-Cultural Psychology,* Transcript Verlag, 215-251.

植村直子・畑下博世・金城八津子（2010）．筋力トレーニング教室から自主グループが形成・継続されるプロセスにおける保健師の支援のあり方――複線径路・等至性モデル（TEM）による住民と保健師の相互関係の分析の試み　日本地域看護学会誌, **13**(**1**), 76-82.

植村直子・畑下博世・金城八津子・上野善子・鈴木ひとみ（2010）．高齢者が運動自主グループを立ち上げた背景と継続参加する要因――地域における自主グループ活動の意義　滋賀医科大学看護学ジャーナル, **8**(**1**), 22-25.

上野千鶴子（2009）．家父長制と資本制――マルクス主義フェミニズムの地平　岩波書店

山田嘉徳（2009）．正統的周辺参加論に基づいたゼミ活動の参加構造――参加軌跡概念に着目して　心理学叢誌, **2**, 57-70.

山田嘉徳（2011）．卒論を書き上げるまでの逡巡過程――指導教員との関係からみた参加軌跡の径路多様性　心理学叢誌，**6**，85-98

安田裕子（2005）．不妊という経験を通じた自己の問い直し過程――治療では子どもが授からなかった当事者の選択岐路から．質的心理学研究，**4**，201-226.

読売新聞（東京本社）朝刊　2010年3月19日　［大学の実力・500校分析］卒業論文（1）授業とは異なる効果期待　21面．

渡邊芳之（2009）．仮説生成ツールとしてのTEM　サトウタツヤ（編著）　TEMではじめる質的研究――時間とプロセスを扱う研究をめざして　誠信書房　pp. 130-138.

第3章 拡張編

はじめに

　第3章は，TEM（Trajectory Equifinality Model：複線径路・等至性モデル）研究を外部から捉える評価的な論考（第1節，第4節）と，今後の展開可能性を検討する論考（第2節，第3節，第5節）によって構成されている。

　第1節では，TEM ユーザー（使い手）ではなく TEM ウォッチャー（観察者）と自ら称し，TEM の発達の来し方に，TEM とつかず離れずの距離を保ちつつ伴走してきた森が，批判的な眼をもちながらも発達を扱おうとする TEM への期待を込めて，鋭い論考を展開している。すなわち，対象の発達とともにありながらデータ収集を行う研究スタイルを前向型，遡ってデータ収集を行う研究スタイルを回顧型と呼び，回顧型研究の問題点と前向型研究の利点について論じたうえで，不定（uncertainty）な発達のメカニズムをいかに描き出すかについて，深遠なる問いを投げかけている。

　第2節は，語り（ナラティヴ），とりわけ臨床実践における語りと TEM の接点について，その可能性を検討しようとするものである。臨床的な効用は，TEM の可視化ツールとしての面と思考ツールとしての面に，分けて述べられている。前者は，第1章で紹介されているトランス・ビューの概念と結びつ

く．それはまさに，語り手と聴き手とのTEM図を介した視点の融合だと言うことができるだろう．そして後者，つまり思考ツールとしての効用は，語りを捉える側である聴き手の思考枠組みとなりうるという効果に，焦点があてられている．いずれにせよ，TEMによるものの見方が，語り手の経験の意味転換を促すような聴き手の身体をかたちづくるのに，その効果を発揮しうるのだという．

　第3節では，TEMの立体化，すなわち，三次元化が実現されている．それは，時間が二軸になっており，「経験の時間」と「出来事を語った時間」が同時に整理できることを意味している．ここではとりわけ，司法実務と心理学の学融的領域である「法と心理」における「供述分析」を整理する研究に，三次元化が適用されている．情報を三次元空間に表現することに関しては，情報工学における研究が進んでいるという．しかし，このように情報を空間的に位置づける可視化の方法は，出来事そのものの時間的な変遷と，その出来事を語る（あるいは聴き取る）時間という二つの時間を整理するという点において，さらなる応用が期待される．つまり，学びの軌跡の時間的な蓄積の有り様を整理することを目的に教育場面で用いられたり，行きつ戻りつしながら経時的に語りが紡がれていくカウンセリングなどの臨床場面においても，適用しうるのだという．

　第4節は，再び，外部的な立ち位置より，しかし学生の研究指導にもTEMを活用してきた立場から，TEM生成初期より「問題発見のツール」としての利点を明言してきた渡邊の論考である．ここではとりわけ，TEMが，「優れているわりには気楽な方法論」であることの意義にたっぷり焦点があてられ，その有用性が論じられている．こうした方法論としての気楽さは，逆説的ではあるが，第1章で強調されている，「現象に丁寧に向き合うこと」を基本的に担保する有り様でもある．

　最後の第5節は，心理学的測定に関する先進的で斬新なアイデアの翻訳である．具体的には，人の有り様を精査するアセスメントが，文化心理学の発想と結びつくことによって，当事者の過去から未来へと向かう発達のプロセスを捉えることに目が向けられているのである．このことは，人の有り様や「能力」というものが，確たる実在物として捉えられたり実数に

変換できるものでは決してなく，――ある制約下ではあるが――変容可能性を常に有しているのだという人間観を浮き彫りにする。こうした観点は，教育・保育，心理臨床，医療・看護，福祉，司法など，人の支援に従事する人びとに，人のライフ（生命・生活・人生）が固定的なものではなく，実＝現可能性が秘められているのだということを意識化されてくれる，重要な役割を有する。それはまた，TEM や TLMG（Three Layers Model of Genesis：発生の三層モデル）が備えもつ人間観そのものであるということに，気づかせてもくれよう。

　このように，第 3 章では，TEM 研究を外部から捉える評価的な視点と，今後に向けた展開を多面的に検討する視点とを織り交ぜつつ，分野としては，発達，臨床，教育，情報，法と心理学の学融領域などへと，広くまたがっていくことが展望されている。それは，TEM の学横断的な応用的展開可能性を示唆するものだといえるだろう。もちろん，これらの論考のなかには，今後の展開といえども萌芽的なものがあったり，TEM に対する厳しい批判を含むものもあろう。しかしそのことは同時に，TEM 研究が広がりをもつ可能性に開かれたものであることを示してもいる。本章におけるこうした複眼的な論考を，いかにはぐくみ，活かしていくのか，それはチャレンジングな試みであり，実現可能性を秘めた，楽しみなことでもあるはずである。

■ 第 1 節　発達研究の枠組みとしての TEM

　等至点（Equifinality Point：EFP）へと収束する過程を追跡するか，等至点からの径路分岐に着目するかにかかわらず，TEM 研究はそのデータの採取法において二つに大別される。すなわち回顧型と前向型である。森（2009）は，等至点に至る過程を対象とするか，等至点から発散してゆく過程を対象とするかによって，両者を区別した。これには，TEM が等至点による歴史的構造化サンプリング（Historically Structured Sampling：HSS）を前提に行なわれるべきとの含意があった。しかしながら，現実の TEM 研究は必ずしも HSS を採用してはいない。このような現状に則

して，本節では前向型と回顧型の再定義を行ないたい。研究対象の発達に伴走しながらデータ採取を行なうスタイルを前向型と，時間に逆行してデータ採取を行ない，ある時点に至ったプロセスを描こうとするスタイルを回顧型と呼ぶことにしたいと思う。

多くの TEM 研究は回顧型に属している。本節は，TEM を発達を捉える枠組みとしてみた場合に明らかとなる，回顧型研究にまつわる問題をまず指摘し，ついで前向型研究の利点について述べる。最後に，TEM の理念を現実に実行するために考慮すべき，さらなる問題を指摘する。

第1項　回顧型研究の問題

回顧型研究では，現時点から見た過去に関するデータ収集が行なわれる。すなわち，ある時点（しばしば等至点）から過去を振り返り，そこに至った過程に関する情報を協力者から採取するのである。面接（インタビュー）法をとろうと，質問紙法によろうと，回顧的な方法によって採取されたデータは，しばしば終着点への到達を必然とみなす物語として構成されるおそれがある。物語は，多数の過去の出来事のなかから選択されたいくつかの出来事を，終着点をゴールとする筋書きのうえに配置したものである。配置された出来事は，筋書きに適合するように，そして終着点と関連するものとして意味づけられるであろう。各時点にかつて存在したとき，協力者は果たして，このような意味を有する出来事として，それらを経験していたのであろうか。今いる終着点に至ることを，各時点において知っていたのであろうか。

強大な文化圧によって，大多数者が同じような（とりあえずの）終着点に辿り着くことはあろうが，これとても最初から宿命づけられた，予定調和的事象ではない。人間が未来に対する不確定さを常に懐胎しながら，発達し続ける存在，すなわち非可逆的時間を生きる存在であるならば（サトウ・安田・木戸・高田・ヴァルシナー，2006），終着点への到達はたまたまそうなった結果に過ぎない。よって，終着点への到達をそれ以前の時点において知っているはずはなく，特定の終着点への到着を前提とした意味づけなどあり得たはずはない。物語とは，発達の軌跡ではあるが，発達それ自体

ではない。完了した発達を，逆行的になぞっているのである。TEMが掲げる時間論を堅持しようとするのであれば，物語と発達の混同は第1に回避されるべき事態である。

確かに，回顧的にしかデータを採取できない事態を認めざるを得ない。谷村・サトウ・土田（2008）のように，1980年代に「ふつうの結婚」を選択した人びとを，21世紀になってから調査したいと考えるような研究は後を絶たないだろう。したがって，過去に起こったことが研究対象となる場合は，データ採取において物語化を抑制する策を講じなければならない。一つの物語化回避手段として，森（2009）は反復インタビュー法を提案した。ナラティヴセラピーで試みられているように，過去を反復して語るなかで，複数の径路や出来事の異なる意味が採取されるのではないか。以前語られた出来事が消失したり，逆に語られなかった出来事が言及される。一つの出来事の意味が変動する。このような事態から，協力者がある出来事に直面していた時に有していた，未来に対する不確定さを検知できるのではないかと，森（2009）は推察した。

もう一つ，物語化を誘発する要因を指摘し，この抑制に注意を促しておこう。協力者を依頼する時，研究の目的を知らせることは研究倫理的には望ましいことである。しかし，自分が何のために，どのような存在として協力を依頼されたのかに気づいてデータを採取されることは，協力者が現在立っている終着点を前提とした物語化を作成するきっかけになってしまうのではなかろうか。これを回避することは難しい。「あなたのこれまでの人生で何があったかを話して下さい」と教示し，漸進的に協力者に起こった出来事を尋ねてゆく方法があるかもしれない。しかし焦点が定まらない聴取は，多大な時間を要したり，協力者のモチベーションが低下しやすいなどの副作用を誘発するおそれもある。

第2項　前向型研究の利点

物語化を回避し，発達それ自体に研究者が出会うには，協力者の生（せい）に伴走しながらデータを採取することが一法である。これが前向型研究である。数少ない事例として，松本（2009）をあげることができる。10回にわ

たってなされたセッションのVTRなどによる記録と，各回に実施されたアンケートをもとに，音楽療法に参加する過程で生じた，非行少年の心象変化が描かれている。終着点をあらかじめ想定しない（できない）事態でのデータ採取であるから，協力者によるデータの物語化は回避されよう。彼らは常に，不確定な未来と直面しながら，今を語っている。TEMの理念の一つである，時間とともにある人間を捉えようとするならば，発達の現場を直視することができる前向型研究にアドバンテージがあるといえる。

前向型研究は，等至点からの発達に関心がもたれる場合には適しているものの，逆に等至点に至る過程を追究したい時には不向きであると言われるかも知れない。ある等至点への収束を事前に知ることは，発達の本性上不可能だからである。しかし，ある等至点への収束が大多数の人において生じるような現象，あるいは複数の等至点のどれかに大多数の人が到達するような現象であれば，問題はなかろう。たとえば，100％に近い確率で起こる「高校進学」や，「進学」「就職」「結婚」などのいずれかが選択されるであろう「高校卒業後の進路」などである。これはあくまで，研究テーマの設定に支障がないという意味であって，決して発達が予定調和であると言っているのではないことに注意されたい。谷村ら（2008）のように，ある等至点が事後的に関心がもたれた場合や，事前に想定できなかった特異な等至点に至った人の研究（たとえば「不慮の事故」への遭遇）以外なら，発達の現場に寄り添うことができる，前向型研究が望ましいのではないだろうか。

前向型が発達を捉えるのに適しているとはいえ，これは回顧型と比較した場合の相対評価でしかない。発達を適切に捉えることは，前向型であっても容易とは言い難い。しかし，非可逆的時間を生きる人間を捉えようとする以上，TEMは発達を捉えることの難題から背を向けるわけにはいかない。

第3項　発達メカニズム熟考

発達そのものと，発達の軌跡を同一視してはならない。発達の軌跡と

は，結果として選択された径路である。前向型研究であっても，見いだされた径路はたまたまそうなっただけであって，必然ではない。発達においては，次に径路がどのように分岐するのかが，基本的に不定（indefiniteness）である。「不定さ」とは，選択肢としての径路を，事前に枚挙できないような不確定さとして，確率的な不確定さである「曖昧さ」と区別される（郡司，2004）。

　たとえば，高校3年生が進学先をどこに決めようかと思案する時，彼は曖昧さのなかにいる。大学は多数とは言え有限だからである。しかし彼は「就職」を選ぶかもしれないし，「アルバイト」を選択するかもしれない。甲斐性のある女性と出会い，「主夫」の道を選ぶかもしれない。あるいは「卒業せずに高3をもう1年する」という可能性も否定はできない。このように考えてくると，彼の進路（進路と言えないものもあるかもしれない）は，本質的に不定であると言うべきであろう。

　不定さのなかの発達は，どのようにして描くことができるだろうか。発達それ自体への接近が難しい理由の一つは，発達が現在進行形の事象でありながら，それを記述しようとするときに現在完了形しか使用できない点にある。しばしば発達は，発達が完了した（とみなされる）時点に至る軌跡として，完了点から遡及的に構成される。軌跡と発達それ自体の混同がここに生じる。発達の心理学が繰り返し犯してきた失敗である。いかにしてわれわれは，発達それ自体を捉えることができるのだろうか。具体的方策をここであげることは難しいが，一つの方向として，松野（1991，2000）や郡司（2004）の「内部観測論」をあげておこう。TEM が発達を正面から取り上げるのであれば，このような論考への参照も必要とされるのではなかろうか。

　発達の突端は不定であるが，しばしばそれは曖昧さに見える。先の高校3年生の仮想事例であれば，「主夫」とか「留年」はまず考えにくい。現実には，事前に想定した選択肢のどれかに落ち着くだろう。不定さが曖昧さに縮減されているのだ。このようにみなしてよい場合，そのような事態を可能にしている文化圧があるはずである。発達を描く場合は，この縮減機構を特定することが必要だろう。「社会的方向づけ（SD）」として，

TEM に取り込まれているものは，その一つなのであろう。

　選択肢が曖昧であり，いくつかに限定されているとしても，社会的方向づけのもとで，すべての人が同じ選択肢をとるとは限らない。選択の違いは，個人が有している独自のダイナミズムに起因するであろう。これを森（2009）は「深層構造」と呼んだ。個人が結果的に選択した行動や意思は，深層構造と具体的な文脈の接触によって発現する。この仕組みは，ヴァルシナーが提唱し，TEM にも取り込まれている「発生の三層モデル（Three Layers Model of Genesis：TLMG）」（サトウ，2009）で具体化されようとしている。本節はこのアイデアに基本的に賛同するが，1 点異論を呈することがある。それは層同士の接触のメカニズムである。層同士の接触は間接的であると，本節では考えている。物質が出会って反応するような，直接的関係ではないということだ。

　直接的であるためには，層同士の構成素が同一レベルにある必要がある。物質は物質と反応して物質が得られる，といったようにである。しかし，森（2009）で言う深層構造と文脈，TLMG が想定する「実–現のレベル（個別活動レベル）」「記号のレベル」「個体発生のレベル（信念・価値観レベル）」といった層同士は，それぞれ異なった構成素を産出しているのではないか。たとえば，「行為」「意味」「表象」のようにである。記号は発声や書字によって物理的に実現されるが，記号によるやり取りは「意味」の継時的産出である。記号の物質的局面である「空気の振動」とか「光」が，われわれに意味をもたらすのではない。このことは，各層が閉鎖システムであることを意味する。そして，その接触は閉鎖系同士のシステムカップリングとして理解されなければならない。どのレベルのシステムも閉鎖系である。しかし TEM が基礎とするシステム論は，開放系である。

　等至性（Equifinality）は，TEM の発想の原点の一つである。それゆえ，同じく等至性を一つの性質に掲げたフォン・ベルタランフィの一般システム論（von Bertalanffy, 1968/1973）を，人間理解のアナロジーと用いたのであろう。しかしフォン・ベルタランフィがあげている事例は，物質の相互作用である。人間にも物質的交換過程はある。しかしそれは，生理的

レベル単層での話であって，TEM が射程に入れようとする多層間のカップリングのメカニズムではない。等至性は，おそらく，構成素の産出プロセスの継続によって境界づけられる閉域の，一時的安定として再概念化されなければならない。そして，環境によるシステムの撹乱(かくらん)として層間の関係を位置づけ，意味（「記号のレベル」）や自己（「個体発生のレベル」）の変容を，撹乱によって産出プロセスの軌道が変化した「構造的ドリフト」（山下，2010）として描き出す必要があるのではないか。

　TEM に対する要求は，常に過酷にならざるを得ない。しかしこれは，発達を扱おうとする姿勢に対する期待でもある。課題はどれも解決困難であるが，越えなくてはならない。TEM 自体が発達するために。

（森　直久）

第2節　臨床実践への適用可能性

第1項　はじめに——語り(ナラティヴ)と TEM の接点

　TEM は，歴史的・文化的・社会的に埋め込まれた場の制約を受けつつ，決して後戻りしない非可逆的時間の流れのなかで実現される人間の発達や人生の径路を，プロセスとして，いわば轍(わだち)のように捉え描き出す質的研究法であると言える。こうした轍のたとえは，その場の時間の流れのなかで現象や経験が立ち上がり実現していく有り様を，そして，それを捉える営みが，その立ち上がりに決して先行しうるものではなく必ず発生以後になしうるものであるということを，思い起こさせる。

　語りを聴くことによって生きられたライフ（生命・生活・人生）を捉えるというアプローチに限定すれば，語り出される内容はすべてその時以前のことであり，よって，語りを聴く営みは，ある経験に対する当事者のなんらかの意味づけの——意味づけをし損ねることも含めて——物語を捉えることであると言える。語りへのアプローチは，語り手と聴き手の相互行為の文脈で，経験の組織化のされ方，物語の語り方とプロセス，多種の意味づけを重視するところに特徴がある（やまだ，2006）。こうした個人の物語を社会に開いていく有り様を，時間を追って捉え直せば，①当事者が

経験を自らの視点で語り，②その意味づけの語りを聴き手が受け取り，③その聴き取られた物語を分析し，④社会に広く提示する，という段階に分けることができる。①と②は，語り手と聴き手が場を共有し語り-聴くという相互行為として進行し，③は，時と場を変えて，通常，語りの聴き手によってなされる。④は，聴き手によって捉え描き出された物語が，語り手を含めた読み手に届けられる段階である。

　径路の多様性と複線性を図に描き出すことを眼目の一つとするTEMは，後半の過程，つまり，③聴き取られた物語を分析し，④描き出した物語を社会に広く提示する段階において，役立つツールとして認識されてきた面が強いかもしれない。もちろんその効用は疑いないだろう。しかし，生きられたライフの可視化は，TEM図に描き出すことにのみゆだねられることではない。つまり，当事者にとって意味のある世界を丁寧に捉えてこそ，その有り様を図に描くことができるのであり，第1章に記されているように，TEMの基本理念と概念によるものの見方を通じた丁寧な現象や経験の把握が，可視化を支えるのである。このことは，①と②の，語り-聴く相互行為の段階において活かされる知見となる。ここでは，TEM図に描き提示するという狭義の可視化ツールとしての効用と，現象や経験を丁寧に捉えるという思考ツール（広義の可視化ツールともいえる）としての効用とに分けて，質的研究法TEMの臨床実践への適用可能性を素描したい。

第2項　可視化ツールとしての臨床的効用
——TEM図を介した意味づけの確認

　人は，ある時間においてある場にいるという時空に埋め込まれた存在であり，かつ，歴史的・文化的・社会的な制約があるなかで，いくつかありうる選択肢から何かを選び，行動し，歩みを進めていく。そして，ある時何かの拍子に，実現した選択と行動のつらなりを，唯一無二の意味をもった経験として語りはじめる。

　TEMでは，こうして聴きとられた経験の意味世界を，両極化した等至点（Polarized Equifinality Point：P-EFP）や選択しなかった径路の可

視化を効果的に用いながら多様性と複線性を明らかにしつつ，図に可視化し提示する。このように個人の語りを社会に開いていく TEM 図の意義は，一つに，声になりにくい声や埋もれてしまいがちな個々人の貴い経験を，実際に生きられた一つのモデルとして他者に届けることにあるが，それにとどまるものではない。すなわち，提示された TEM 図は，語り手自身にも対象化されてかえっていくのであり，ここに，語る当事者にとっての臨床的価値が浮上する。

　ある等至点に行き着くまでには，悩み迷い苦悩することも含めて，決して一本道ではない過程があったことだろう。また，事後的に，あの時ああしていればよかった，だとか，これで本当によかったのかという思いにとらわれたり，どうすることもできなかったと悔やんだりして，そこから前に進むことができなくなったり，さらにひどいことには，重篤な精神状態に陥ったりすることがあるかもしれない。しかし，それでもなお，一定の制約下であるにせよいくつかの選択径路があるなかで，社会の壁にぶつかったり多数派による常識に生き辛さを感じたりしつつも，他者から支えられたり，地域や社会の制度を活用したりしながら，歩みを進めてきた過程がある。自らのライフを生きるれっきとした今の現実があり，今ここに至るまでに実現してきたプロセスがあるのである。可視化された TEM 図を通じて，こうした自分自身の人生の歩みとその経験の意味を確認することは，今後を展望する歩みにつながっていくことでもある。

　そして，このように，語り手が，TEM 図によって自らの経験への意味づけを確認する作業において，聴き手がともにいることの果たす役割は大きい。なぜならば，語り手が，実現可能であった径路を目のあたりにし，選択しなかった可能性に思いを馳せて感情に強く揺さぶられたり，マスターナラティヴ（支配的言説）に絡め取られたりしてしまうことが，ないとは言えないからである。やまだ (2007) は，インタビューにまつわる聴き手の対話の有り様として，インタビューの相手との対話，多種のテクストの対話，自分自身との対話，それを読む読者との対話をあげている。そして，こうした何重もの語りの連鎖と対話のなかで，新たな意味生成に出会うことになると述べる。このように何重もの対話を行っている聴き手と

ともに、語り手が、TEM図を用いて、複数あり得た径路のなかで唯一無二の歩みを実現してきた意味世界をふり返り確認することは、意義深いことであると言えよう。

こうしたTEM図を媒介にした語り手と聴き手の対話は、第1章第2節でサトウがその意義を論じているトランス・ビュー（Trans-view）（サトウ・安田・佐藤・荒川, 2011）と関連することである。トランス・ビューは、インタビュー（Inter-view）との対比で概念化された。インタビューが語り手と聴き手の間（inter）でものの見方や視点（view）が拡張される営みである一方で、トランス・ビューは、TEM図を介して語り手と聴き手の視点の「融合（Trans）」が行われることに重きを置く（荒川・安田・サトウ, 2012）。

なお、サトウは、TEM図を介したトランス・ビューを、インタビューにおいて語り手の経験を丁寧に捉える方法として提案している。他方、ここではあくまでも、TEM図を介して語り手が自らの辿ってきた意味世界を確認するという臨床的意義に焦点をあてていることを強調したい。語り手が人生を物語り、聴き手がその物語を聴き取り解釈し、広く社会に届けられるという一連のプロセス、さらには、それが読み手——対象化された自身の物語を眺める語り手も含めて——の視点から再び語られるという循環的なプロセスを通じて、新たな人生が生み出されるのであり（安田, 2010）、こうした視点の融合による物語への確認作業は、語り手自身が、歴史的・文化的・社会的に埋め込まれたなかで自らの経験を構成してきたプロセスへの意味づけを促す、臨床的効果をもたらすものと考えられる。

第3項　思考ツールとしての臨床的効用
——不定へのアプローチ

ただし、語り‒聴く段階において、語り手が、そもそも経験への意味づけをなし得ないということがある。インタビュー場面に比してカウンセリングなどの臨床場面では、たとえ自主的にカウンセリングに訪れていようとも、ある問題の渦中にあったり、不定（uncertainty）のただなかにあるがゆえに、まとまりのない混沌とした行き戻りする語り、あるいは出来

事を羅列するだけの語りが吐露されることが多い。それはすなわち，過去の記憶に圧倒されたり，未来を展望することができず不安感に揺さぶられ，気持ちのうえで身動きできない今にとどまる状態であると言えるだろう。もちろん時計の針は1分1秒を刻み，客観的な時計時間は確かに進行しているのだが，当人の主観的な時間の流れがとまってしまっているのである。サトウはこの状況を，semiotic roller-coaster ならびに semiotic pitfall と表現した。semiotic roller-coaster はジェットコースターを，そして semiotic pitfall は落とし穴をイメージさせるものであり，自己の安定した心身へのコントロール感が失われてしまったような，あるいは，底の見えない穴にどこまでも落ちていくような，翻弄された抗し難い状況を表わしていると言えよう。カウンセリングでは，語り‒聴く相互行為のなかで，こうした不定な渦中にある語り手の，過去の経験や現状への意味転換を促すことが目指される。その変容はすなわち今後の行き径や展望を分かつポイントとなり，未来を志向する一歩がふみ出されるのである。

　TEM では，非可逆的な時間の流れのなかで，等至点（Equifinality Point：EFP）に向かう歩みにおいて，物理的・精神的な妨げになるような社会的方向づけ（Social Direction：SD）と，それとは逆に，後押ししたり導いたり道標になったりする社会的ガイド（Social Guidance：SG）とのせめぎ合いのなかで，径路の分かれゆく有り様と可能性が描かれる。そして，その枝分かれするポイントが分岐点（Bifurcation Point：BFP）として焦点化される。それは，通常，「あの時のあのことがあったからこそ」というように，いわゆる「転機」という言葉によって劇的に表現されやすいことなのかもしれない。もちろん，ある出来事が決定的な転換点であるかどうかは，それ以後に起こりうる事象とどう意味づけ関連づけられるかによってでしか，わかり得ないことである。だからこそ，むしろ TEM では，こうすればこうなるというように先の見えることのない非可逆的な時間が流れのただなかで，歩みを進め径路が発生していく有り様を表現するべく，分岐点として概念化がなされているのである。

　TEM によるこうしたものの見方は，臨床場面において，語り手の経験における分岐点となりうる契機を掴もうとする姿勢や，不定のただなかに

あってもいつかはそこから抜け出ることができるというような，外部的であり希望的な視点を与えてくれる。不定の渦中にある当事者にしてみれば，その状況がいつ終わるとも知れず，永遠のものであるかのように感じられるかもしれない。しかし，カウンセリングでは，聴き手が，不定状況にある語り手の意味転換を促すべく存在している。よって，聴き手には，カウンセリングの場で次のような役割を果たすことが求められるだろう。それはすなわち，たとえ同じところを行き戻りするようなマスターナラティヴであっても，語り手が発する言葉に寄り添い，不定な有り様を捉えるべく耳を傾ける姿勢であり，また，揺らぐ語りに見え隠れする促進要因や阻害要因を把握し，どのようなことが未来への一歩をふみ出す力となり得るか，そして何が妨げになっているのかを検討する眼力であり，経験への意味づけを促したり場合によっては意味づけを180度転換するような言葉を紡ぎ出し，語り手が閉塞した状況を抜け出る転換点（すなわち分岐点）を見つけられるように存在することである。

　もちろん，分岐点になるような意味づけに，一足飛びに到達することは，まずもってないだろう。だからこそ，語り手の言葉に耳を傾ける姿勢を大切にしつつ，相互行為のなかで，変容となりうるきっかけを捉える言葉かけを丁寧に積み重ねていく必要があるのだ。不定は，語り手にとって，意味をもって過去をふり返ることができず，かといって前にも踏み出せないような，膠着した状態であるだろう。しかしそこ――semiotic roller-coaster や semiotic pitfall として示される有り様――には，語り–聴く関係性のなかで，語りが主体的なものへの変容する可能性が秘められてもいる。

　不定を捉えるこうした視点は，カウンセリング場面のみならずインタビュー場面においても適用しうることである。インタビューでは，カウンセリングに比べて，意味づけられた物語が聴き取られることが多いが，話す内容によってはたちまち混沌とした揺らぐ語りに変わることもある。たとえば筆者は，不妊治療で子どもをもつことができず養子縁組で子どもを育てる選択をした女性へのインタビューにおいて，不妊や不妊治療の経験には意味づけられた語りが展開された一方で，子育てに悩みを抱える現状

に話が及ぶと，意味づけのなされない混沌とした語りが吐露されたという経験をもつ。このように，インタビュー場面においても，不定の語りが聴き取られることがある。

　人は，価値をつくりだすことのできる存在である。カウンセリング場面にせよインタビュー場面にせよ，語り–聴く営みのなかで，新たなことが語り出されたり意味づけがなされたりするのは，まさに，新たな価値が生み出されたことを示す変容ポイントとして捉えられるだろう。このように，滞っていた時間を生起させ，径路を分かつ分岐点（BFP）となりうることがどのように意味をもって語り出されるかという聴き手の視点や姿勢は，語り手が不定さから抜け出るための道標として臨床的機能を果たすものとなる。

　なお，ハーマンスとハーマンス–コノプカ（Hermans & Hermans-Konopka, 2010）は，不定に対処する方法の一つに対話的自己をあげている。TEMと対話的自己論の関連については少しずつ検討が進められており，不定な状況への対話的自己の適用を検討するという視点もまた興味深い。ただし，筆者自身の力量の課題により，多面的な自己への洞察とそれら自己間での対話が，不定への対処に臨床的意義をもたらすのではないかというあくまでも感覚的な理解の域を出ないため，ここでは展望的に適用可能性に触れるのみにとどめておく。TEMと対話的自己論の接合可能性に関する論点整理については，第4章第2節第4項（229頁）を参照してほしい。

第4項　まとめにかえて──マスターナラティヴを主体的なナラティヴに転換する宛先として

　以上，TEMの臨床への適用可能性について，TEM図を介して経験への意味づけを確認するという可視化ツールとしての効用と，不定状況にアプローチするという思考ツールとしての効用をまとめた。ここで最後に，双方に共通することとして，TEMを媒介にした聴き手の有り様について，次のようにまとめておきたい。それはつまり，実際にTEM図を用いるにしても，TEMを思考枠組みとして活用するにしても，聴き手は，語り手のマスターナラティヴを主体的なナラティヴへと転換させる宛先として存

在する必要がある，ということである。そうした聴き手のたたずまいはまさに，語り手にとって援助的なものであるだろう。

　関連して，聴き手が，語り-聴く今の関係性において，語り手にとってどういう役目を果たしているのか，語り手の意味世界のどこにどのように配置されうるのか，という視点をもって，語りに対峙することが大切になってくる。すなわち，語り手の生きられたライフをその時間の流れのなかで捉える際に，語り手にとって聴き手である自分自身が，どういった局面で促進的な要因となり得ているのか，意思決定に関わる径路の分岐にどのように影響を及ぼしうるのか，さらには，他の専門職へと援助をつなぐ存在としてはどう機能しうるのかといった視点をもちながら，語り手の目の前に存在する1人の他者として語りを聴くという姿勢が，臨床実践において重要である。そして，TEMによるものの見方は，こうした視点を提供する枠組みになると考えられるのである。

（安田裕子）

第3節　三次元TEMの可能性──供述分析

第1項　はじめに──TEMの三次元化の試み

　TEMは，当事者の視点に立った「経験の時間」を捨象することなく表わすことができるツールである。語りの当事者は，自らの視点から自分が経験した出来事について，行きつ戻りつしながら語っていく。そのような語りのなかで絡まり合っている時間を解きほぐし，出来事の生起した時間に沿って経験の事象を視覚的に表わすために，TEMは用いられる。そして1枚のTEM図を描くとき，そこで表わされる時間は左から右へと非可逆に（上から下でもかまわないが），出来事の生起した順に流れており，TEM図は二次元のものになる。

　さて，出来事を語るという行為は必ずしも1回性をもつものではない。同じ相手に対して何度も，あるいは複数の違う相手に対して何度も，というように，同じ出来事を繰り返し語ってもらうことは少なくないだろう。繰り返し語られた語りを分析，検討しようとしてTEM図を描く時，何枚

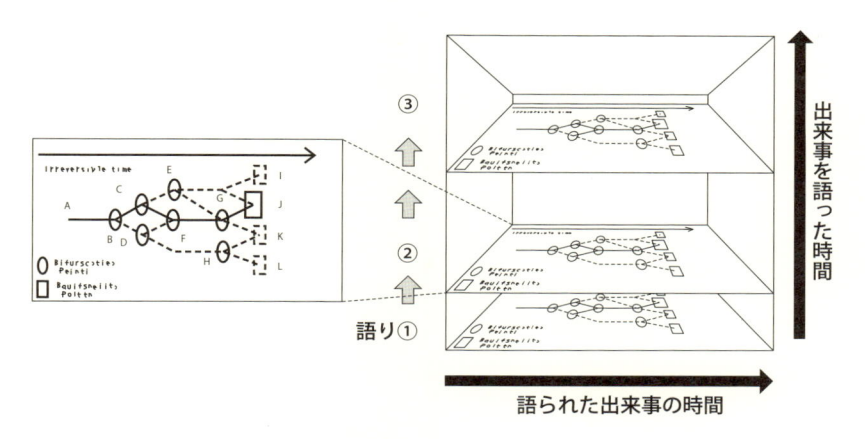

図3-1 三次元 TEM のイメージ図

もの TEM 図が作成されることになる。しかし，最終的に 1 枚の TEM 図のなかで表現されるのは，あくまでも出来事自体の時間の流れだけである。たとえば，ある人物が 1 度目のインタビューでは A という事象を語っていたのに，2 度目のインタビューでは A という事象がなくなって代わりに B という事象を語るようになっていたとする。この場合，この人物の経験した出来事を TEM 図で表そうとすると，はじめの TEM 図と次の TEM 図は別々のものとして表現されてしまう。そうなると語られた事象が A から B へと変わったという変化の様相は捉えづらくなるだろう。このことから，二次元の TEM 図は，出来事を語った時間を捨象していることに気づかざるを得ない。

そうであれば，TEM の時間にもう一つ「出来事を語った時間」という一次元を加えた，三次元の TEM を作り出す必要があるのかもしれない。TEM を三次元化することによって，「語られた出来事の時間」に「出来事を語った時間」を加え，語りを二つの時間軸で表現し，分析することが可能になるのである（**図 3-1**）。TEM に流れる時間の次元に加え，出来事を語った時間という次元も表現できることになることは，時間の二次元化すなわち TEM の三次元化であると言え，理論的にも意義があると考えられる。

そこで本節では TEM の三次元化を実践的に取り入れている事例について紹介する。三次元 TEM の手法について検討することで，TEM を用いた研究の新たな可能性について考察する。

第 2 項　三次元 TEM と供述分析

　TEM を三次元化する試みは，司法実務と心理学研究の学融的領域である「法と心理」という分野の「供述分析」研究からはじまった。供述分析で扱われるのは，主に刑事事件の被告人や参考人，目撃者など，過去の出来事（事件）の関係者らが一つの出来事（事件）について語った「供述調書」や「公判供述」（以下ではまとめて，供述とする）である。これらの供述は同じ事象について各々の視点から繰り返し語られ，それが記録として残されたものである（ただし，「供述調書」に関しては供述者の語りそのものを供述者自身が記したものではなく，捜査官が供述を調書に起こしたものであることには注意が必要である）。供述分析ではそのような記録をじっくり読み込み，内容の変遷や不自然な箇所を指摘する。事件において渦中にあった事件関係者（被告人や目撃者，被害者など）のそれぞれの視点からみた出来事に関する語りについて分析を行うものである。また供述分析では，出来事の時間の流れと供述が録取された時間を重視する。なぜなら，ここで問題となる供述は，単発の時間ですっきりと語られるものではなく，時間の経緯のなかで原事件の時間の流れを語るものにならざるを得ないからである。そして，虚偽自白を検出する時には，二つの時間の流れの破綻を見いだすことが重視される。このように考えてみると，TEM と供述分析がつながったのは，複数の語り手の視点に立った時間の流れの分析を行うという目的のためだと言えよう。

　TEM 研究と供述分析のはじめの接点は，小笠原（2006）の研究である。この研究では，事件のなかの出来事の時間的な流れについて TEM を用いて整理し，分析を行っていた。そもそも刑事事件では有罪か無罪という，罪を犯したか（どうか）ということ自体を争うことになる場合がある。そして当事者間の主張（検察側と弁護人側）に対立の起きている裁判では，検察官と，弁護人すなわち被告人らの主張が対立する。けれども出来事は

事件として最終的に一つの結果に至る(等至点, Equifinality Point：EFP)。殺人事件であれば，被告人が真犯人であろうと無かろうと1人の人の命が失われたという等至点は動かない。誰が殺したかあるいはどのように殺したかという説明について複数の径路が存在するのである。このことから，TEMを用いることによって，主要な出来事に関する径路について，出来事の時間に沿って検討することが可能になった。またTEMでは，等至点に至るまでにほぼ必然的に通るものとして必須通過点があるとしている。事件の出来事のなかで争点となっている出来事を必須通過点(Obligatory Passage Point：OPP)として設定することで，供述が録取された時間に沿って，供述の変遷やその変遷のあり方について視覚的に指摘することができるようになった。さらに，TEM図を描くことで「非経験事象の可視化」つまり事件における「他にあり得た現実の可能性」を示すことができるようになった。一般に裁判では，検察の冒頭陳述からはじまるが，ここでは裁判に被告人として参加している人がなぜどのように公訴事実を起こしたのか，というストーリーが提示される。それは一点の曇りもないものであり，ましてやそこに他の人が犯人である可能性などが示されるはずもない。一方で，裁判で有罪・無罪を争う被告人にとっては，冒頭陳述に提示されたストーリーとは異なる「他にあり得た現実の可能性」こそが重要である。法廷で語られないストーリーを扱うことが重要となるのはこうした事件においてである。小笠原(2006)が取りあげた事件はまさにそのような問題を扱っていた。この研究によってTEMと供述分析は出会い，供述分析における「供述内容の変遷の視覚化」についての研究がはじまった。

　さて次に，司法における供述分析の視覚化について，新しい動きがあったので，その点についても紹介しておきたい。視覚化の要請が起こったのは，司法制度改革がきっかけであった。2009年5月に日本では，重大刑事事件の審理に一般市民から選ばれた裁判員が参加する「裁判員制度」が導入された。裁判員制度が導入された結果，市民である裁判員に対して裁判を「わかりやすく」行なうことが求められている。一方，従来の日本の裁判では，事実の認定について供述が重要な役割をもっていた。裁判は公

判廷で実施されるのでその場での証言も行われているにもかかわらず，法廷で行われた証言よりも過去に作成された文書（調書）が重視される傾向にあったのである。こうした状況は「調書裁判」と呼ばれ，批判の対象となっていた。しかも従来の裁判では，裁判官が法廷の外で供述調書を読み込んで供述の信用性の判断を行っていた。しかし裁判員が参加する裁判（以下，裁判員裁判とする）では，法廷や評議室という裁判の審理のなかだけで，裁判員も交えたうえで，供述を検証することになる。また裁判員裁判は「迅速」に行うことが目指されているため，審理の時間は限られる。限られた時間のなかで，「わかりやすい」裁判を実現するためには，供述調書が信用できるか否かを判断するための工夫が必要である。その鍵となるのが視覚的な工夫である。

　ここで従来の裁判における供述の整理手法について述べておこう。従来の裁判実務では小笠原（2006）の研究とは別に，供述の整理方法として，エクセルなどの表計算ソフトを用いて二次元の表で整理する手法が用いられていた。この手法では供述の録取された時間を縦軸，事件なかの出来事を横軸に設定し，そこへ供述者を区別した供述を付置していた。確かにこの手法でも複数の人びとの供述の整理は可能である。しかし，このような従来の二次元の表を用いる手法では，いつどこで誰が何を供述したかを整理することはできるものの，一つの出来事について異なる供述者の供述が入り交じり，変化の様相が捉えづらい。一方，従来の供述整理を「わかりやすく」表わせるようにTEMを用いて供述分析を行なった小笠原（2006）の手法では，供述者ごとにTEM図を作成することで供述が検討されていた。1人の人が複数のストーリーを「自白」することは刑事事件では珍しくないため，その複数のストーリーを一つのTEM図に表わそうとしたのである。しかし今度は供述者の供述が記録された時間順序が捨象されてしまうことになる。

　こうした状況を鑑みて，従来のTEMに供述の時間順序という「出来事を語った時間」の軸を加えた時間の二次元化つまり三次元TEMの研究がはじまった。

第3項　三次元 TEM 作成ツール──KTH CUBE（ケー・ティ・エイチ キューブ）システム

　TEM で表わすことができる原事件の時間の流れ，裁判における争点という対立軸に加え，供述の時間順序という三つの次元をそのまま活かすためには二次元的表現ではなく，三次元表現が必要になる。なお，ここで裁判における争点という対立軸は，争点を対立軸とし TEM の次元として扱うということである。検察側が被告人が犯人であると主張しているのに弁護側はそうではないと主張するというようなことを，対立する次元として見なすということである。他の例では，殺人は認めるが，意図的だったかどうかは争点になる，というようなこともありうる。

　さて，情報の三次元表現は情報工学が先鞭をつけている分野である。情報工学の KACHINA CUBE（カチナ キューブ）システム（以下，KC とする；斎藤・稲葉，2008）はそうした技術の一つであった。KC では，対象となる地域の「二次元地図」に，語りの「記録された時間の順序」を加えた仮想三次元空間が用いられる。KC はその三次元空間へ，地域の歴史や文化に関する断片的な語りを蓄積するツールである。その地域に関するそれぞれの人の語りの断片（以下，フラグメントとする）を時間的・論理的な順序にもとづいてつなぎ合わせることで物語性をもつナラティヴを保存・継承することが KC の目的とするところである。

　この KC を援用して供述の整理に情報の三次元的表現を取り入れたのは山田（2008）である。山田は，KC でいうところの「二次元地図」を，事件の出来事の流れを表わした TEM 図の「概念マップ」に置き換え，それを KTH CUBE システムと名づけた（以下，KTH とする；なお，KTH とは「KACHINA CUBE システム」の「K」，「TEM」の「T」，「浜田＝ Hamada 式供述分析」（後述）の「H」という，供述を整理する際に用いた三つの手法の頭文字をとったことに由来する）。KTH は，刑事事件の裁判で扱われる供述を，事件自体の時間の流れ，供述の録取された時間の流れという二つの時系列を視覚化し，供述を事件の争点，被告人の別に沿って提示するためのシステムであった（山田・サトウ，2012）。

　KTH 作成のためには，まず浜田式供述分析を用いて供述調書を整理す

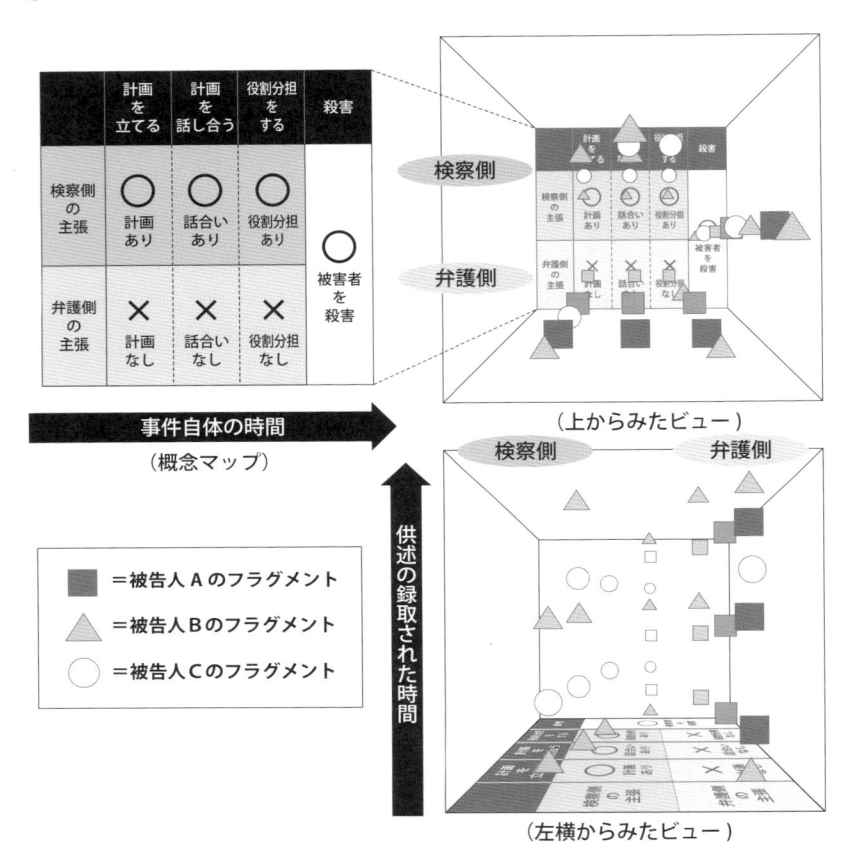

図3-2　KTHの概念マップとキューブを上と左横から見たビュー

る。浜田式供述分析は日本の心理学者、浜田寿美男が開発した供述、特に虚偽自白に対する分析方法の総称である（破田野・斎藤・山田・滑田・木戸・若林・山崎・上村・稲葉・サトウ、2011）。浜田は供述調書を捜査官と被疑者の相互作用の所産データとみなしている。浜田式供述分析では、そうした前提をもとに供述について、被疑者が真犯人であるか無実の人であるかという二つの仮説を立て、どちらの仮説が供述データ全体をよりよく説明するかを検討する。この手法には、供述を録取された時間順に並べ、その順番に読み込んで分析するという特徴がある（浜田、2001などを参照）。

第 3 章　拡張編　**185**

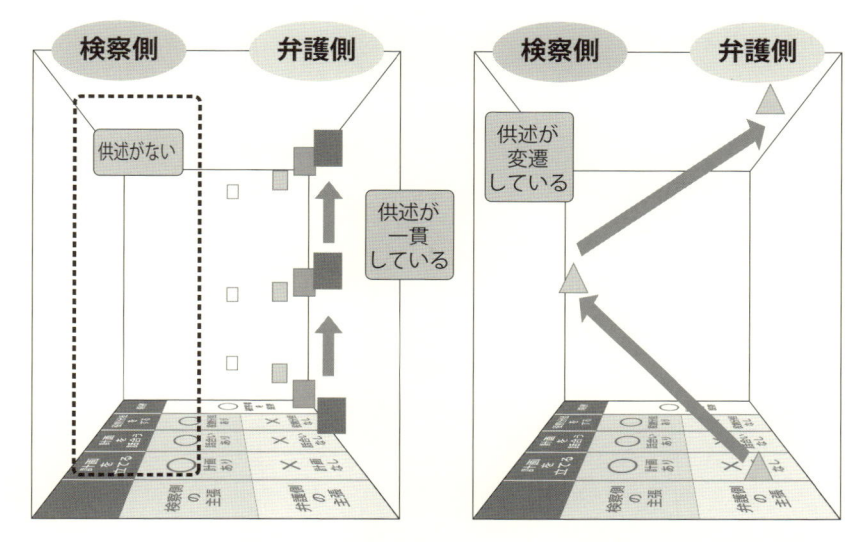

図 3-3　供述が一貫している被告人の KTH（左横からみたビュー）

図 3-4　供述が変遷している被告人の KTH（左横からみたビュー）

　浜田式供述分析では，供述がどのような箇所で変遷しているのかを検討し，その事件における着目点を決める。そこで次に検察官と弁護人（被告人）の対立を表わすために TEM を用いて，検察官と弁護人（被告人）の主張の対立する箇所を設定し，事件の起こる地点までにあり得た事象の視覚化を行なう。そして最後に，この TEM によって描いた径路を，供述が録取された時間ごとに蓄積する。なお KTH において，KC でいう「人の語り」としてのフラグメントに該当するのが，被告人の供述調書における出来事一つひとつの項目である。この KC の手法を用いることで，被告人が供述した事件の事象についての地図を作成し（**図 3-2**），供述調書が録取された時間軸を用いて三次元で表現することが可能になった。
　三次元 TEM を作成するためのツールである KTH を用いることで，供述分析に新たな「視覚化」がもたらされた。KTH による新しい視覚化は，供述の「一貫性」，「不在性」，「変曲性」，について視覚化を行ない，それらに関する考察を駆動する。たとえば**図 3-3** のように，一貫して無実の主張をしていたということ（供述の一貫性）を視覚的に示すことで，なぜ

変遷しなかったのか，そしてその一貫した供述内容を参照してその内容に納得できるかどうかということを精査するきっかけになる。また，供述の一貫性を視覚化することは，検察側の主張する有罪ストーリーに関しては一切供述していないこと（供述の不在性）を視覚化することにもつながる。供述する可能性があったにもかかわらず「供述していないこと」を視覚化することは，その被告人がなぜそうした一貫した供述を行なうことができたのかについて考察するきっかけになる。あるいは図3-4（185頁）のように，はじめは検察側の主張するストーリーを語っていたにもかかわらず，時間を経るにつれて弁護人の主張するストーリーを供述するようになったということ（供述の変曲性）を視覚的に示すことで，いつ，どのように供述が変わったのか，そしてなぜ変遷したのかということについて，他の証拠を検討するきっかけになる。つまり，その変曲点における内的・外的な力，すなわち捜査官の誘導や圧力が存在した可能性について考察するきっかけをもたらすことが可能になる。さらに，供述がとられた時間軸で整理し，複数の被告人の供述を三次元上の同一空間内に視覚化することは，同一被告人内での供述の一貫性や変曲性だけでなく，他の被告人の供述との関連性についても理解しやすくなるのである。

　このようにKTHの使用によって，供述を視覚的に理解，分析することが可能になった。三次元TEMを供述分析の領域で用いることで，日本の裁判員制度の視覚化の要請に応える形での供述分析の可能性が広がったといえる。

　実際，筆者のもとにはこのシステムを用いた分析の依頼がいくつか持ち込まれており，新しい視点から研究が行われている（家城, 2010）。

第4項　おわりに――三次元TEMの意義とさらなる可能性

　上記のように，供述分析とTEMの出会いから，従来の「語られた出来事の時間」を表現した二次元TEMに，もう一つ「出来事を語った時間」という軸を加えた三次元TEMが生まれた。

　三次元TEMによって，情報は三次元的位置情報を付与されてその位置（ポジション）を得る。位置を固定化／固有化された情報は他の情報との相対的な関係を

私たちにみせることになる。第3項で述べた，KTH で視覚化された供述分析でいうと，ある被告人の供述と他の被告人の供述を比較し，それを視覚的に理解することができるようになるということである。情報を三次元的に空間上の位置に付与することでこそ，個々の情報の相対的位置が理解でき，そしてそれによって情報の収束や拡散が視覚化される。これによって，情報がどのように変化したのかということについて検討する端緒を生み出すことができる。また，情報の視覚化には，情報の記録された時間についても利用しているため，時間経過の影響についても考慮できる。あるいは三次元 TEM は，どの視点からみるかを選択できるため，多様な見方や情報探索を行なうことができる。情報の個別性についてだけでなく，他の情報との関連性について検討したり，情報の全体性についても俯瞰して考察したりなど，情報を多角的に見ることができる。このように三次元 TEM の利用によって，個々の情報を適切に分析し，知識として変換することができるのである。また情報を三次元的に検察することができるということは，身体性をもって情報を探索することにもつながる。人間は三次元空間のなかの日常を生きている。日常的に経験している三次元を情報探索の際に利用できることは，視覚的直感理解を促進する。これにより三次元 TEM は情報に対する利用可能性を高めることになる。

　このような三次元 TEM は，大量の情報に関する思考ツールとなりうる性質をもつことから，情報工学分野で役立つことが見込まれる。また，情報を知識として利用し，その情報をもとにして思考することへと広がりをもつことから，思考促進ツールとして教育分野でも応用できる可能性がある。さらに三次元 TEM は，出来事の時間と語りを聞いた時間という二つの時間での変遷を視覚的に示すことができる。このことから，カウンセリングでの利用も可能であろう。時間をかけて何度か語ってもらい，複数の TEM を語り手と一緒に作成していくことで，語りが変化していくこと，あるいは変化しないことなど，自らの語りの変曲性や一貫性に気づき，出来事に関する新たな意味づけを行なうことにつながる可能性がある。また，一般的なインタビュー調査においても複数回の聞き取りを行なうのであれば，このように三次元化することで複数の TEM について検討し，分

析することが可能になるだろう。

　供述分析の分野では一定の成果をあげつつある三次元TEMは，供述分析の枠にとどまることなく，多様な研究へと応用することが可能である。たとえば，教育やセラピー場面など，膨大な，あるいはまとまりのない情報を整理し，分析するうえでの課題に対しても知見をもたらす，広がりのある研究が可能になるだろう。今後は，三次元TEMの供述分析での理解の促進や効果などについて実証実験を行って検討したり，教育場面での応用研究を行ったりし，さらなる向上が期待される。そしてその本質は時間を捨象せずむしろ拡張することによって作り出されたものなのであり，TEMの本質に添うものなのである。

（山田早紀）

第4節　気楽な方法論としてのTEM

第1項　共通性，差異，時間の流れ

　人間を対象に行なわれる心理学研究，特に質的方法が求められるようなタイプの研究で「研究の対象になるような問題」（リサーチ・クエスチョン）を発見するポイントは，興味をもった事象のなかで個人間に見られる「共通性」と「差異」，そして「時間の流れ」の三つである。

　「人によって全く違うこと」「個人間に共通性の全くないこと」はふつう研究の対象にならない。しかし実際には人間のする「意味のある」ことで「共通性ゼロ」というものはまずなくて，複数の人の行為や思考には必ず何らかの共通性がある。そうした共通性は生物学的に作られることもあれば，社会制度や規範，慣習などによって作られることもある。そうした共通性を発見できれば，それと「共通性の原因」との関係を分析することがリサーチ・クエスチョンになる。

　一方で，大きな枠組みとしては共通の行為でも，それをいつどのように行なうか，行なったことの結果がどうなるか，ということには個人間で大なり小なりの「差異」がある。そうした差異は遺伝によって作られることもあれば，個人を取りまく環境や文脈の差異，過去の経験などによって作

られることもある。そうした差異を発見して，それと「差異の原因」との関係を分析することもまた，リサーチ・クエスチョンになる。

そして，そうした共通性や差異は多くの場合「時間の流れ」のなかで現れる。共通の行為や思考が個人によって違う時期に現れる場合もあれば，逆にある特定の時期に「差異」がいっせいに花開くこともある。そうした「時間の流れのなかで現れる共通性と差異」を発見し，それらと共時性をもつ他の要因との関係を分析することは「発達的な視点」からのリサーチ・クエスチョンとなる。

自分が興味をもった事象のなかからこうした「共通性」「差異」「時間の流れ」を見つけ出すことは，リサーチ・クエスチョンを発見して「研究」をはじめるために避けては通れないことである。これらがごく自然に発見できる人が「研究センスの良い人」だろうが，われわれがあらゆる事象に対して常に研究センスを発揮できるとは限らないし，センスの良い人でも見落としは必ずある。そこで事象のなかから共通性と差異，時間の流れを発見することを助けるツール，あるいは「方法論」が必要になってくる。

そうした「問題発見のツール」として TEM が非常に優れていることは以前にも書いた（渡邊, 2009）。そして TEM の問題発見能力，特に「時間の流れ」をそのまま視覚化できることの力については，この本の他のセクションで詳しく述べられているとおりである。しかし TEM にはそれだけでなく「優れているわりにお気楽である」という利点もある。そのことについてもう少し詳しく述べたい。

第2項　TEM を書かせてみる

少し前の日本質的心理学会大会でサトウタツヤたちが「ナラティヴ分析の展開——TEM 入門」という「TEM 講座」を企画したことがある。筆者はその企画のメンバーではなかったのだがたまたま出席していたところ，後半の実践編で突然「指導係」になることを求められた。TEM については知らないわけではないし卒論での指導経験もあるので引き受けて，会場の参加者が TEM 図を作成している間を巡回して TEM 図の考え方や作り方を「指導」したのである。

驚いたのは，30分程度の実習時間の間にほとんどの参加者が自分なりのやり方でちゃんとTEM図を作り上げたことである。指導の必要があったのは「紙の左が昔で右が今です」「イベントを時間の流れに沿って並べていきます」といった「基本的なこと」だけで，それだけわかれば誰もがどんどんTEM図を作っていくことができるのだ。そして，ある程度「時間の流れに沿ったイベントの整列」ができたところで等至点（Equifinality Point：EFP），分岐点（Bifurcation Point：BFP），必須通過点（Obligatory Passage Point：OPP）などの概念をそこに入れていくと，これもごく簡単に，スムーズにあてはめていくことができた。

それだけでなく，参加者はみなTEM図ができたこと，それを自分の力で作ることができたことに大喜びしている。筆者はそこで「なるほどTEMはやっぱりすごいなあ」と再確認したのである。「再確認」と言ったのは，筆者は同じことを，馬の家畜管理学が専門で心理学を学んだ経験のない学生の卒論指導でTEM図を書かせた時に，すでに一度経験していたからである（渡邊, 2009）。その時も，学生は私のごく簡単な説明を受けTEMの論文を1〜2本読むだけで，一人で立派なTEM図を作り，そこから多くのリサーチ・クエスチョンを発見した。

簡単なだけでなく，TEMは作っている時もおもしろおかしく，作るだけで（研究と関係のないことも含めて）いろいろな発見もあって楽しい。まさにTEMは「気楽な方法論」なのである。

第3項　TEMの使い方

では「気楽な方法論」としてのTEMを利用し，そこからリサーチ・クエスチョンを発見していく基本的な方法はどのようなものになるだろうか。たとえばインタビュー・データを例にあげて考えてみよう。

ふつう，何かの事象についてのインタビュー・データからその事象における「共通性」と「差異」を発見するためには，複数の対象者へのインタビューが必要なことはいうまでもない。1人のインタビューだけでは個人間で何が共通で，何が差異になっているかがわからないからである。しかしTEMでは，1人のインタビュー・データからでも共通性と差異を推測

することができる。

　1人のインタビュー・データをTEM図にし，そこに必須通過点や分岐点を配置すると，必須通過点では「誰でも経験する通過点」という共通性が推測される。また各分岐点では「対象者とは違う選択をした人の存在」が浮かび上がってくる。たとえば私のオーディオ趣味遍歴のTEMを作れば（**図3-5**），「自分のオーディオ機器を買う」ことは「必須通過点」として多くの人に共有されることが推測できるし，「中古機器にはまったこと」「自分で修理するようになったこと」は私にとっては大きな分岐点だが，私の選択の向こう側に（まだインタビューされていない）「新しい機器を買い続ける人」の存在が浮き上がってくる。

　1人のインタビュー・データからのこうした「TEM的推測」は，次にどのような人にインタビューすればよいかの指針にもなる。分岐点での「別の選択」として推測されたことにあてはまる人を探してインタビューすれば，「そちらを選択した人のその後」についてのTEM図を書いていくことができるし，そこには「差異」の結果や原因についてのヒントがいくつも見いだせるだろう。

　そうして複数のインタビュー・データが集まってきたら，それを一つのTEM図の上に重ね合わせていくと，ほんとうに多くの人が共有する必須通過点が何であるのか，意味のある分岐点，個人間の差異を特徴づける分岐点が何であるのかも徐々に見えてくる。そこにはまたたくさんのリサー

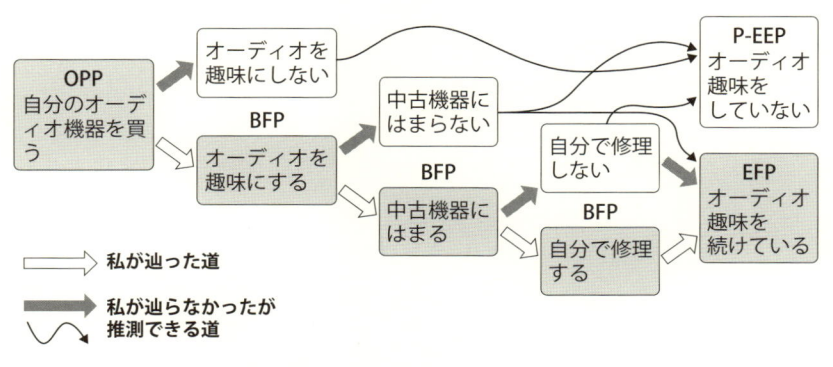

図3-5　私のオーディオ趣味遍歴

チ・クエスチョンの発見があるだろうが，その辺の詳細な方法はふたたびこの本の別のセクションを見てほしい。

第4項　方法は簡単で気楽なほうがいい

研究を行うためには必ず「方法」が必要で，方法のあり方や使い方についての考え方や議論が「方法論」である。その意味で TEM は方法論であり，TEM 図を描くことはその主要な方法である。方法や方法論には比較的簡単で理解しやすいものから，理解や習得に大変な苦心が必要なものまでさまざまあるが，難しい方法論ほどそれを習得すること自体がある種の「セクト化」につながり，研究テーマや内容を方法が支配するようになる。

TEM は簡単でお気楽であるから，その危険は少ない。そして TEM を用い TEM 図を描くことはあくまでも「研究のごく一部」だし，論文に示される TEM 図はあくまで「オマケ」である。これからも TEM にはそういうあり方を守ってほしいと思う。

（渡邊芳之）

● 第5節　アセスメント（心理査定）への文化心理学的な新しい見方──記号的媒介によるダイナミックな階層化

第1項　記号的媒介の文化心理学──ダイナミックな階層化

文化は，人びとが各々の諸世界と関係するうえでの関係の数だけ異なる心理的プロセスのうちに例証されうる。文化心理学の公理的基礎からは，文化は各人の心理内システムのうちで機能する。

公理1：心理的プロセスの持続性はダイナミックであり，本質主義的なものではない

個人において相対的安定性という前提はもはや無い。事態は逆である。つまり，個々人は，**時間的安定**をもたらすように，何かしらの方向に変化していくと期待されているのである。とはいえ，さらに変化に導かれる。ここでいう相対的安定性とは，**時間的な相対的安定性**を意味する。一定期

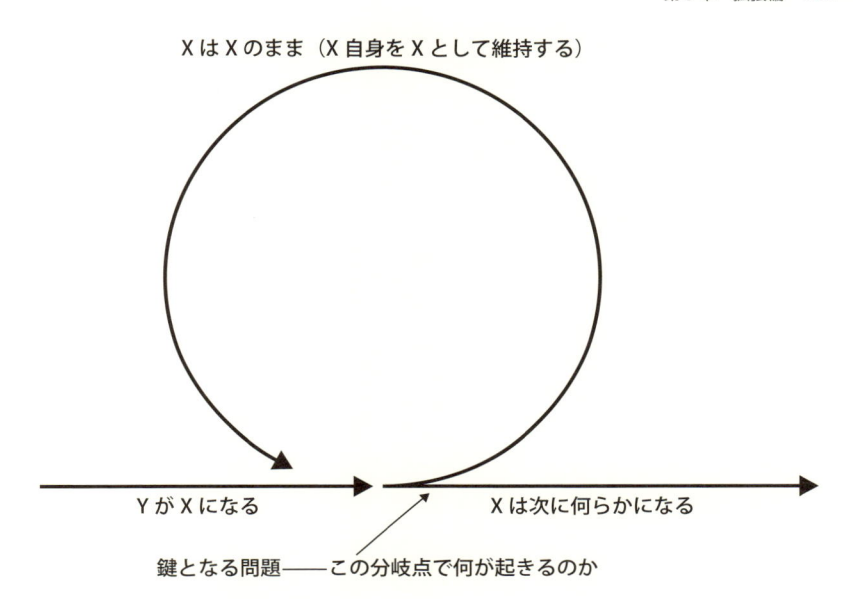

XはXのまま（X自身をXとして維持する）

YがXになる　　　Xは次に何らかになる

鍵となる問題——この分岐点で何が起きるのか

図3-6　動的安定と変化の調和

間，ある特徴において「同じような」状態を保つにすぎないということである（**図3-6**）。

公理2：文化は人びとのなかにあり，文化のなかに人びとがあるのではない

この比較は**図3-7**（194頁），で描写されている。（ラトビア人として育った人が「ラトビアの文化」に属するというように）人が文化に属すると考える比較文化心理学に対して，文化心理学は文化を人びとのなかに位置づける。たとえば，ラトビアで生活している人（ラトビア人，ラトガール地方やロシアで育った人）は，その「文化」を自分の生き方に取り入れていくのである。

文化心理学では「本質的に体系的な種としての文化」という考え方で作動する（**図3-7**）。文化は，（記号，文化的実践，民族が共有するモデルなど）どのような形であれ，個人が環境とどのような関係をもつかということに対して作動する。文化は，外部の「原因となる力」なのではなく，人

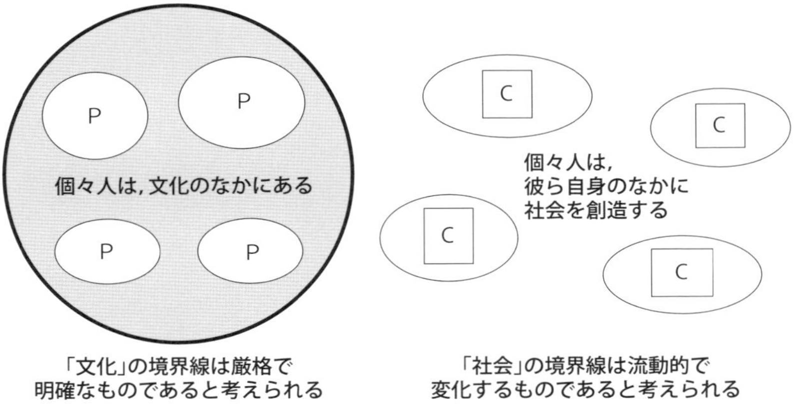
P
P
個々人は，文化のなかにある
P
P
C
C
個々人は，
彼ら自身のなかに
社会を創造する
C
C
「文化」の境界線は厳格で
明確なものであると考えられる
「社会」の境界線は流動的で
変化するものであると考えられる

図 3-7　文化の位置づけの対比

びとが各々の適応のために利用する資源なのである。

一般化というのは，個人のケースにもとづきながら，どのようになされるのだろうか。社会的文脈下の個人についての体系的な分析にもとづき，人の文化的機能の一般化モデルが構築されるのである。その体系的なモデルは，他の選ばれた個人（例えば，**図 3-8** の z という二つの社会に属する人など）にもとづいてさらなる経験的検証がなされる。こうした検証は，この体系的なモデルの修正につながる。そして，その修正されたモデルが，選ばれた個人においてさらに検証され，これが繰り返される。

公理 3：環境との相互作用のなかの統合システムとして研究された個人のケースが，すべての科学的知識の基本となる

過去 10 年における個性記述的科学の考えの復活（Molenaar, 2004, Salvatore & Valsiner, 2010；Salvatore et al., 2009, 2010, 2011）は，一事例からの一般化論理に必要な基礎を与えてくれる。**図 3-8** は，それがいかに可能かを明細に示している。公理 2 と一致し，文化心理学は個性記述的科学の重要性を受け入れている（Salvatore & Valsiner, 2010）。文化心理学は，（**図 3-8** の V などのような）社会的組織へ参加している個人のサンプリングからはじまる。文化心理学は，「サンプル」から「集団」へと一般化せず，

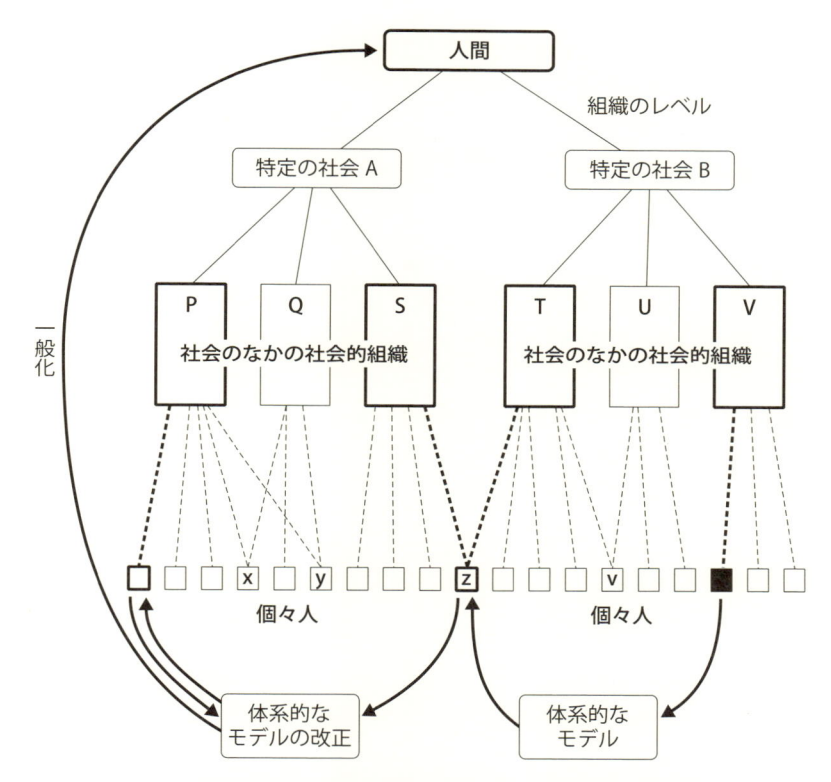

図 3-8 文化心理学における，構造的に位置づけられた個人の事例にもとづく一般化（Valsiner, 2003, Valsiner, 2001, p. 36）

「無作為標本」への信頼を排除する。むしろ，その核となるサンプリング方法として歴史的構造化サンプリング（Historically Structured Sampling：HSS）（Valsiner & Sato, 2006）を用いるのである。

公理4：文化はダイナミックな階層として働く調整装置である

　文化心理学は，構造，力動，機能という概念を結びつけている（196頁，**図3-9**）。この構造は，遺伝学における調節（遺伝子Aが遺伝子Bをコントロールするということ）に似ている。この種の構造で注目するところは，その調整システムの構築における（固定ではなく）開放性なのであ

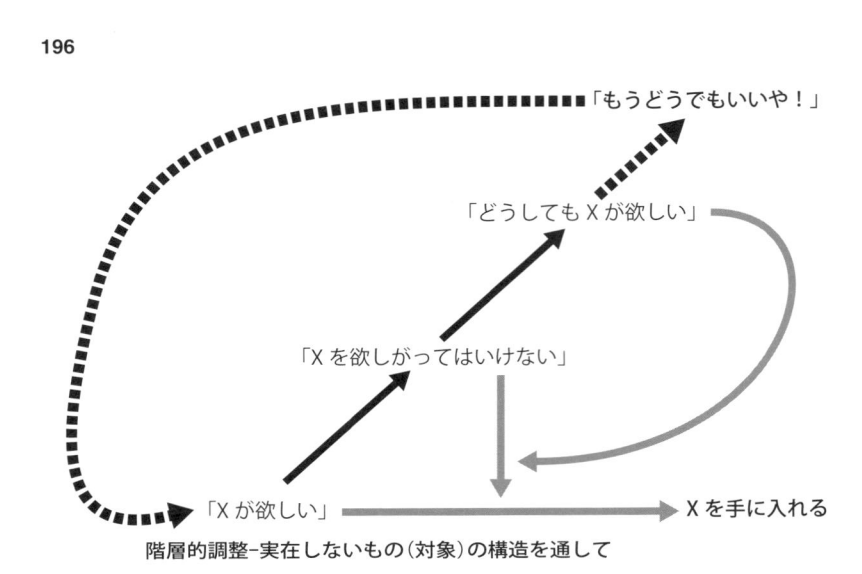

図3-9 調整システムの機能にともなうダイナミックな構造の出現

る。このシステムの機能には、さらにメタレベルな調整子の発現が常にともないうる。たとえば、「Xが欲しい」という気持ちの先に、「Xを欲しがってはいけない」という調整がなされ、その直後、さらにメタレベルな調整であるところの「どうしてもXが欲しい」という気持ちがかぶさる。数回この経緯を経て、最終的には「もうどうでもいいや！」という、これまで積み重ねてきた調整の山を崩壊するようなメタレベルな調整に至ることもある。将来の可能性に対処する柔軟性は、調整子のダイナミックな階層によって編成される。

公理4の方法論的結論は、マイクロ・ジェネティック（Abbey & Diriwächter, 2010）レベルの方法論を規範的に使用すること、である。心理学の分野では、ハインツ・ウェルナー、エリック・ウォルファルト、フリードリック・ザンダー、ギュンター・イプセンの先駆的な研究の甲斐あって、分析方法の構築におけるマイクロ・ジェネティック的研究志向の方向性が1920年代から存在する（Valsiner & van der Veer, 2000）。それは、非可逆的時間のなかで起こるすべての（心理学領域の）出来事の必然性を——未来への事前適応のための創造的な努力とともに——認識している

(Valsiner, 2011)。歴史性（ヒストリオシティ）は現象の中心であり，本質となる。

第2項　アセスメントのためのアリーナ
——潜在的成長のための特定の位置

　文化心理学的観点から言うと，要因を存在する物（固有な本質）とする「伝統的な」アセスメントの見方は，心理学実践における新しい領域のこうした適用には興味をもたないことは明らかである。一方で，文化心理学は，システムのなかに現れ，そのシステムの活動を高めたり，妨げたりする潜在的意味に焦点をあてる。ある意味それは，われわれが今日アセスメントする**システムの潜在的機能の分析**であると言える。これは，一種の「未来における取引」としてのアセスメント行為を組織する。つまり，今日アセスメントされているシステムは，それがもつ，明日もしくはその先の未来における予測不可能性があるからこそ，アセスメント行為が興味深いものとなるのである。アセスメント行為のこの特定の特徴は，1930年代前半のロシアの学校システムにおける教育学的試験実践という背景に照らし合わせると，学校においてどのような類のアセスメントが必要とされているのかを気づかせるものとしての最近接発達領域（Zone of Proximal Development：ZPD）という概念を普及させたレフ・ヴィゴツキーに明らかである（Valsiner & van der Veer, 1993）。ZPDとは，実数を単位として用いて「測る」ことができない（Valsiner & Rudolph, 2008）ものの，その機能的可塑性に応じて分析されることができる概念である。アセスメント行為とは，分析単位の四つの最小構成要素のうち三つが，実現されなかった，もしくは未だ実現されていない作られた可能性であるというような複線径路・等至性モデル（Trajectory Equifinality Model：TEM）（Sato et al., 2007, 2009; サトウ, 2009を参照）の応用の一例である（198頁，**図3-10**）。

　TEMにおける最小の質的分析単位は，（現在という視点で）［現実であるA］と過去から再現された［非現実であるB］，また，未来の［まだ現実化されていないC］と［まだ現実化されていないD］との関係での調和を必要とする。分析単位の四つのうち三つの構成要素は，それらが実際

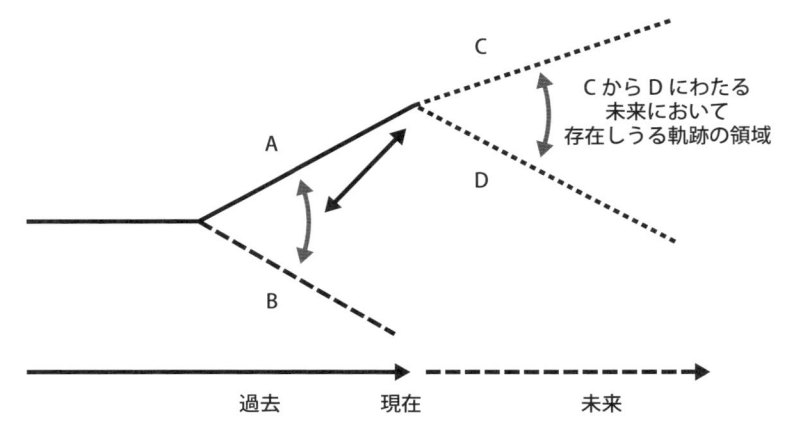

図 3-10　TEM の分析単位（最小の場合）

には実現していないという意味で非現実なものである。人間の思考が（ほぼ）何もないところから文化を作り出すのだ！

　図 3-11 は図 3-9（196 頁）の改訂版である。未来の潜在的行動をアセスメントするためにはどこを見たらよいかが明記されている。二つの領野——第 1 領野と第 2 領野——が特定されている。第 1 領野では——価値構築に用いられる記号の第 1 段階（「X が欲しい」）やその抑制（「X を欲しがるべきではない」）を含む——X に関する記号論的調整が起こる。これらの記号論的調整子の調和が起こる第 1 領野は，アセスメントがなされる二つのアリーナのうちの一つである。意味づけや，それらの抑制（もしくは高揚）はどのようにして互いに調整し合うのだろうか。抑制する記号（「X を欲しがるべきではない」）が単体で残るのは可能なのだろうか。もしくはその記号の他の要素（例えばそれと並行して「お母さんは X をダメだと考えている」「この国では X は違法だ」など）も第 1 段階での欲求の抑制を成功させるためには必要なのだろうか。さらに言うと，異なった意味づけは抑制への反作用を促進するかもしれない（例えば「今こそずっと欲しかった X を手に入れる時なのだ」や「X が違法であるという考えに抵抗することこそが自分の実直な義務感なのだ」など）。起こりうる結果の輪郭——X を得るに至るか得ないに至るか——が，ここでいうアセス

第2領野：
拡張のために「状況を阻止する」ことについての研究を通じた，組織の新しいレベルの潜在的出現に関するアセスメント

「もうどうでもいいや！」

「どうしてもXが欲しい」

「Xを欲しがってはいけない」

第1領野：
交点で起こりうるあらゆる選択肢，および，記号階層の調和がいかに行動（や非行動）を生み出すのかに関するアセスメント。このような分析は，構造が機能した結果の条件付き性質（触媒反応）を際立たせる。

「Xが欲しい」
階層的調整-実存しないもの（対象）の構造を通して

Xを手に入れる

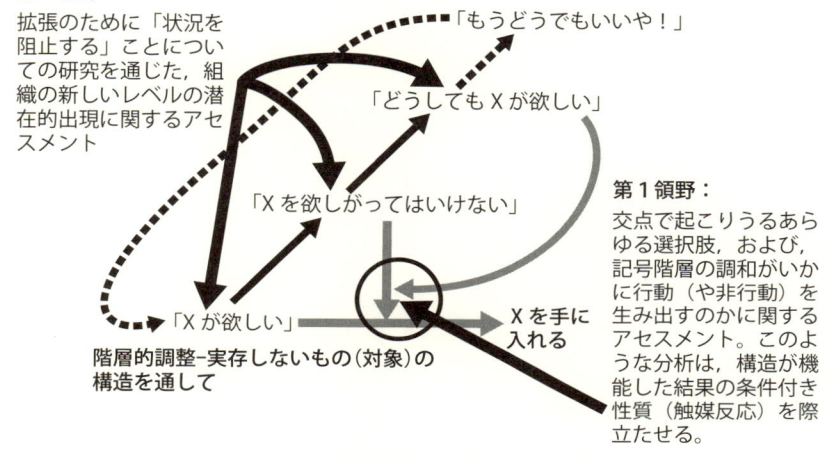

図 3-11　アセスメントの対象としての階層的記号論的調整システム――重要な位置への焦点

メントの焦点なのである（例えば，Valsiner, Diriwächter & Sauck, 2005）。

　対照的に，アセスメントという課題の第2領野は，新しい段階の記号論的調整子が現れうる場所を指し示す。人間とは，ありとあらゆる物事に対して意義を見つけ出し，記号論的調整の階層とその迂回を常に作り出すことができる生き物であるが（Josephs & Valsiner, 1998），意味階層の増殖は自動的に起こるものではない。しかし第1領野における，調整子を作り出すことができるシステムの潜在的ダイナミクスを理解するためには，さらに高いレベルの記号を出現させうる条件をアセスメントすることが必要である。

図 3-11 に関する解説

　これは，当人（人，集団組織――統合された小さな社会集団，コミュニティ，もしくは国家）の動きに関する意味づけシステムの，文化心理学的なアセスメントの一例である。より高次における記号論的調整子が創造される可能性の存在は，外部統制（「介入」）が加わるかどうかに直接的な影響を与える。

ゼロ状態では、対象Xは、当人の属する環境に存在し、それが発するすべてのアフォーダンス[*1]に一致して使用されているかもしれない（もし対象Xが食べ物なら、「食用に適する」という性質など）が、当人のその対象との意図的な関係は喚起されないだろう。当人は何らかの形で対象Xとともに（そのアフォーダンスに一致して）行動しているかもしれないが、その対象の意味に焦点をあててはいない。当人の目の前に置かれたケーキはおいしそうにしており、当人はその「おいしそう」だという情報（アフォーダンス）を利用するのだ。このような事例の外部調整（「介入」）は単純である。対象は（もしその用途が限定されているのなら）直接的な環境において生起しないし、もしくは（もしその対象に幅広い用途があるのなら）ちょうどその逆である。Xに関係する物はすべて、Xのアフォーダンスを通してその場にいる行動主へと生起するのだ。これは生態学的心理学のジェイムス・ギブソンの労作を通じて心理学でよく知られている「直接知覚と行動」のシナリオである。

この状態は、第1状態に入り、当人が対象Xに意図的に着目するという公表の行為を通じてその価値を構築すると、一変する。「Xが欲しい」という考えは、議論の余地のない記号であり、「なぜXが欲しいの？」——「欲しいから欲しいの」という循環的対話を導くのである。Xの価値は、（そのアフォーダンスは存在するのだが）「欲しい」という記号の誕生に先立っては構築されない。通行人のポケットのなかに入っている財布は、誰かによって窃盗技術の使用の的になってはじめて、スリを働くに値する価値を得る。第三世界のどこかの貧しい村に住む人びとは、彼らの生活の窮状が「飢饉」だとみなされた後に、国際援助団体にとって価値ある対象となる。

その環境における対象Xは当人に「私（私たち、私たちの社会、など）

[*1] 「与える、提供する」という意味の英語afford（アフォード）から、アメリカの知覚心理学者ジュイムス・ギブソン（Gibson, J.）がつくった造語。物体の持つ属性（形、色、材質など）が、物体自身をどう取り扱ったらよいかについての情報をユーザーに対して発している、とする考え。

は，Xが欲しい」と自覚させ，――もし，その意味を妨害するようなさらなる意味階層の構築（「Xを所有することが認められていない」）が現れなければ――行動させる。そうした妨害する記号が現れなければ，「介在者」にとって唯一の方法は，その当人の対象物への実際の接近を阻止することである。貸金庫や鉄製ドア，ドア施錠を築いてきたという歴史は，われわれに，接近を直接阻害するさまざまな例を与えてくれる。これらの文化的手段は，直接的な方法を排除もしくは完全に遮断することによって，この動機づけられた接近を阻止する。

　しかし，もし第1状態における当人の分析が，その欲求に対する内部意味論的抑制の存在（もしくは成長）の可能性を示唆するのなら，外部的な方法の遮断は（完全に，もしくは部分的に）不必要なのかもしれない。「汝盗むなかれ！」という内在化された命令の条件下では，鍵やドア，もしくはパスワードといったようなものは物理的障壁というよりもむしろ象徴的なものでしかあり得ない。もし，今後高い可能性で当人自ら欲求を抑える気持ちを「成長」させることができると考えるのなら，外部的な「阻害物」の必要性そのものが消滅するだろう。代わりにわれわれは，第2状態の次に起こりうると想定される「阻害物の阻害物」，つまり第1状態で生み出された価値を高揚させるようなものが，何も現れ得ないという状況をもアセスメント課題とする必要がある。

　当人の第2状態は，「Xが欲しい」という欲求と，まさにそれらの欲求を抑制する「私にはXが必要ない」「私はXを手に入れることが許されていない」という考えが合わさった状態である。もしこの意味関係が無制限の階層的成長をともなうのなら，「介在者」にとって何も困難なことはない。当人を放っておいて内部的自己調整をさせておけさえすればよいのだ。内在化された道徳規範（「～すべきだ，～してはいけない」）が，Xは――たとえ存在に気づかれ，欲求の対象とされたとしても――そのものが発するさまざまなアフォーダンスとは無関係にその行為をなさない，ということを保証するだろう。

　第3状態は，当人の抑制物を抑制（し，行動へと解放）させる反映のメタメタレベル（「やっぱりXが欲しい」，「今日はXをする権利がある」）

である。それゆえ，大部分の社会システムで道徳，社会，そして法的基準に「疑問を抱かない」規則が適用されているということは驚くことではない。当人は第2状態の抑制物（「Xはいけない」）を構成し，それに「どんな状況でも，何が起こっても，絶対にXはいけない！」という抑制条件の絶対性が加えられる。「絶対に，無条件で」という規則は，（厳正な認知システムにより）第2状態から第3状態への移行を阻止するために機能する。「介在」の目的はすべての反映の水準で迂回の可能性を調整することである（Josephs & Valsiner, 1998）。

第3項　結　論——アセスメント行為の記号論的性質

　アセスメント行為に対する記号論的観点は——社会的規則の社会的枠組みとしても，アセスメント対象を理解する取り組みとしても——世界を考えるうえですでに起こった（AS-IS）領域とまだ起こっていないが起こる可能性のある（AS-IF）領域との間の不確かさという概念にもとづいて構築されている。普通，アセスメントという言説はAS-IS領域内で働く。というのも，AS-IF（A/s-Ob in terms of Hans Vaihinger—Vaihinger, 1911/1920）領域の膨大さは現実的には到底手の及ぶものではないからである。しかし，アセスメントされているシステムはすべて，当人自身の過去から未来への発達上の進展のなかで実在するのである。それゆえ，入念に取り組む必要があるのはまさにAS-IF領域のなかのさまざまな区域（**図3-12**）なのである——その時点の状態での，そのシステムの発達可能性の一つの見方として。

　実在もしない特徴を，あたかもそれが実在し，さらにはそれが何らかの原因的機能を持ち合わせているのだと想定されているかのようにアセスメントするということは，この分野の基本的な不満足な点である。それらの想定はどれも弁護できたものではない。まずはじめに，1880年代から1920年代の「グラーツ学派」心理のアレクシウス・マイノングの研究以来，ほとんどの心理学的機能は（存在するが）実在しない対象物とともに機能しているということはしっかりと定着している。それらの人間の生活における実用性は，彼らのその「実在しないもの」（対象）としての性質

のなかにあるのである。さらに，心理学的機能は因果関係（Toomela, 2012）ではなく，媒介的な条件（Cabell, 2010）で機能しているとしてみることもできる。アセスメントの分野は，1930年代前半までにクルト・レヴィン（Lewin, 1927―条件つき発生分析という形で）とレフ・ヴィゴツキーが辿り着いた考えの発達径路を学ぶことから恩恵を受けているのかもしれない（Valsiner & van der Veer, 1993）。

　可能性の分野の研究は，心理学に質的数学（特に位相幾何学）によるモデルの使用をもたらし，心理科学に許容されるものとしての強制的数量化の操作を拒絶する（Valsiner, 2009）。リー・ルドルフ（Rudolph, 2006a, 2006b, 2006c）が力説したように，**ほとんどの心理学的プロセスは実数で表現され得ない**のである。しかし，心理学のほとんどは，心理学的データの事実性を保証するものとして実数の使用を受け入れてきたし，アセスメント実務のほとんどは，一時的な，もしくは実在しない現象に実数を割り当てることによって正確に機能してきた。このようにして，それらの現象を現実のものとしてきたのだ。ところが，実数を割り当てることで現象の事実性を保証するということは到底できない。

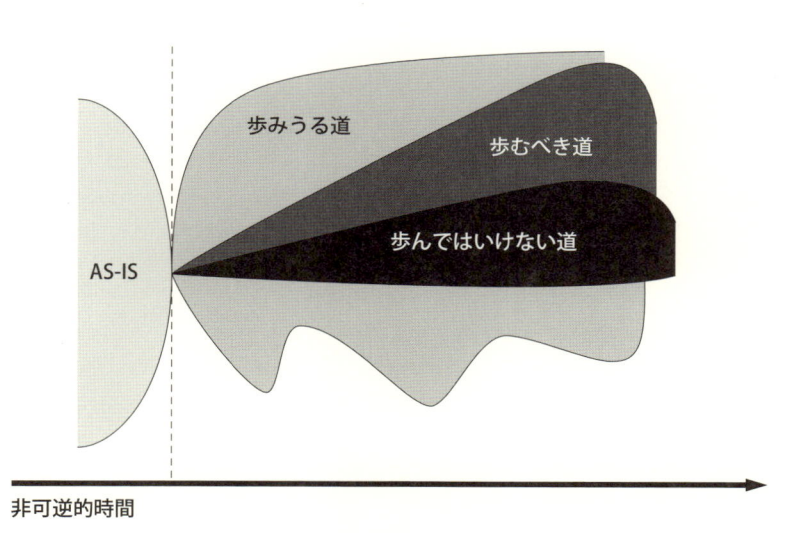

図 3-12　AS-IS 領域と AS-IF 領域との対比

それが何であるかというアセスメントからそれが何であり得るかというアセスメントへの移行は，心理学的なものの考え方に変化をもたらす。アセスメント実務におけるさまざまな（組織的に誘導された）枠組みにとって，見落とされているのはパートナー（アセスメント対象者）からのフィードバックがあるという基本的な考え方である。心理学的アセスメントの分野全体は（さらなる）組織化ではなく人間化を必要としているのではないだろうか。

ヤーン・ヴァルシナー（荒野久美子訳）

引用・参考文献

Abbey, E. A., & Diriwächter, R.（Eds.）(2008). *Innovating genesis.* Information Age Publishers.（ing?）

荒川 歩・安田裕子・サトウタツヤ（2012）．複線径路・等至性モデルのTEM図の描き方の一事例　立命館人間科学研究，**25**，95-107

Bibace, R., Dillon, J., & Dowds, B（Eds.）(1999). *Partnerships in research, clinical, and educational settings.* Ablex.

Branco, A. U., & Valsiner, J. (2010). Towards cultural psychology of affective processes: Semiotic regulation of dynamic fields. *Estudios de Psicologia,* **31**(**3**), 243-251.

Cabell, K. R. (2010). Mediators, regulators, and catalyzers: A context-inclusive model of trajectory development. *Psychology & Society,* **3**(**1**), 26-41.

Gillespie, A. (2006). *Becoming other to oneself.* Information Age Publishers.

郡司ペギオ-幸夫（2004）．原生計算と存在論的観測――生命と時間，そして原生　東京大学出版会

浜田寿美男（2001）．自白の心理学　岩波書店

浜田寿美男（2005）．新版　自白の研究――取調べる者と取調べられる者の心的構図　北大路書房

破田野智己・斎藤進也・山田早紀・滑田明暢・木戸彩恵・若林宏輔・山崎優子・上村晃弘・稲葉光行・サトウタツヤ（2011）．政策決定過程の可視化と分析にむけて――議論過程のシミュレーションとそのKTHキューブによる表現　立命館人間科学研究，**24**，63-72.

Hermans, H. J. M., & Hermans-Konopka, A. (Eds.) (2010). *Dialogical self the-*

ory. Positioning and Counter-Positioning in a Globalizing Society. Cambridge University Press.

家城綾花（2010）．KTHキューブシステムを用いた供述分析――被疑者の自白供述内容変遷の外的要因視覚化にむけて　立命館大学人文学科心理学専攻2010年度卒業論文（未公刊）

Josephs, I. E., & Valsiner, J.（1998）．How does autodialogue work? Miracles of meaning maintenance and circumvention strategies. *Social Psychology Quarterly,* **61**, 1, 68-83.

松本佳久子（2009）．「大切な音楽」を媒介とした少年受刑者の語りの変容と意味生成の過程　サトウタツヤ（編著）TEMではじめる質的研究――時間とプロセスを扱う研究をめざして　誠信書房　pp. 101-122.

Lewin, K.（1927）．Gesetz und Experiment in der Psychologie. *Symposion,* **1**, 375-421.

Lyra, M. C. D. P. & Valsiner, J.（2011）．Historicity in development. *Infancia y Aprendizaje,* **34**(**2**), 195-203.

松野孝一郎（1991）．プロトバイオロジー――生物学の物理的基礎　東京図書

松野孝一郎（2000）．内部観測とは何か　青土社

Molenaar, P.C.M.（2004）．A manifesto on psychology as idiographic science: Bringing the person back into scientific psychology, this time forever, *Measurement: Interdisciplinary research and perspectives,* **2**, 201-218.

森 直久（2009）．回顧型／前向型TEM研究の区別と方法論的問題　サトウタツヤ（編著）TEMではじめる質的研究――時間とプロセスを扱う研究をめざして　誠信書房　pp. 153-157.

小笠原安里子（2006）．食い違いの見られる証言についての供述心理学的検討――浜松事件を題材に　立命館大学人文学科心理学専攻2006年度卒業論文（未公刊）

Rudolph, L.（2006a）．The Fullness of Time. *Culture and Psychology,* **12**(**2**), 157-186.

Rudolph, L.（2006b）．Mathematics, Models and Metaphors. *Culture and Psychology,* **12**(**2**), 245-265.

Rudolph, L.（2006c）．Spaces of Ambivalence: Qualitative Mathematics in the Modeling of Complex Fluid Phenomena. *Estudios de Psicología,* **27**(**1**), 67-83.

斎藤進也・稲葉光行（2008）．地域の知を集める――協調的ナラティブの蓄積による日本文化のアーカイブの構築　情報処理学会研究報告，**2008-CH-78**(**9**), 61-68.

Salvatore, S., Valsiner, J., Strout-Yagodzinski, S., & Clegg, J.（Eds）（2009）．YIS: *Yearbook of Idiographic Science 2008.* **Vol 1**. Fireira Publishing.

Salvatore, S., & Valsiner, J. (2010). Between the general and the unique: Overcoming the nomothetic versus idiographic opposition. *Theory & Psychology*, **20**(6), 817-833.

Salvatore, S., Valsiner, J. Travers Simon, J., & Gennaro, A. (Eds). (2010). *YIS-2: Yearbook of Idiographic Science 2009*. Fireira & Luzio.

Salvatore, S., Valsiner, J. ,Travers Simon, J., & Gennaro, A. (Eds). (2010). *YIS-3: Yearbook of Idiographic Science 2010*. Fireira & Luzio.

サトウタツヤ・安田裕子・木戸彩恵・高田沙織・ヤーン＝ヴァルシナー (2006). 複線径路・等至性モデル——人生径路の多様性を描く質的心理学の新しい方法論を目指して 質的心理学研究, **5**, 255-275.

Sato, T.,Yasuda, Y., Kido, A., Arakawa, A., Mizoguchi, H., & Valsiner,J. (2007). Sampling reconsidered: Idiographic science and the analyses of personal life trajectories. In J. Valsiner, J., & A. Rosa, A. (Eds.), *Cambridge Handbook of Socio-Cultural Psychology* (pp. 82-106). Cambridge University Press.

サトウタツヤ (2009). ZOF (目的の領域) による未来展望・記号の発生と「発生の三層モデル」サトウタツヤ (編著) TEMではじめる質的研究——時間とプロセスを扱う研究をめざして 誠信書房 pp.92-101.

Sato, T., Hidaka, T. and Fukuda, M. (2009). Depicting the Dynamics of Living the Life: The Trajectory Equifinality Model. In J. Valsiner, P. Molenaar, M. Lyra & N. Chaudhary (Eds), *Dynamic process methodology in the social and developmental sciences*. Springer.

サトウタツヤ・安田裕子・佐藤紀代子・荒川 歩 (2011). インタビューからトランスビューへ——TEMの理念に基づく方法論の提案 第8回日本質的心理学会発表

谷村ひとみ・サトウタツヤ・土田宣明 (2008). 「ふつうの結婚」を目指させた親の性別役割意識——1980年代に結婚を経験した女性たちの語りから 立命館人間科学研究, 17, 61-74.

Toomela, A. (2012). Guesses on the future of cultural psychology: Past, present—and—past. In J. Valsiner (Ed.), *The Oxford Handbook of Culture and Psychology*. Oxford University Press.

Vaihinger, H. (1920). *Die Philosophie des als ob: System der theoretischen, praktischen und religiösen Fiktionen der Menschheit*. 4th ed. Felix Meiner.

Valsiner, J., & Van der Veer, R. (1993). The encoding of distance: The concept of the zone of proximal development and its interpretations. In R. R. Cocking & K. A. Renninger (Eds.), *The development and meaning of psychological distance* (pp. 35-62). Lawrence Erlbaum Associates.

Valsiner, J., & van der Veer, R. (2000). *The social mind: Construction of the idea*. Cambridge University Press.

Valsiner, J. (2001). *Comparative study of human cultural development*. Fundacion Infancia y Aprendizaje.

Valsiner, J. (2003). Culture and its Transfer: Ways of Creating General Knowledge Through the Study of Cultural Particulars. In W. J. Lonner, D. L. Dinnel, S. A. Hayes, & D. N. Sattler (Eds.), *Online Readings in Psychology and Culture* (Unit 2, Chapter 12). Center for Cross-Cultural Research, Western Washington University, Bellingham, Washington USA. http://orpc.iaccp.org/

Valsiner, J., Diriwächter, R., & Sauck, C. (2005). Making sense of personality: Generic self processes and personal uniqueness. In R. Bibace, J. Laird, K. Noller & J. Valsiner (Eds), *Science and medicine in dialogue*. Greenwood.

Valsiner, J. & Sato, T. (2006). Historically Structured Sampling (HSS): How can psychology's methodology become tuned into the reality of the historical nature of cultural psychology? In J. K. Straub, C. Kölbl, D. Weidemann, & B. Zielke (Eds.), *Pursuit of Meaning: Advances in Cultural and Cross-Cultural Psychology*. Bielefeld, Transcript Verlag, pp. 215-251.

Valsiner, J., & Rudolph, L. (2008). Who shall survive? Psychology that replaces quantification with qualitative mathematics. Paper presented at the *29th International Congress of Psychology, Berlin,* July, 21 in the framework of the Symposium Why Psychology Moves towards the Qualitative Epistemological Foundations (Günter Mey & Jaan Valsiner, co-conveners)

Valsiner, J. (2009). Cultural psychology today: Innovations and oversights. Culture & Psychology, **15**(**1**), 5-39.

Valsiner, J. (2011). Constructing the vanishing present between the future and the past. *Infancia y Aprendizaje*, **34**(**2**), 141-150.

von Bertalanffy, L. (1968). *General System Theory: Foundations, development, applications*. Braziller.（フォン・ベルタランフィ, L（著）長野 敬・太田邦昌（訳）(1973). 一般システム理論——その基礎・発展・応用 みすず書房）

山田早紀 (2008). 「共謀」が認定された事件の供述調書に対する供述心理学的研究——福岡事件における7名の供述者の供述調書を用いて 立命館大学人文学科心理学専攻2008年度卒業論文）（未公刊）

山田早紀・サトウタツヤ (2012). 供述調書の理解を促進するツールの有用性の検討——裁判員の理解支援をめざして 立命館人間科学研究, **25**, 15-31.

やまだようこ (2006). 質的心理学とナラティヴ研究の基礎概念——ナラティヴ・ターンと物語的自己 心理学評論, **49**, 436-463.

やまだようこ（2007）．ナラティヴ研究の基礎実習　やまだようこ（編著）質的心理学の方法——語りをきく　新曜社　pp. 206-222．

山下和也（2010）．オートポイエーシス論入門　ミネルヴァ書房

安田裕子（2010）．不妊治療者の人生選択のナラティヴ——子どもをもつことをめぐって　京都大学大学院教育学研究科博士論文（登録番号 論教博第 141 号），総 354p

渡邊芳之（2009）．仮説生成ツールとしての TEM　サトウタツヤ（編著）TEM ではじめる質的研究——時間とプロセスを扱う心理学をめざして　誠信書房　pp. 130-138．

第4章 理論編
―― 時間を捨象しない方法論,
あるいは,文化心理学としてのTEA

この章では,TEM の基本理念や方法上の概念について概説を行う。

■第1節　TEA（複線径路・等至性アプローチ）への昇華
―― 理論・方法論・認識論として

第1項　TEM, HSS, TLMG の統合としての TEA（複線径路・等至性アプローチ）

これまでは,TEM という語で私たちの姿勢や研究法を代表させてその内容を語ってきたが,最後の章は理論の章でもあり,TEA（Trajectory Equifinality Approach：複線径路・等至性アプローチ）という語に置き換えて考えていく。

TEA は「複線径路・等至性モデル（Trajectory Equifinality Model：TEM）」,「歴史的構造化サンプリング（Historically Structured Sampling：HSS）」「発生の三層モデル（Three Layers Model of Genesis：TLMG）」を統合・統括する考え方である。

「複線径路・等至性モデル」は人間の文化化の過程（構造ではなく過程）を記述する技法であり,「歴史的構造化サンプリング」というサンプリング方法論,「発生の三層モデル」という変容プロセスを理解・記述するための理論,とともに文化心理学の新しい方法論の体系を構成している。人

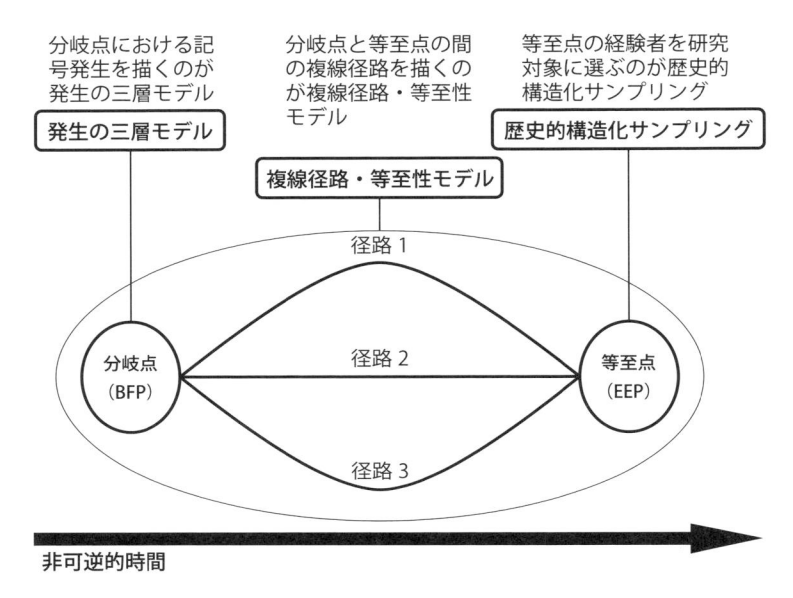

図4-1　TEM, HSS, TLMG の統合としての TEA

間のライフ（Life ＝生命・生活・人生）のあり方について，時間軸上の変容・安定に着目し，その変容や安定を描く方法論として TEM（複線径路・等至性モデル）があり，TEM がすべての中心にある。そして，対象者抽出の理論として HSS（歴史的構造化サンプリング）があり，文化的記号を取り入れて変容していくシステムとしての，人間のメカニズムを仮定して理解するための TLMG（発生の三層モデル）が位置づけられる（**図4-1**）。

言葉をかえて説明すれば，サンプリング理論としての HSS によって対象（者）の経験を抽出し，人やその他のシステムの内的変容過程を TLMG で理解しつつ，非可逆的時間とともに生きる人間の経験の総体を描く TEM を用いて，文化とともにある人間を描いていくのが私たちの「アプローチ」である。こうした「アプローチ」全体を Trajectory Equifinality Approach（TEA）と呼ぶことにしたいのである（このようにすることによって，たとえば，HSS と TLMG を用いれば TEM を用いなくても TEA だということが可能になり，研究のあり方がより自由になる）。

TEA の中心には分析技法としての TEM がある。TEM は，人間の社会化・発達・成長を時間とともに記述するための分析手法であり，主要な概念ツールとしては分岐点（Bifurcation Point：BFP），複線径路（Trajectory），等至点（Equifinality Point：EFP），がある。

 等至点は研究者が定める研究対象となる現象である。たとえばひきこもり児童，という例で考えてみると，ひきこもり児童のひきこもっている状態でも，ひきこもりピアグループに所属するということでも，ひきこもり児童をもつ母親の経験でも，なんでもよいといっては雑な表現ではあるが，いずれにせよ，研究したい（研究者が理解したい，支援したい）対象となる現象のことである。その焦点となるのが等至点であり，等至点となる現象を経験した人を研究対象としてお招きするサンプリング手法が歴史的構造化サンプリングである。

 具体的な特定の個人が経験する事象は，時空の限定された唯一無二のものであるが，「同一ではないが似ている」経験をカテゴリー化して記述することに意味がある場合がある。個人の初恋経験はそれぞれのかけがえのない経験であるが，それぞれの人の初恋経験を「似ている」ものとして取り扱うことが許される場合もあるだろう。この「似ている経験」を研究者が等至点とみなし，その経験者を対象にすることが歴史的構造化サンプリングである。高校生になること，結婚することなどはすべて個人的営みであると同時に社会に支えられた営みであり，社会は歴史性を帯びているから，歴史的に構造化された経験だと考えられるのである。たとえば江戸時代の日本に大学生はいなかったのであり，大学生の研究はそれ自体，歴史的文化的な文脈に埋め込まれていると考えるべきだということになる（最古の大学はいつどこで誕生したかは自分で調べてみましょう）。

 心理学などでは，ランダムサンプリングのような手法が理想として語られる場合もあるが，TEA においては，研究者の関心ある現象を経験した人を対象にする必要がある。そして，その経験は，必ず歴史的文化的に構築されたものだと認識する必要があると，私たちは考える。たとえば，母親になるということも，生物学的なことに見えるかもしれないが，モチロン歴史的文化的に構築されたものなのである。たとえば，今，この瞬間に

母親になるといっても、どの国でのことなのかで大きく異なることは想像できるだろう。たとえば、「7人の子どものうちの3人が殺人事件の被害者として殺された母親」の研究など、21世紀初頭の日本では想像を絶するだろうが、2012年にブラジルのバイアで行われた第2回文化心理学シンポジウム（バイア州立大学アナ・セシリア＝バストス教授主催）においては、ブラジルの大学院生によってこのテーマの研究がTEMを用いて発表されていた。その背後には実数にすればバイア州だけでも年間1400名ほどが殺害されているという事情や、率にして10万人あたり27人が殺人の被害にあっているブラジルという国の実情（これは日本の27倍である）が関係していることは言うまでもない。もとより、子どもを妊娠することや出産すること、といった生物学的に見えるプロセスも、高度に歴史的文化的に構成されていることは、賢明な読者であればすぐに気づくことだろう。

　母親を対象とする研究でランダムに対象者を選定することは研究者の科学コンプレックスを払拭するのには役立つかもしれないが、研究を真摯に行うための必要条件でも十分条件でもない。どのような現象を研究するのか、それはなぜ必要なのか、ということを真剣に考えることこそが重要なのではないだろうか。

　等至点というものが、研究者によって設定された経験であるのに対して、その現象に至る多様な径路のきっかけとなる時空のポイントが分岐点である。先ほど母性に関する深刻な例をあげたので今度は気楽な例で考えてみよう（**図4-2**）。たとえば、あなたが毎日3時におやつとしてアイスを食べているとする。いつからか習慣で常にチョコアイスを食べているとする。毎日それを食べるのが楽しみだったりする。ところが、ある日、テレビコマーシャルを見て、チーズケーキを食べたくなったとしよう。そのような時空において、人は分岐点を経験していることになる。「いつもチョコアイスを食べているけど、今日はどうしようかな。チーズケーキを食べたい！　でも、冷凍庫にはチョコアイスがたくさんあるし、どうしよう。わざわざ買いに行ってチーズケーキを食べるべきか？」というような経験である（あくまで架空の例ではあるが）。この時、新しい行為、チー

ズケーキを食べる，ということを等至点に置くのが TEM の第一歩である。「それまでの習慣と異なるおやつを食べる経験」の研究となる。さて，このケース，最後に姉が顔を出して，「チーズケーキなら私も食べたいから，たまにはおごってあげるよ，買ってきてよ」というような形で結着するかもしれない。

　習慣的行為に反する行為，と考えれば，「今までは○○を深く考えずにしてきたけれど，○○ということもあり得るな，さてどうしよう」ということである。具体的に思考すれば「これまで異性とは付き合ったことなかったけど，ラブレターをもらった，どうしよう」とかそういうことにもあてはまるだろう。

　この分岐点において，未来の見通しが分極化する。等至点は分極化し，両極化した等至点（Poralized Equifinality Point：P-EFP）を生み出すのである。そして，その分岐点の時空における判断には複数の力が関わっていると考えることができる。社会的方向づけ（Social Direction：SD）と社会的ガイド（Social Guidance：SG），である。非常に単純化すれば，習慣や制度にあらがってでも本人が向かいたい等至点の方向に対して父権主義的（パターナリスティック）にかつ妨害的に働くのが社会的方向づけ

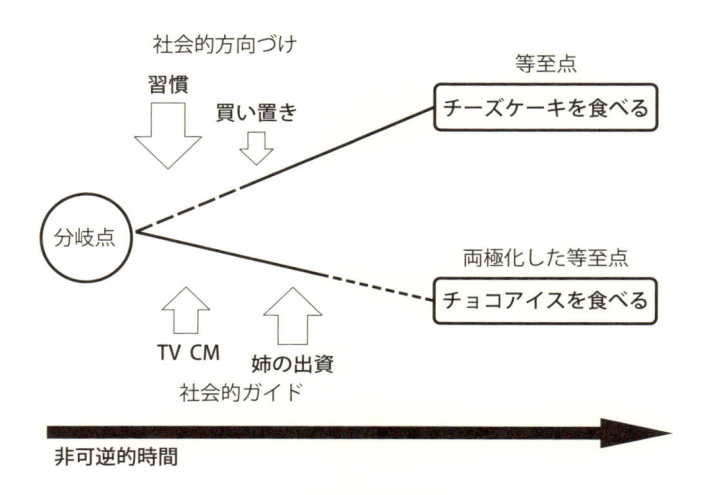

図 4-2　分岐点における社会的方向づけと社会的ガイド

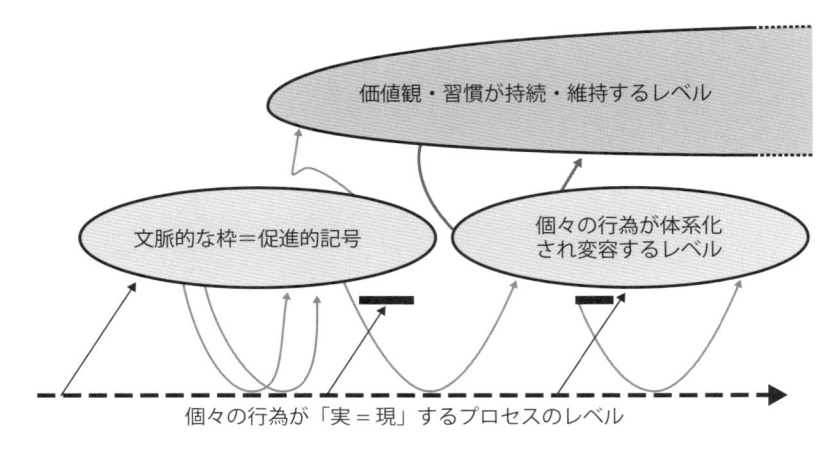

図4-3 発生の三層モデル（横から見た図）

であり，本人の目指す方向に行くことを助けるように働く力が社会的ガイドである。こうした分岐点のあり様を時間次元上でいくつも描いていけば，それがTEM図と呼ばれるものになる。

　等至点は「チーズケーキを食べる」，両極化した等至点は「チョコアイスを食べる」ということになる。普段どおりの行動をさせようとする社会的方向づけの力として「習慣」「買い置き」があり，新しい行動を助ける力として，「テレビコマーシャル」「姉の出資」が位置づけられる。

　そして，分岐点において人がどのように思考するのかについて仮説的なモデルを設定するのが発生の三層モデルである。

　このモデルでは，人間の精神構造を3種の層（レイヤー）であると仮定する。そして，その層の間は単なる境目の線ではなく細胞膜のようなものであるとする。また，山のような立体であると考える。境界という語を見てみればわかるが，境の界になっている。つまり，線ではなくエリアなのである。それを膜のようなものと理解しようというのがこのモデルが提案するところである。

　この三層モデルは，横から見れば**図4-3**のように描かれるが，上から見れば異なる描かれ方となる。これについては後の，発生の三層モデルと記号の関係を説明するところで扱う。

なお，発生の三層モデルは精神という形のないものをモデル化して描いたモデルであるから，こうした実体が身体の内部にあると考えているわけではないことに注意してほしい。

　以上，TEMを中心とするTEA（複線径路・等至性アプローチ）は，文化と心のメカニズムのあり方を考えるための「サンプリング論（HSS）」「質的研究の方法論（TEM）」「精神メカニズム論（TLMG）」が複合したものだ，ということを明確にしておきたい。これは，フロイドの精神分析が狭い意味では治療技法であるのに，大きな意味では，「発達段階論」「治療論」「精神構造論」から成っていることと同じである。つまり，フロイドの精神分析は神経症の治療技法としてはじまり，神経症を発生させるメカニズムとしての発達段階論が構想され，最終的に無意識，意識，イドという精神の（氷山）理論が唱えられたのであるが，TEAも同様に，その発展過程において，理論的な質的変容を遂げているのである。

第2項　TEMを中心とするTEAの基本となる文化心理学という考え方

　TEAが依拠する文化心理学とは，ヴァルシナー（Valsiner, 2007）によって述べられているような文化心理学である。比較文化心理学のように文化を容れ物のようなものとして仮定し，異なる複数文化を所与のものとしてそこで生きている人の違いを比較するのではなく，生を享けた個人がその環境のなかで生命を維持し生活し人生をまっとうするプロセスを描く心理学的試みのことを指す。

　個人は外界と相互作用しながら生きていくのであり，さまざまな歴史的文化的状況における記号の働きを明らかにするのが文化心理学である。TEAは人間発達の歴史的文化的側面を重視するという意味においても，記号という概念を用いるという意味においても，ヴィゴツキーの心理学に連なることになる。発達を段階的で不可逆的なものとして捉えたり，あるいは，生物学的な現れとして捉えるのではなく，非可逆的時間を仮設したうえで発生／維持／変容を不断の生成過程として捉えるところにTEAならではの特徴がある。

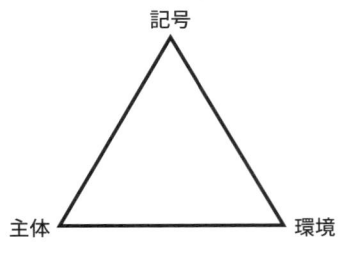

図 4-4　ヴィゴツキーの三角形

　文化心理学においては，記号の機能化（あるいは，記号が機能していくこと）が一般的なメカニズムとして見いだされるべきである（Valsiner, 2007）。質的アプローチや文化心理学は，一般法則から背を向け個別の記述を目指しているのではないか，と誤解されることもあるが，そのようなことは断じてあり得ない。記号が機能するそのプロセスを一般的なメカニズムと想定することによって普遍的知識を蓄積していこうとするのがヴァルシナー（2000）や筆者らの立場である（サトウ，2009；特に第 4 章）。文化をどのように考えるかは立場によって異なるが，複線径路・等至性モデルはヴィゴツキーの文化の考え方，つまり記号の心理学を基盤にしているといえる。

　一般的には，文化心理学における記号は，ヴィゴツキーの考え方に遡る。上の**図 4-4**がよく知られたヴィゴツキーの三角形である。

　主体はその環境に対して直接的に対峙するのではなく，記号を媒介として関係をもっているということを図式化したものである。記号は主体の経験を（直接的なものとしては捉えないため）間接的なものにするという側面をもっているのだが，記号を用いることで，今・ここ（Here and Now）の経験を間接的に再体験することができるようになるという側面ももっている。「昨日，大好きなお菓子を食べた」ということは，文字という記号があるから，間接的に体験できるし，人に伝えることができるのである。

　さて，記号の機能するプロセスとは，記号論的な媒介（semiotic mediation）のことをいう。したがって，個人の変容の契機やプロセスを記

インデックス，類似性，シンボル

図 4-5　インデックス＝足跡　類似性＝イラスト
　　　　シンボル＝文字

号の機能とともに描くことができれば，文化心理学の目的は達せられる。
　では，記号による媒介とは何か。ここではパースの所説を中心に考えていこう。パース（Pierece, 1894/1998 に再録）は，「記号とは何か」を論じているが，記号には指示性（Indications），類似性（Likenesses），象徴性（Symbols）という三つの機能（種類）があるとしている（**図 4-5**）。
　指示性記号は，その記号があることで，対象の存在や意味を浮かび上がらせるような記号である。たとえば，鳩の足跡は鳩そのものではないが，足跡を見ればそこに鳩がいたことが指示されていると読み取ることができるのである。家の門に掛かっている猛犬注意のような記号も，その記号は猛犬そのものではないし人間に噛みついたりしないのだが，その家の門のなかに入れば犬が襲いかかる可能性を示している。
　類似性記号は，対象との類似性にもとづいて対象について伝える記号である。鳩の絵を描いて，それで鳩のことを理解するような記号である。
　象徴性記号は，使用を通じて，ある対象との結びつきができる記号である。鳩という漢字やPigeon（鳩）という英単語は鳩と直接結びついているわけではない（言語によって単語が異なることがその証拠である。また，Pigeon と鳩という単語間には，もしそれが指し示すハトという鳥が存在しなければ，いかなる関係も存在し得ない）。なお，鳩が何かのシンボルになる場合もある。鳩は平和という意味といかなる意味でも直接的な結びつきをもっていないが，私たち人間が，白い鳩やその飛翔の姿に平和

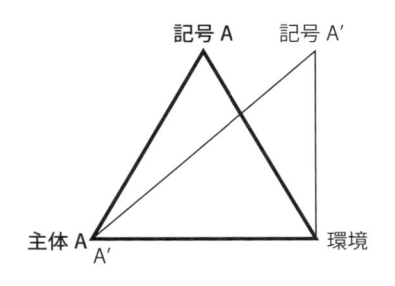

図4-6 異なる主体の異なる記号

を読み込んでいくのである。

ところで，**図4-4**（216頁）で見たヴィゴツキーの三角形には時間も場所も描かれていない。その意味で抽象的かつ静態的（static）である。また，複数人が異なる記号をもつ可能性についても描かれていない。

図4-6は，記号による媒介を表わしたものである。私たちは，自分自身のあらゆる対象と，記号を媒介にして結びついている。したがって，同じ時空にいる2人の人間であっても，その経験する記号が異なると考えることもできる。次の図において，異なる2人が同じ時空にいるものとする。しかし，AとA'の2人の記号にはズレがある。このズレが小さければ問題は起きないが，大きなズレであれば問題・紛争が起きるかもしれない。

なお，山本らはこの状態でこそ文化が経験されるという文化心理学的な理論を提唱している（Yamamoto et al., 2012；竹尾 印刷中）。山本らは「差の文化心理学」という語で自身の文化心理学を説明している。従来の比較文化心理学的な研究が東洋対西洋の二項対立的比較軸を前提にしていたことを批判し，文化差を認識するということは，"客観的な"指標によって人や行為を分類する"静的な"営みではなく，個人が具体的な時空で体験する"動的"な営みなのだという考え方はおおいに賛同できる（竹尾，印刷中）。このような見方は紛争や異文化摩擦を説明するためには有用であるが，私たちが提唱する文化心理学の特殊な場面に焦点をあてたものだと理解できる。あえて説明すれば，従来の比較文化心理学は文化を外からみる三人称的理解，山本らの言う差の文化心理学は二人称的文化理解，そし

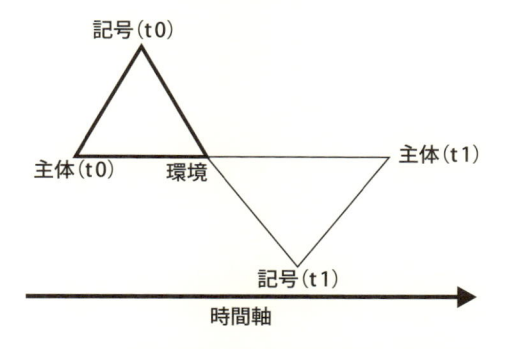

図4-7 異なる時間における正反対の記号の発生

て，ヴァルシナーや私たちの文化心理学は文化を一人称的に理解するものだと整理することが可能になる（Sato, Kido, Nishiura & Kanzaki, under review）。

再び，ヴィゴツキーの三角形には時間も場所も描かれていないことに注意を促したい。この意味でヴィゴツキーの三角形は抽象的かつ静態的である。ところで，時間が経てば同じもの・環境がもつ意味が異なるというのは日常的に経験されることであろう。この場合，同じものであっても異なる人にとって違う意味をもつのは，媒介する記号が異なるからだと考える。たとえば，恋人にもらったプレゼントは，その後の二人の関係性の経緯によって，全く正反対の意味をもつこともあるだろう。これもまた，媒介する記号が異なると考えるのである（**図4-7**）。

ヴィゴツキーは「記号は，つねに最初は社会的結合の手段であり，他人へのはたらきかけの手段であって，その後でのみ自分自身へのはたらきかけの手段となる」（ヴィゴツキー，1930-31/70；p. 206）とした。したがって，記号とは社会的結合の手段であり，その記号が内化していくことが，文化が人に属するということなのである。

第3項　文化が人に属する。そして，記号の豊穣性について考える

文化と心理学の関係は，一般に，比較文化心理学という形で理解される

ことが多い。文化には複数の異なる文化があるということが大前提である。文化Aに属する人と文化Bに属する人の行動が異なる，ということを示すものであり，行動の違いを文化という要因で説明しようとするものである。こうした考え方は，文化を一種のサラダボウルのようなものとして考え，そのなかに多数の人間が入っているというイメージとなる。こうした考えには少なくとも一つの難点がある。まず，文化に属する成員が均質ではないということと，次に，1人の人間が複数の文化に属しているように見えるということである。そして三つ目として，一つの同じ文化——とされる——なかでの人の変容を捉えるのが難しいということである。

これらのアポリア（難問）を解くためにヴァルシナーの文化心理学は，「人間が文化に属するのではなく，文化が人間に属する」と考えるべきだと提案した。この提案は，天動説から地動説への変換を唱えたコペルニクスに通じるものがあり，この意味でまさに発想の大転換（コペルニクス的転換）である。

文化が人に属する，という考え方を可能にするのが，記号という概念である。人間は外界からのさまざまなサイン（記号）に囲まれて暮らしているが，そのすべてに反応することはなく，いくつかの限られた数の記号に従って日々の生活を送っている。

たとえば，大学生の授業のシーンを例にとって考えてみよう。教室や教師の話は「聞く」という記号を発しているが，一方で手元にある携帯電話は友達からのメールを着信し「メールを見る」という記号を発している。隣に座っている彼氏は「ちょっとくらいは授業中にもおしゃべりしよう」という記号を発している。朝，家からもってきたマンガの最新号は「あの話の続きを読もう」という記号を発している。昨日親からもらったメールには，おじいちゃんの容態が悪い，と書いてあり「すぐにでも田舎に帰ってこい。少なくとも電話くらいしてこい」という記号を発している。ところで，朝，出がけに着けてきたつけまつげはどうもつけ心地が悪く「今すぐにでもコンパクトを出して確かめたい」という記号を発している。そして最大の問題は今目の前でしゃべっている大学教員は，全く教室のことなどお構いなしで「聞きたい」という記号を発していない。今，教室で座っ

ている座席は，前過ぎず後ろ過ぎず，そして教壇から正面ではなく，「彼氏と隣同士座りながら授業を聞くのに最適だ」という記号を発しているにもかかわらず，である。

これらの記号は（もとより架空のものだがむしろ他にもたくさんあると考えるべきである）言ってみれば，豊穣なのである。ただ一つの要因が1人の人に何か一つの影響力を行使しようとしているのではない。さまざまな記号が私たちの周囲には存在しているのである。たとえば，最後にあげた座席の例で言うと，100人の座席が存在する教室の場合，個々の椅子はその場所に応じて記号的に振る舞っているはずなのである。人はそのうちの一つだけを選んで座っている。教室では誰かがどこかに座ると状況がかわり，それが記号の変化をもたらし，次の人がどこかに座る。するとその状況の変化は記号の変化を生み出し，さらに次の人はそうした記号に誘われて着席するのである。ただし，その場合，座席数が多い場合には「座れる」という記号は非常に多いはずである。つまり，人間は多くの記号に囲まれているが，それらすべてに応じるということはない。むしろ，ほとんどの記号を無視していると言える。そうなってくると，問題は次のように言いかえられる。

限られた時空において存在する人にとって，支配的な影響力を行使する記号とはどのようなものか。

そして，これが文化の定義につながっていくのである。

第4項　文化の内化は，記号の内化である

さて，文化というときには，それが集合的事象であることが意味されている。また，種としての人間に固定的にあてはまるような行為は意味しない。つまり，ただ1人が影響を受けるような力は文化ではなく，かといって全員でもなく，ある程度の人びとが影響を受ける力が文化であるとする考え方が根強い。

記号は人によって受け止め方が異なることがある。しかし，全く個々人で異なるわけではない。時空を共有する人たちにはある程度の共通性が認められる。この意味で記号の配置とその取り入れこそが文化といえる。文

化とは何か，ということの定義は難しいが，人間が生まれ落ちてから，徒手空拳で環境に立ち向かわないですむような仕組みのすべて，というような定義をしておきたい。この定義を広げれば他の生き物にも文化を認めることになるが，ここではそれ以上ふみ込まないことにする。

ここで文化というのはアメリカ文化と日本文化のような大きなくくりを意味するのではない。食卓の文化，家族文化，ある講義出席者の文化，喫茶店の文化，韓流スターおっかけの文化，などさまざまなものがあり得るものとする。人間の成長を何らかの形で保証しようとするようなあらゆる仕組みは記号を介して人間に取り入れられる。私たちの周りにはさまざまな記号があり，その記号の配置はすべて文化なのであるが，何をどのように取り入れるのかはさまざまな要因によって影響を受けている。

ヴィゴツキーは内言ということを通じて，言語・思考が外から内へと向かうメカニズムを考えた。ヴァルシナーの文化心理学もそのモデルに依拠している。記号が内化すると考えるのがヴィゴツキーの心理学である。ただし，その記号は正解があるものではない。記号の意味自体が長い時間をかけて構成されてきたものなのである。したがって，記号は変容することこそが本質であると考える。そして，この変容の様を描くためのモデルとして用意されているのが，発生の三層モデルなのである。

以上，TEMとHSSとTLMGの統合としてのTEAという考え方について検討してきたが，その中心はあくまでもTEMである。そのTEMには質的研究を行ううえで重要な概念ツールが準備されている。そうした概念ツールについて見ていきたい。

■ 第2節　概念ツールという考え方
——質的研究の新しいアプローチとしても

第1項　概念ツールを使う質的研究の特徴

TEAと総称される方法論は，サンプリング論としてのHSS，変容プロセスを記述するツールとしてのTEM，人間の心的メカニズムを仮定したい場合のTLMG，からなる。その中核はTEMにある。質的研究を行うた

めの方法論としての TEM には，研究を具体的に行うために必要ないくつもの概念ツールが用意されている。

　TEM は他の質的研究法と異なり，分析のための概念ツールが豊富であり，それらを用いて個人の経験を記述する点が特徴となる。

　GTA（グラウンデッド・セオリー・アプローチ）や KJ 法が構造を発見するための大きな手順的な枠組みを示すものであるのに対し，TEM はプロセスを明確に記述するために，環境と人間の関係性を読み解くための概念ツールを用意している。つまり，GTA や KJ 法が構造を明確にするのに対し，プロセスを明確にしようとするのが TEM である。したがって，GTA や KJ 法と併用することにも意味があると考えられる。なお，GTA や KJ 法を用いてプロセスを明らかにする論文も存在するが，筆者の立場からすればそれはプロセスではなく「プロセスの構造」を示しているにすぎない。

　TEM は社会と個人との関係を描く概念ツールを用いる方法論であるから，個人の経験を概念ツールによって記述することで，より高次の人間発達と文化の関係を描くことが可能になる。再び KJ 法や GTA と比較すれば，これらの方法では現象・現場に即したカテゴリー生成を心がけるため，できあがった研究を相互に比較することが難しいのだが，TEM は同じ概念ツールを用いるため，研究間の相互の比較が可能となる。

　たとえば単純な例ではあるが，エストニアの心理学専攻大学生の進路に関する研究と日本の 80 年代女性の結婚に関する研究について，TEM を用いるのであれば，複線径路が存在するかしないか，を相互に比較検討することが可能である。

　このことは，固有の時空（＝文化）における特殊的な経験を TEM という共通手法で記述することで，開放システムとしての人間発達の普遍的な理解を可能にする道を開くものである。そしてこのことは楽譜と音楽の関係と似ている。日本の典型的なメロディとロックのメロディは異なる。だが，楽譜というシステムを用いることで，五線譜の上に表現することができ，それにもとづいた理解が可能になり，お互いの比較が可能になるのである。

TEMの概念ツールは大まかに以下のようにグルーピングできる。

● **人間とその内界の豊かさ・多様性を強調する概念**
等至性，複線径路，両極化した等至点，（選択しなかった）径路の可視化

● **何かを判断・経験したりしなかったりすることを表わす概念**
等至点，分岐点，必須通過点

● **個人の内的状態を表現する概念**
不定（uncertainty），対話的自己（Dialogical Self：DS），目標の領域（Zone of Finality：ZOF），統合された個人的志向性（Synthesized Personal Orientation：SPO）

● **時間に関する概念**
非可逆的時間，画期点（＝期を画する経験）

● **システムとしての分析ユニット（個人，団体）に関する概念**
開放系（オープンシステム），多声的・山脈的自己

● **社会から個人に働くパワーを記述する概念**
社会的方向づけ，社会的ガイド

● **発生のメカニズムを記述する概念**
発生の三層モデル（TLMG），記号，促進的記号（Promoter Sign：PS）

● **発生のレベルを記述する概念**
文化的発生，個体発生，記号発生，行為発生（AKTUAL GENESE）

その他の概念

偶有性（Contingency〔コンティンジェンシー〕），ラプチャー（Rupture：突発的出来事），価値変容経験（Value Transformation Experience：VTE）

以下で簡単にそれぞれの概念ツールについて説明していく。

なお，TEM第一弾の本である『TEMではじめる質的研究』（サトウ，2009）の第2章第2節では，以下の9項目が概念ツールとして説明されていた。

1. 開放システムとしての人間と定常状態
2. 等至性と等至点
3. 複線径路
4. 分岐点
5. 非可逆的時間
6. 両極化した等至点
7. 必須通過点
8. 径路・選択肢の可視化
9. 社会的方向づけ

これらの概念ツール以外のものは，2009年以降の諸研究によって開発・実用化されたものである。以下では，新旧の概念ツールをとりまぜて説明していく。

第2項　人間とその内界の豊かさ・多様性を強調する概念

> 等至性，複線径路，両極化した等至点，（選択しなかった）径路の可視化

TEM（Trajectory Equifinality Model）において最も重要な概念の一つはEquifinalityである。この語はかつて等結果性と訳されたり，エクイファイナリティとカタカナ書きされたりしていたが，私たちは**等至性**という訳を与え，安田（2005）によって明確にその姿勢が打ち出された。この訳語を用いることに違和感をもつ人はもう誰もいない。

等至性概念は生物学者／生気論者のドリーシュに由来し，その後フォン・ベルタランフィ（von Bertalanffy, 1968/1973）がシステム論に取り入れた。フォン・ベルタランフィはシステムを開放系と閉鎖系に二分した。開放系とはシステムがその外部とさまざまな相互作用をするシステムであり，最終状態が初期状態から一義的に定まらず，複数の多様な径路を経由しても同じ結果が実現する。この最終状態が等至点である。
　そしてエストニア出身の文化心理学者クラーク大学教授のヴァルシナー（Valsiner, 2001）こそが，等至性の考えを，歴史的文化的要因を重視する発達心理学や文化心理学に取り入れ，発達における多様な可能性を示すことを唱えた。この考えにおいては，同じ等至点に辿り着く径路は複数あるとされる。特定の個人が実際のライフコースとして辿り得るルートは，径路のうちの一つに過ぎないが，その実現した径路はさまざまな条件のもとで実現された経験として考えられるべきであり，その意味でさまざまな潜在的可能性のなかの一つの現れであると考えるのである。
　また，複線径路という概念はTrajectoriesの訳として私たちが提案した訳語であるが，これはTrajectoryの直訳というよりは，等至点に達する径路は複数あるという意味を重視した訳語である。これもまたヴァルシナーの考えに由来する。彼は文化と発達を論じる際にこの複線径路という概念を何度か取り上げている（Valsiner, 1989 ; 1997）。もっとも，この概念が等至性の文脈で取り上げられたのは2000年に出版された『文化と人間発達』以降である。この『文化と人間発達』において，同じ結果が異なる径路によって達成されるという等至性を描くために，複数の径路が描かれた図4-8が登場している（Valsiner, 2000 ; p 14）。なお，この等至性という性質はシステム論者フォン・ベルタランフィによれば開放系の特徴である。
　両極化した等至点は，研究者が設定した等至点の補集合的な経験を示すものである。「結婚する」に対する「結婚しないこと」，「学生相談室に行く」に対する「学生相談室に行かないこと」，などである。両極化した等至点が必要ないとする考え方もあり得るが，いくつかの理由からこの概念ツールは有用だと考えられる。

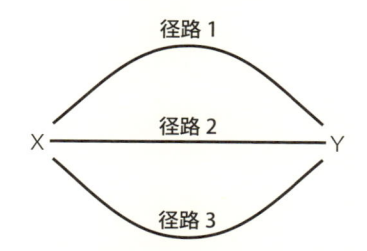

第4章 理論編——時間を捨象しない方法論，あるいは，文化心理学としてのTEA **227**

図4-8 等至性と複線径路（Valsiner, 2000, p 14）

　まず，実用的な理由からあげれば，等至点に対して両極化した等至点を設定することで，TEMを書く際の縦軸を定義することができる（時間軸が横軸の場合）。縦と横はもちろんどう使ってもいいのだが，非可逆的時間の次元と等至点 − 両極化した等至点の次元を用いることで，TEMを描く時の画面を定義することができる。絵画には必ず額縁がある，ということを聞いたことがあるが，それと同じように，TEMの描く範囲を制約することで，そのなかで自由にTEMを描くことができるようになるのだと考える。
　理論的な理由を述べれば，ある時空における人間の経験が社会によって構成されたものである以上，その制約を取り払った場合の選択肢を示す必要があるということである。具体的にそれが何であるかわからない場合もあるだろうが，そういう場合でも理論的なレベルで補集合的な経験を両極化した等至点として設定しておくことには意味がある。
　最後に，等至点を設定するのは研究者であるから，両極化した等至点によって研究者の独りよがりを中和することができる，ということがある。研究者も人間であるから，どうしても，研究者や協力者の経験することが「良いもの」であるように思えてしまうし，そう思いたがるということが避けられない。もちろんそれぐらいの気概があってもよいのだが，両極化した等至点を置くことで，バランスのとれたTEMを描くことができるようになる。
　さらに，選択しなかった径路を描きやすくなる，ということがある。ある人が選択した径路は，選択しなかった径路とともに成り立っているとい

うことを考えやすくするし，社会包摂的（social inclusive）な社会を作るのに有用となるはずである。

第3項　何かを判断・経験したりしなかったりすることを表わす概念

等至点，分岐点，必須通過点

　等至点は，研究者が関心をもつ生活経験であり，逆から言えば，研究の焦点を等至点に設定するのである。

　分岐点は径路が複線に分かれるような経験である。ただし，分岐点は後に径路が分岐することが前提になっているわけではなく，むしろ，結果として後に複数の径路選択が発生することを強調するものであり，分岐や選択が生じて，結果的に径路が複線化する結節点のことである。

　必須通過点とは，多くの人が経験するような経験でありかつ等至点に至る径路にあって重要なものである。必須通過点はもともと地理的な概念である。ある地点からある地点に移動するために，ほぼ必然的に通らなければいけない地点があるならばそれは必須通過点となり，戦争時などには防衛上重要な場所となる。たとえば日露戦争（1904-05）において，日本海軍は，日本海においてロシア海軍と交戦しようと考えていた。バルチック艦隊はヨーロッパからやってくる。この時，日本海に入ってくるには，必ず通らなければいけない海峡がある。必ずと言っても二つに一つなのだが，津軽海峡か対馬海峡を通らなければ，日本海には入れない。こうした地点が必須通過点である。この概念を科学社会学的説明に転用したのが科学社会学者ラトゥールであり（Latour, 1987；1988），それを心理学における概念ツールに組み込んだのが私たちである（サトウ，2009）。

　TEMにおいて，「必須」という意味は「全員が必ず」というような強い意味ではなく，「多くの人が」というような若干広い意味で考えている。

　現在のところ，必須通過点としていくつかの種類が認められている。

　制度的必須通過点は，制度的に存在し，典型的には法律で定められているようなものである。義務教育課程への入学がその代表例である。それで

も学校に行かない／行けない人もいる。慣習的必須通過点は，法律で定められているわけではないが多くの人が経験するようなことで，七五三や卒業式での正装がその例となる。大学生であれば卒業式に出るのをやめたり正装はしないと決めたりできるが，子どもが七五三に参加するかどうかを自分の意志で決められるかと言えば難しいだろう。結果的必須通過点は，制度的でも慣習的でもないにもかかわらず，多くの人が経験する天災や戦争などの大きな社会的出来事などである。

複線径路を可能にする（保証する）という観点から見た場合，必須通過点という概念は個人の多様性を制約する契機を見つけやすくするという点で重要である。

第4項　個人の内的状態を表現する概念

> 不定（uncertainty），対話的自己（DS），目標の領域（ZOF），統合された個人的志向性（SPO）

等至点は研究者が興味をもって設定する生活経験である。その生活経験を実際に生きている人は，どのように思いどのような展望をもちながら生活するのか，そうした内面的な状態を描きたいという志向に答えるのが，これらの諸概念ツールである。

不定（uncertainty）とは個人の人生において道標（みちしるべ）となる記号が失われた状態である。私たちはある社会で生きていれば，何らかのできあがった価値のなかで生きることができ，何らかの見通しをもちながら生きていくことができる。特に，幼少期においては社会が周到に準備をしてくれる。小学校入学などは社会が用意した出来事であり，それを楽しみにさせるべく周囲の大人たちが色々な準備をし（1年生になったら○○してあげる，1年生になったら○○ができるようになるなど），実際に子どもたちは入学式への見通しをもち，楽しみに指折り数えて待つのである。一方で，記号が崩壊すれば，未来への見通しは失われ，非常に大きな不定と向き合うことになる。

対話的自己（Dialogical Self：DS）はオランダの心理学者ハーマンス

がこれまでの心理学における自己理論を広く深く参照したうえで卓越した自己理論として発展させたものである（ハーマンス & ケンペン，1993/2006）。対話的自己においては，唯一の固定的な自己というものを仮定しない。西洋の哲学において唯一の自己を個人が確立していくものとして考えられていたが，対話的自己の理論では「〜としての自己」が複数集まったものとして考える。父母に対しては「子としての私」であるし，学校では生徒としての私，「彼女・彼氏としての私」というのもあるだろう。海外に出れば「日本人としての私」を強く意識することもある。さらに，こうした複数のI（アイ）がそれぞれの位置を保っている（ポジションをもつ）と考える。ハーマンスは自己の分権化という用語を用いている。一方で複数の自己はそれぞれ相対的な位置関係をもつ。野球で9人のプレーヤーがそれぞれのポジションを守るように，さまざまな自己がそれぞれのポジションで役割を果たすのが自己というものだと考えるのが対話的自己である。エリクソンが提唱したアイデンティティが，各発達段階で課題を克服することを通じて確立する自己であったのに対して，ハーマンスの対話的自己は常に流動的で変幻自在となる。TEMにおける対話的自己は，不定状況において自己対話という形で設定される。

　不定状況は記号が失われた状況である。そのような状況において，何をすべきか，内的な対話が行われる。それをTEMにおいては分岐点（選択肢が二つ以上ある時点）における対話的自己という形で示そうとするのである。

　目標の領域（Zone of Finality：ZOF）は未来の見通しに関する概念である。個人の目標が明確になっている時はポイント的であるが（○○大学に入りたい，検察官になりたい，など），そうした目標が崩壊した場合，人は代替の目標や次善の策をすぐに，あるいは簡単に設定できるわけではない。こうした場合，Aは無理だったが，Cにはなりたくない，というような曖昧な目標が設定されることが多い。そうした領域的な目標設定を目標の領域（ZOF）と呼ぶ。○○大学に入れなかったからといって，現時点で日本の専門学校には行きたくない，海外の大学に行ってみようか，というような形で設定された目標はあいまいで，しかしだからこそ一定の幅

をもつものであり，目標の領域として理解されるべきなのである。

統合された個人的志向性（Synthesized Personal Orientation：SPO）は個人の内的な欲求や意志を強調したい場合に用いると有効な概念である。私たちは，目標が失われたり，実現できなかったとしても，簡単に代替案を選ぶことなく，その目標に固執して近づこうとする場合もある。TEM では代替選択肢を重視するのだが，それは代替選択肢の可能性を見ることができずに一つの選択肢に固執せざるを得ない事態へのアンチテーゼであって，目標が達成されない場合に簡単に断念することを推奨するわけではない。その目標に向かって絶えざる努力を行う力を概念化したのが，統合された個人的志向性（SPO）である。

図 4-9（232 頁）に目標の領域，対話的自己と，社会的方向づけ，社会的ガイドの関連を示す。社会的方向づけ，社会的ガイドについては第 7 項を参照されたい。

第 5 項　時間に関する概念

> 非可逆的時間，画期点（＝期を画する経験）

非可逆的時間という概念はフランスの哲学者ベルグソン（1889/2001）に由来する。矢印（→）は時間を空間的に表わすものではなく，単位化せず非可逆なものとして扱うということを示している。→の長さには意味はないし，何か特定の単位の倍数で長さを表わすこともしない。つまり→で表わされた時間は，時計で計時可能な時間ではなく，→は持続的かつ生きられた時間を表象するのである。

方法論として考えた時の非可逆的時間の意義は，時間を表象する際に逆戻りや円環を考えないということである。時間が円環であると感じられるような経験は存在するし，そのような時間モデルがあることは知っているが，TEM においてはそのような時間観を取らないということである。心理学がもつ普遍志向的な研究態度の中心に非時間性があり，TEM では時間とともに人間のあり方を考えるのが重要だと考え，捨象や抽象を廃した時間の特徴として非可逆的時間というものを設定したのである。この点に

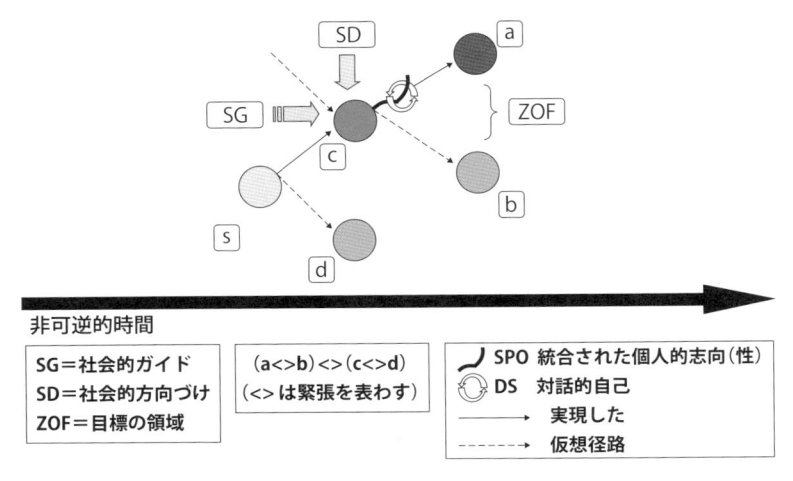

図 4-9 目標の領域，対話的自己と社会的方向づけ，社会的ガイド

ついては，批判されてもその批判を理解はできるがそれを受け入れて変更することはできない，という意味で，理論的な前提であると考えてもらってよい。時間を円環で考えないということは一種の制約を課していることであり，制約こそが創造性を引き出すと思われる。

生活のなかで，「なにをやってもうまくいかない，悪循環だ！」と嘆くようなことは誰にでもある。「自分の人生が未来に紡がれてそれはまた戻ってくるだろう」というような輪廻の思想で安寧をもつこともある。こうしたことを否定することはない。時間の本質など誰にもわからないという議論もある。これもまた然りである。

私たちの人生は後戻りできない，そうしたなかで人生を構築していくのが人間なのである，という人間観と時間観を TEM は前提にする。何度も本書で述べるように，TEM は自由に描いてもらってよい。新しい概念も作ってほしい。ただし，図の下には→を描いて Irreversible Time（非可逆的時間）と描いてほしい，のである。→で表わすことは時間の空間化ではないかという批判があることも承知しているが，これは，心理学などの学問的営為が，その研究成果を書く（描く）ことによってしか表現できないという制約によるものである。→で表わすことは時間の空間化ではな

い。むしろ，年表のように細かい時間を書き込まないことによって，質的な時間の流れを描いているのだと考えてほしい。

　画期点（＝期を画する経験）は，人生の時期を区分するような画期的な出来事である。TEM は時間を捨象せずにライフ（生命・生活・人生）を描くものであるが，そのストーリーをいくつかの時期に区分して理解するほうがよい場合がある。ライフストーリーではなくライフヒストリーとして考えた場合（ここでライフストーリーと言う場合，語られた内容による主観的経験を重視し，ライフヒストリーと言う場合，社会や時代のあり方との関連のなかの経験を重視するものとする），歴史を考えるうえで最も重要なのは時代区分である。時間はのっぺりと流れているのではなく，いくつかの時期ごとに分けて考えることが重要なのである。そして，その時代と時代の間には画期的な出来事がある。そのような出来事を画期点と呼ぶのである。TEM においては，必須通過点もしくは分岐点のいくつかの前後でライフの質が変わるようなことがあれば，それは画期点だといえる。もちろん，その前後で時代がスパッと区切れるわけではないが，メルクマールとなる時期に注目することは重要である。

　ライフストーリーとライフヒストリーの違いを区別するのは難しいのだが，上記の説明からすれば，ライフストーリーにおいては画期点が必要ない，と説明することが可能かもしれない。ライフストーリーにおいては，歴史や社会という大きな流れのなかで生きていることが前提となりながらも，人間が空気を認知しづらいのと同じように歴史や社会の流れを意識することが難しいかもしれない。そして，語られたライフストーリーに画期点が立ち現れることが必須ではない，ということも可能かもしれない（もちろん画期点がある場合もあるだろうが）。

第 6 項　システムとしての分析ユニット（個人，団体）に関する概念

開放系（オープンシステム），多声的・山脈的自己

　TEM の特徴は，時間を捨象して外在的に扱うことをせず個人に経験さ

れた時間の流れを重視すること，人間を開放システムとして捉えるシステム論（von Bertalanffy, 1968/1973）に依拠することで等至性を重視することにある。時間についてはすでに前項で述べた。ここではまず開放系（オープンシステム）について考え，その後で等至性について考えていく。

まずシステムとは，要素群とその関係からなり，それらが結びつき合う機能が全体の性質を創造するものである（Valsiner, 2000）。一つの要素からなるものはシステムではなく，複数の要素があってもお互いに関係しておらず全体として機能しないものはシステムではない。同じアパートで暮らしている居住者同士は家族というシステムではないのに対し，離れて暮らす家族（母は持ち家に住み，父は単身赴任，子どもは海外で大学の留学生として寄宿舎暮らし）は家族というシステムである。あるいは，極端な例を考えてみると，許婚が戦死し，その後は独身で暮らした女性がいるとして，その人と亡くなった許婚はたとえ結婚していなくても家族システムとみなせる場合もあるだろう。

初期のシステム論によれば，システムには開放システムと閉鎖システムがある。後者（閉鎖システム）は環境と相互交渉をしないシステムである。一方，システムがその置かれた個別の特定な環境と交換を行うのが開放システムである。フォン・ベルタランフィ（1968/1973）は「生物体は成分の流入と流出，生成と分解のなかで自己を維持しており，生きている限り決して化学的，熱力学的平衡の状態になく，それとは違ういわゆる定常状態にある」とした。人間は皮膚によって外界とは区切られているが，物理的にも心理的にも開放システムとして考えるべきであろう。そして，人間を開放システムであるとみなし，その心理的側面（物理的側面ではないという意味）に着目した場合，人間と外界との絶え間ない交換関係は，記号を媒介としたコミュニケーションによってなされるのである（Valsiner, 2000）。

多声的・山脈的自己とは，自己のあり方のモデルである（図4-10）。心理学は自己を一つのものとして考えることが多かった。そして，自己の機能にラベルをつけて研究するのが社会心理学の自己研究であった。発達心理学においては，自己は発達していくものであり，その途上でモラトリ

図 4-10　多声的・山脈的自己

アム期に入ったり，拡散することを視野に入れる。拡散したり形成不全な自己は臨床心理学の対象となる。

　もし仮に自己が複数あるなどといえばそれは分裂の兆候であり，決して望ましいものとは言えないだろう。あえて言えば臨床心理学の対象になるのであろう。しかし，TEMにおいてはさまざまな記号の内化はさまざまな自己を形成すると考える。これは，ハーマンスによる分権化した自己のあり方に近い。そして，それぞれが相互関連をもちながら全体としての自己を構成すると考えるのである。

　自己を場所的に拡張しようとする試みに，ポジショニングという概念がある。これもすでに対話的自己のところで述べたように，ハーマンスは自己を単一なものとして捉えるのではなく，複数の自己がお互いに位置取りをしていると概念化した。TEMは個人の径路を描く質的研究の方法論であるが，自己をどのようなものとして捉えるかを考えておくことは重要な知的作業である。

第7項　社会から個人に働くパワーを記述する概念

社会的方向づけ（SD），社会的ガイド（SG）

　等至点はどのように設定してもいいのだが，研究を行うにあたって，実現するのが難しいけれど近づきたいというようなことや社会的には実現が難しいことを等至点に設定することが多いし，その方がおもしろくなる。そうなると両極化した等至点は，実現するのが容易もしくは社会的に支持

されていることになる。

このように設定した等至点（つまり，実現が容易ではない経験）に近づこうとしても，それを妨げる力が働いていることが多い。今の日本で12歳の少年が単独で海外に留学しようとしても難しいだろう。一方で，親が海外勤務になったときに自分1人だけ残ることも難しいだろう。この時の，1人で海外留学したい，1人だけ日本に残りたい，という思いを妨害するのが「社会的方向づけ」である。一方で，自分のやりたいことを助ける力が「社会的ガイド」である。

「社会的方向づけ」と「社会的ガイド」は混乱する概念であるかもしれないが，等至点に近づくことを妨害する力が「社会的方向づけ（SD）」，等至点に近づくことをサポートする力が「社会的ガイド（SG）」である。TEMで扱う等至点は，たいていの場合，個人の欲求・目標と社会が提供する目標がずれていることが多いし，そうであるからこそTEMの対象たり得るのだ。したがって，社会的方向づけは個人が目指す方向とは逆方向へと向かわせる力として概念化するのである。

第8項　発生のメカニズムを記述する概念

発生の三層モデル（TLMG），記号，促進的記号（PS）

発生の三層モデル（TLMG）はHSS，TEMとともにTEA（複線径路・等至性アプローチ）を構成する重要な考え方である。その意味で，ここで説明するのはふさわしくないかもしれないが，記号や促進的記号という概念を考えるうえで重要なので，ここでも取り扱う。

TEAは，その初期においてHSSとTEMから成り立っており，その意味で人間の内面を記述することを志向していなかった。ある時空で何かを経験した人を対象に，その人が辿ってきた径（みち）を描くことだけを目的にしていたのである。しかし，分岐点で人が時に迷い，何かを判断するということに関心があたるようになってくると，その時その人は，何をどのように判断しているのかということを描きたい，という要望が出てくるようになった。

こうした動向を先導したのは『TEM ではじめる質的研究』の松本佳久子の論考である（松本，2009）。

この論考は，少年院の受刑少年たちが音楽療法をともにするなかでどのように変容したのかを描くことを目的としたものであり，TEM 図が存在しない。音楽療法のプロセスとともに変容する少年たちを理解するためにTLMG が用いられたのである。

発生の三層モデルは，本章の第 1 節第 4 項「文化の内化〜」のところですでに取り上げた。このことからわかるように，発生の三層モデルは，TEM 本第 1 弾が発行されてから急激に中心的概念として認知され，文化と個人をつなぐ非常に重要な考え方になってきたのである。

さて，TLMG では，三つの層が縦に重なっているような（パズルの〈ハノイの塔〉のような）形を考える（214 頁，**図 4-3**）。このように考えることで，人間に対する外界の影響がダイレクトかつ即時的にはならないということを表現できる。また，外延の広大さを表現することもできる。

図 4-11（238 頁）は**図 4-3** を上から見たイメージである。

発生の三層モデルが扱う「発生」には，アクティビティ（活動），サイン（記号），ビリーフ（信念）という異なるレベルがあり，その異なる発生が異なるレベルで行われると考えるのである（238 頁，**表 4-1**）。

そして，発生の三層モデルが作動する時空の点が TEM における分岐点となり，その分岐点を通じて達成されるのが等至点となる。具体的な等至点を経験した人を対象に研究する際のサンプリング理論が HSS である。

第 1 層（最下層）は個々の行動や行為が発生するレベルである。私たちは日常生活においては，習慣などの作用により，色々な行為を自動的にこなしていることが多い。その時々の状況によって揺らぎが生じることはあっても，大枠では安定した行動や行為を行うことが多い。第 2 層（中間層）は，状況を意味づける記号が発生するレベルである。いつもと同じような状況であっても意味づけが異なったり，あるいは，あいまいで不明確な状況において状況を意味づける記号が発生するのが，この層だと考えるのである。そして第三層（最上層）が価値観のレベルであり，ここが安定

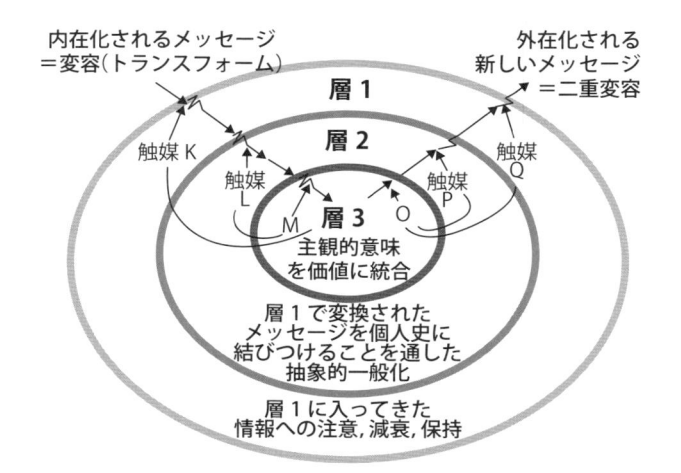

図4-11 発生の三層モデル（上から見た図）

表4-1 発生の三層モデルにおける発生の三層レベル

信念・価値観レベル	ビリーフの発生
記号レベル	サインの発生
個別活動レベル	アクティビティの発生

している限り，その下部層（第1層，第2層）の構造が安定するということである。逆に言えば，この層が崩壊すればあらゆる行動が秩序を失う。秩序を失ったままでは問題であるが，新しい秩序が生まれる場合もある。そして，他の価値観に置きかわれば，個々の行動や行為の意味も変わってくる。

　なお，これらの層の間は細胞膜のようなものであると述べたが，細胞膜はすべての物質を通過させることはなく，通過を阻まれるものもある。それと同じように，文化における価値は，そのすべてが人間の精神に影響を与えるのではなく，その一部のものが浸透していくと考えるのである。

　図4-11において左斜め上から中央へと至り，そこから，右上へと抜けていく線がある。これは，記号が個人に影響する様を図式化したものである。

ヴァルシナーや筆者らが依拠する文化心理学の基本的考えは，「文化が人に属する」である。人が文化という器の中に入っているのではなく，文化を資源として取り込みながら人は生きていく，ということを強調しているのである。

　「文化が人に属する」ことを可能にするのは，記号を介在してのことである。記号は，発生の三層モデルの三層にそれぞれ仮定される膜を突き抜け，変容しながら，行為，記号，信念を発生させる。人に何かをさせる，という意味で，この記号は静態的なものではなく，動態的なものとなる。そこでヴァルシナーは「促進的記号（Promoter Sign：PS）」という用語を用いているのである。

　促進的記号とは，記号のなかでも，人を動かす機能をもったものである。ヴィゴツキー的な世界観を前提とすれば，私たちの周りには数え切れないほどの記号しかない。そして，人工的に作られた記号もあるし，自然状況の記号化もある。しかし，私たちはそれらにほとんど影響されない。影響されるのはごくわずかの記号である。私たちに実際に影響を行使するような記号のことを促進的記号と呼ぶ。なお，ここで重要なのは，記号は静的（static）なものではなく，常に動的（dynamic）なものだということである。固定された機能をもつ記号はむしろ稀なのである。

　こうした説明は，直線的因果観や因果的世界観にもとづくと，後づけ的な説明ではないかと思うかもしれないが，無条件反射でもないかぎり，人間に与えられる刺激が同じ意味をもつことはないのである。これまでの心理学では，多くの人に共有される記号を見つけることで実験心理学を構築してきたが，文化心理学がそのようである必要はない。

個々人が，その時その時，その場その場でどのような記号を促進的記号として取り込むのかを，見ていくことが必要なのである。

第9項　発生のレベルを記述する概念

文化的発生，個体発生，記号発生，行為発生（AKTUAL GENESE）

　前項で扱った発生は，実は「個体発生」のレベルであった。つまり，個

人なり個体なりが時間とともに生きていくなかでの発生を扱っていたのだ。だが，発生の単位にもいろいろなものがある。

個人と社会の関係においては，行為が発生し，記号が発生し，個体が発生し，そして文化が発生する，という序列で考えることができる。このような序列づけによる理解はいかにもボトムアップな枠組みであり，心理学者的な発想であり赤面するが，以下のような枠組みで考えるということである。

まず生体の行為は，その時々のコンティンジェントな（偶有的な）状況によって発生する。そして，行為が繰り返されると手がかりとなるようなものが浮かび上がるが，それが記号の発生である。さらに，記号の配置を内化して成長することが，個体発生である。最後に，個体が他の個体とともに記号を配置し自らルールや習慣を作りそれに従うことが，文化の発生である。

すでに何度か述べているように，文化は国と同じものではなく，地方ごとの文化を想定することもできる。また，家族の文化や部活動の文化もある。

第10項　その他の概念

> 偶有性（Contingency），ラプチャー（Rupture：突発的出来事），価値変容経験（Value Transformation Experience：VTE）

偶有性は Contingency の訳である。この Contingency は日本語にしづらい言葉であり，心理学の世界では随伴性と訳されているが，近年は科学社会学や脳科学の分野で偶有性と訳され，それが定着しつつある。

科学技術社会論を専攻する大阪大学の平川秀幸氏のウェブサイト「偶有思考」(http://hideyukihirakawa.com/index.html) では，偶有性（contingency）について以下のように書かれている。

> 「斯様ではなく他様でもありえた／他様でもありえたのに斯様である」ということ。可能だが必然でもない／必然ではないが不

可能でもない様相。後悔と希望の源泉。

　偶有性は，ある特定の時空において——まさに他でもありえたにも関わらず——経験した何か，である。しかし，時間という軸を考慮に入れるなら，異なる様相も見えてくる。
　私たちの日々の生活は，偶然なのだろうか，必然なのだろうか。それを考えると結構難しい。たとえば学校に通うということだって，「たまたま」雨が降った時は雨天に応じた行動をとるだろうし，「たまたま」家族の仕事が休みになって車で送ってくれるということになれば車で行くだろう。そういう偶然性の要素は日常生活にたくさんある。
　一方，「たまたま」出会った人と結婚した，というような場合の「たまたま」は日常生活とは少し異なり，人生の時間軸のなかでの出来事である。どのような2人の関係であっても，まずどこかで出会わなければそれが続くことはないのだから，出会うことはどんな場合でも「たまたま」なのである。だが「たまたま」を「たまたま」と言うためには，逆説的ではあるが，後の関係が持続的に構築されていなければいけないのである。日常生活の多くは「たまたま」で満ちあふれており，多くの場合は「たまたま」で終わるので，だからこそ「たまたま」とは認識されないのである。
　「たまたま」起きた出来事のうち，個人に対して大きな影響を与える出来事をラプチャー（Rupture：突発的出来事）という概念ツールで記述することができる。たとえば，大きな地震という出来事はその場に居る人に同じ影響を与えるが，その人が3歳か13歳かで，その影響は大きく異なるだろう。ラプチャーをラプチャーとして経験することもまた，偶有性なのである。また，ラプチャーを経験すると個人の内面の価値が変容するかもしれない。そのような個人の価値が変わるような大きな出来事については価値変容経験（Value Transformation Experience：VTE）という概念を用いて記述してみることが有用かもしれない。なお，価値変容経験（VTE）は価値変容点（Value Transformation Moment：VTM）と言ってもよい。変容の内面的経験の記述を中心にしたければ「価値変容経験」という概念を，内面的経験が変容する時間に注目したければ「価値変容

点」という概念を使うのがいいだろう。そんないい加減なこと言うな！と叱られそうだが，これらの概念は出来事を記述するためのラベル的な概念であり，その有効性は今後の研究で用いられるかどうかにかかっている。つまり，価値変容経験という概念ツールの方が使いやすいか，価値変容点の方が使いやすいかは，これから研究する人たちが決めていくことなのである。

　以上，TEM の特徴は，概念ツールによって非可逆的時間におけるライフ（生命・生活・人生）を描くことにある。そして，その可能性は未来に対して良い意味で不定なのである。

（サトウタツヤ）

引用・参考文献

Bergson, H.（1889）. *Essai sur les données immédiates de la conscience.* F. Alcan.（ベルグソン，H. 中村文郎（訳）(2001). 時間と自由　岩波書店）

Hermans, H. J. M., & Kempen, H. J. G.（1993）. *The dialogical self : Meaning as movement.* Academic Press.（ハーマンス，H. & リンペン，H.（著）溝上慎一・水間玲子・森岡正芳（訳）(2006). 対話的自己――デカルト／ジェームズ／ミードを超えて　新曜社）

Latour, B.（1987）. *Science in action : How to follow scientists and engineers through society.* Harvard University Press.（ラトゥール，B.（著）川崎勝・高田紀代志（訳）(1999) 科学が作られているとき――人類学的考察　産業図書）

Latour, B.（1988）. *The pasteurization of France.* Harvard University Press.

松本佳久子（2009）.「大切な音楽」を媒介とした少年受刑者の語りの変容と意味生成の過程　サトウタツヤ（編）　TEM ではじめる質的研究――時間とプロセスを扱う研究をめざして　誠信書房　pp. 101-122.

Pierce, C. S.（1894/1998）. What is a sign? In N. Houser（Ed.）, *The essential Peirce : Selected philosophical writings 1893-1913.* Indiana University Press.

サトウタツヤ（編）（2009）. TEM ではじめる質的研究――時間とプロセスを扱う研究をめざして　誠信書房

サトウタツヤ（2009）. ZOF（目的領域）による未来展望・記号の発生と「発生の三層

モデル」サトウタツヤ（編） TEM ではじめる質的研究――時間とプロセスを扱う心理学をめざして　誠信書房　pp. 92-101.

Sato, T., Kido, A., Nishiura, K., & Kanzaki, M. (under review). Three modes of viewing the culture in the Psyche : How can we conceive of the culture in psychology for as an integrative theory?

竹尾和子（印刷中）．異文化比較　日本発達心理学会（編）　発達心理学事典　丸善出版

Valsiner, J. (1989). *Human development and culture : The social nature of personality and its study.* Lexington Books.

Valsiner, J. (1997). *Culture and the development of children's action : A theory of human development.* 2nd ed. John Wiley and Sons.

Valsiner, J. (2000). *Culture and human development.* Sage Publications.

Valsiner, J. (2001). *Comparative study of human cultural development.* Fundación Infancia y Aprendizaje.

Valsiner, J. (2007). *Culture in minds and societies : Foundation of cultural psychology.* Sage Publication.

ヴィゴツキー，L. S. 柴田義松（訳）（1930-31/1970）．精神発達の理論　明治図書出版

von Bertalanffy, L. (1968). *General system theory : Foundations, development, applications.* G. Braziller.（フォン・ベルタランフィ，L.（著）長野 敬・太田邦昌（訳）（1973）．一般システム理論――その基礎・発展・応用　みすず書房）

Yamamoto, T., Takahashi, N., Sato, T., Takeo, K., Oh, S., & Pian, C. (2012). How can we study interactions mediated by money as a cultural tool : From the perspectives of "Cultural Psychology of Differences" as a dialogical method. In J. Valsiner (Ed.), *The Oxford handbook of culture and psychology.* Oxford University Press.

安田裕子（2005）．不妊という経験を通じた自己の問い直し過程――治療では子どもが授からなかった当事者の選択岐路から　質的心理学研究，**4**，pp. 201-226.

おわりに

　前著『TEM ではじめる質的研究——時間とプロセスを扱う研究をめざして』が出版されたのは 2009 年 3 月末のことだった。わずか 3 年にして，第二弾が出版されるとは，思いもしなかった。今回の本は，第一弾を読んで TEM を用いた研究をはじめた，いわゆる第 2 世代の研究が収められている。今回の著者たちが，TEM と出会って研究がおもしろくなった，と口々に言ってくれているのは本当に嬉しいし，また，誇りでもある。

　私は方法論を権威づけしたり，講習を受けなければ使ってはいけない，というような風潮には反対する。方法論は共有財（コモンズ）であるべきだ。このようなことを言うと，方法もなまじっか知らない人が書いた悪い論文が跋扈してもいいのか？　というようなことを言われる。そこまで TEM のことを心配してくれるのだからありがたいのだが（笑），私が家元のように振る舞うのではなく，TEM には TEM 研究会というオープンシステムな組織があり，そこに参加して皆が皆の論文を高め合っているから，それでいいのだ，と思っている。

　TEM について，ヤーン・ヴァルシナー（Jaan Valsiner）はアタマだけ，サトウタツヤは口だけ，あとはすべてもう一人の編著者の安田裕子さんのおかげである。研究会を研究会たらしめ，後進を導いているのは安田さんなのであり，その力は本書の出版にも十二分に発揮されている。

　謝辞が重なるかもしれないが，2009 年に TEM を成書として世に出すことを決断してくれた誠信書房の松山由理子さんは，今回の本の出版においては，同社の若い編集者・佐藤道雄氏と安田裕子さんのコンビを育てることに回ってくれている。そのおかげで，フレッシュな本ができたのではないかと思う。松山由理子さん，佐藤道雄さんに感謝して，あとがきを終えたい。

2012 年 8 月 1 日

編著者　サトウタツヤ

謝　辞

　いつしか実施するようになった TEM 研究会は，今や，発表を希望する人の声かけで，京都を中心にしつつもどこででも随時行うというかたちで，結果として年に数回開催しています。それぞれの発表者が関心をもつ現象が，TEM を用いて工夫しながら捉えられる……，発表を聴いている人たちは自分自身の観点にひきつけて TEM による分析方法について考える……，そして，互いに疑問を出し合ったり意見し合ったりして，それぞれがそれぞれにアイデアをもちかえる……，そうしたプロセスが，新たな TEM 研究はもとより，現象を丁寧に捉えるために必要な概念を生み出し，『TEM ではじめる質的研究 —— 時間とプロセスを扱う研究をめざして』（サトウ，2009）に続き，本書を刊行することとなりました。第 2 章に収録されている研究は，TEM を用いて研究をした方々の，執筆プロセスの痕跡を描いたものでしたが，この本に掲載されていない TEM 研究もまた現在進行形で複数産出されていることはいうまでもありません。このように，TEM 研究会はもとより，学会や ML などの場を活用し，TEM 研究は協働の学びのなかで生き物のように生成・展開してきましたし，これからもまたしていくことでしょう。

　こうした関係性に埋め込まれていることが物語るように，本書をつくるにあたり，大変多くの方々にお世話になりました。すべての人のお名前をあげることはできませんが，TEM 研究に関心をもって関わってくださったみなさまに，こころより深く感謝いたします。なお，校正に際しましては，和光大学の伊藤武彦教授，高知市立横浜中学校／九州保健福祉大学大学院の細川雅彦氏に，貴重なコメントを数多くいただきました。本当にどうもありがとうございました。また，誠信書房の佐藤道雄氏には，多大なご尽力をいただきました。佐藤氏のお力添えなくしては，本書を第二弾の TEM 本として世に送り出すことはできませんでした。ここに，厚く御礼申し上げます。

編著者を代表して　安田裕子

索引

ア行
曖昧さ　169
アクションリサーチ　88
足場かけ（足場づくり）　109, 120
AS-IS 領域／AS-IF 領域　202
アセスメント　192
アフォーダンス　200
EFP → 等至点
移行（の）プロセス　47, 54
1・4・9の法則　5
一般化　194
インタビュー　32
ヴァルシナー（Valsiner, J.）　74
ヴィゴツキー（Vygotsky, L. S.）　216
SG → 社会的ガイド
SD → 社会的方向づけ
SPO → 統合された個人的志向性
援助要請行動　125
OPP → 必須通過点

カ行
回顧型研究　166
開放性　195
カイロス　15
カウンセリング場面　177
学生相談室　53, 125
語り-聴く相互行為　172
KACHINA CUBE システム（KC）　183
価値変容経験（Value Transformation Experience：VTE）　241
価値変容点（Value Transformation Moment：VTM）　72, 74, 241
可能性の可視化　146
感情労働　51
記号　75, 216
記号レベル　143
供述分析　180
供述調書　180
共通性　40, 188, 190
気楽な方法論　190
偶有性（contingency）　240
グループ支援　112
グループワーク　103
クロノス　15
KJ法　21, 56, 138
継続就業の結婚　139, 142, 144
径路（Trajectory）　3
径路の類型化　41, 128, 147
結婚　137
結婚形態　140, 142
結婚展望　139, 141, 145
化粧行為　54, 148
研究センス　189
寿退社　137, 141
個別活動レベル　143

サ行
差異　188, 190
最近接発達領域（Zone of Proximal Development：ZPD）　197
裁判員制度　181
サトウタツヤ　11
サポーター・サポートモデル　87
三次元化　178
ジェンダー　53
時間の流れ　188
時期区分　39
システム　52
社会的ガイド（Social Guidance：SG）　27, 34, 60
社会的方向づけ（Social Direction：SD）　27, 35, 60, 139, 150
逡巡過程　52
信念・価値観レベル　143
心理的・経験的時間　15
性別役割意識　137, 142, 146

semiotic pitfall　175
semiotic roller-coaster　175
セルフヘルプ・グループ（Self-Help Group）　50, 72
専業主婦　137, 141, 142
前向型研究　166
促進的記号（Promoter Sign）　75
卒業論文　52, 112

タ行

多様性　40
地域住民と保健師の相互関係　51
TLMG → 発生の三層モデル
DV（ドメスティック・バイオレンス）　55
出来事を語った時間　179
TEA　209, 215
TEM → 複線径路・等至性モデル
TEM 的推測　191
統合された個人的志向性（Synthesized Personal Orientation：SPO）　59, 127
等至点（Equifinality Point：EFP）　3, 59, 96, 101, 114, 135, 139, 144
トランス・ビュー　9, 71

ナ行

ナラティヴ　178

ハ行

発生の三層モデル（Three Layers Model of Genesis：TLMG）　46, 72, 74, 142, 170
発達メカニズム　168
浜田式供述分析　183
ハーマンス（Hermans, H. J. M.）　177
ハーマンス-コノプカ（Hermans-Konopka, A）　177
パワーアナリシス　137
半構造化インタビュー（半構造化面接）　73, 114, 138
BFP → 分岐点
非可逆的時間（Irreversible Time）　3
ひきこもり　50, 71

必須通過点（Obligatory Passage Point：OPP）　37, 60, 102, 114, 139, 145
VTE → 価値変容経験
VTM → 価値変容点
フィールドワーク　112
フォン・ベルタランフィ（von Bertalanffy, L.）　2
複線径路・等至性モデル（Trajectory Equifinality Model：TEM）　2, 55, 72, 114, 138, 144, 209
複線径路（Trajectories）　16
ふつうの結婚　53, 137, 139, 142, 144
物理的時間　15
不定（uncertainty）　86, 169, 174
文化　192
分岐点（Bifurcation Point：BFP）　3, 60, 114, 139, 145
分析枠組み　157
変容　39

マ行

マスターナラティヴ（支配的言説）　173
目標の領域（Zone of Filnality：ZOF）　33
森 直久　170
問題発見のツール　189

ヤ行

安田裕子　3
やまだようこ　24

ラ行

ライフ（生命・生活・人生）　12
ライフストーリー　50, 55
リサーチ・クエスチョン　188
両極化した等至点（Polarized Equifinality Point：P-EFP）　29, 59, 101, 114, 139, 144
臨床実践への適用可能性　172
類型化　128

ワ行

渡邊芳之　189

執筆者紹介

安田裕子（やすだ　ゆうこ）【第 1 章第 1, 5 節；第 3 章第 2 節】
奥付参照

サトウタツヤ（佐藤　達哉）【第 1 章第 2, 3 節；第 4 章】
奥付参照

荒川　歩（あらかわ　あゆむ）【第 1 章第 4 節】
2004 年　同志社大学大学院文学研究科博士課程単位取得退学
現　在　武蔵野美術大学造形構想学部教授
著　書　『TEM ではじめる質的研究』（共著）誠信書房 2009

佐藤紀代子（さとう　きよこ）【第 2 章第 1 節 1-1】
2011 年　放送大学大学院文化科学研究科修士課程修了
現　在　長崎純心大学キャリアセンター付カウンセラー

廣瀬眞理子（ひろせ　まりこ）【第 2 章第 1 節 1-2】
2011 年　関西学院大学大学院文学研究科博士課程単位取得退学
現　在　Adjunct Associate Professor at the University of Hawaii at Manoa（Department of Special Education），関西学院大学非常勤講師
著　書　『ワードマップ TEA 実践編』（共著）新曜社 2015，『なるほど！心理学面接法』（共著）北大路書房 2018

中坪史典（なかつぼ　ふみのり）【第 2 章第 2 節 2-1】
1999 年　広島大学大学院教育学研究科博士課程単位取得退学
現　在　広島大学大学院人間社会科学研究科教授
著　書　『子ども理解のメソドロジー』（編著）ナカニシヤ出版 2012

小川　晶（おがわ　あき）【第 2 章第 2 節 2-1】
2002 年　東洋大学大学院社会学研究科修士課程修了
現　在　植草学園大学発達教育学部准教授
著　書　『保育における感情労働』（共著）北大路書房 2011

植村直子（うえむら　なおこ）【第 2 章第 2 節 2-2】
2008 年　立命館大学大学院応用人間科学研究科修士課程修了
現　在　東邦大学健康科学部看護学科講師
著　書　『日系ブラジル人母子サポートマニュアル』（共著）財団法人滋賀県国際協会 2010

山田嘉徳（やまだ　よしのり）【第 2 章第 3 節 3-1】
2010 年　関西大学大学院心理学研究科修士課程修了
現　在　関西大学教育推進部教育開発支援センター准教授

弦間　亮（げんま　りょう）【第 2 章第 3 節 3-2】
2023 年　立命館大学大学院人間科学研究科博士課程後期課程修了
現　　在　京都府宇治児童相談所児童福祉司

谷村　ひとみ（たにむら　ひとみ）【第 2 章第 4 節 4-1】
2016 年　立命館大学大学院先端総合学術研究科一貫性博士課程修了
著　　書　『対人援助学を拓く』（共著）晃洋書房 2013

木戸彩恵（きど　あやえ）【第 2 章第 4 節 4-2】
2011 年　京都大学大学院教育学研究科博士課程単位取得退学
現　　在　関西大学文学部准教授
著　　書　『社会と向き合う心理学』（共編）新曜社 2012, The Oxford Handbook of Culture and Psychology（共著）Oxford University Press 2012

森　直久（もり　なおひさ）【第 3 章第 1 節】
1994 年　筑波大学大学院心理学研究科博士課程単位取得退学
現　　在　札幌学院大学人文学部教授
著　　書　『TEM ではじめる質的研究』（共著）誠信書房 2009,『心理学者，裁判と出会う』（共著）北大路書房 2002

山田早紀（やまだ　さき）【第 3 章第 3 節】
2009 年　立命館大学大学院文学研究科博士前期課程修了
現　　在　立命館グローバル・イノベーション研究機構研究員

渡邊芳之（わたなべ　よしゆき）【第 3 章第 4 節】
1990 年　東京都立大学大学院心理学博士課程単位取得退学
現　　在　帯広畜産大学人間科学研究部門教授
著　　書　『性格とはなんだったのか』新曜社 2010,『TEM ではじめる質的研究』（共著）誠信書房 2009

Valsiner, Jaan（ヴァルシナー，ヤーン）【第 3 章第 5 節】
1951 年　エストニア国タリン市生まれ
1981 年　エストニア国ターツ大学卒業
1984 年　Culture & Psychology（Sage）創刊
1995 年　Humboldt Research Prize（ドイツ）受賞
現　　在　米国クラーク大学教授
著　　書　*Culture in Minds and Societies*（Sage）2007, *Understanding Vygotsky*（Blackwell）（共著）1992 他多数

訳者紹介

荒野久美子（あらの　くみこ）【第 3 章第 5 節】
2013 年　関西大学大学院外国語教育学研究科博士課程前期課程修了
現　　在　大阪府立高等学校英語科教諭

編著者紹介

安田　裕子（やすだ　ゆうこ）

1997 年	関西大学文学部卒業
2004 年	立命館大学大学院応用人間科学研究科修士課程修了
現　在	立命館大学総合心理学部教授，博士（教育学　京都大学） （専攻　臨床心理学，生涯発達心理学）
著　書	『不妊治療者の人生選択』新曜社 2012,『TEM ではじめる質的研究』（共著）誠信書房 2009,「フィールドワークの論文指導」『質的心理学の方法』（共著）新曜社 2007

サトウタツヤ（佐藤　達哉）

1985 年	東京都立大学人文学部卒業
1989 年	東京都立大学大学院人文科学研究科心理学専攻博士課程中退
現　在	立命館大学総合心理学部教授・学部長，立命館大学ものづくり質的研究センター長，博士（文学　東北大学） （専攻　社会心理学・心理学史）
主要著書	『Making of the Future : The Trajectory Equifinality Approach in Cultural Psychology』（Advances in Cultural Psychology : Constructing Human Development）（Information Age Pub Inc），『TEM ではじめる質的研究』（編著）誠信書房 2009,『質的研究法マッピング』（共編）新曜社 2019

TEM でわかる人生の径路──質的研究の新展開

2012 年 8 月 30 日　第 1 刷発行
2024 年 9 月 5 日　第 7 刷発行

編著者　安田裕子
　　　　サトウタツヤ
発行者　柴田敏樹
発行所　株式会社　誠信書房
　　　　〒112-0012　東京都文京区大塚 3-20-6
　　　　電話　03（3946）5666
　　　　https://www.seishinshobo.co.jp/

ⓒ Yuko Yasuda & Tatsuya Sato et al., 2012　　あづま堂印刷／協栄製本
＜検印省略＞　落丁・乱丁本はお取り替えいたします
ISBN978-4-414-30180-9 C3011　　Printed in Japan

JCOPY ＜(社)出版者著作権管理機構　委託出版物＞
本書の無断複写は著作権法上での例外を除き禁じられています。
複写される場合は、そのつど事前に、(社) 出版者著作権管理機構
（電話 03-5244-5088, FAX 03-5244-5089, e-mail : info@jcopy.or.jp）
の許諾を得てください。

TEM でひろがる社会実装
ライフの充実を支援する

安田裕子・サトウタツヤ 編著

今やTEMは、質的研究法としてひろく用いられるに至っている。外国語学習および教育、看護・保健・介護などの支援の現場に焦点をあてた論文に加え、臨床実践のリフレクションにおける実践的応用の事例を収録。

目次
序章　TEA(複線径路等至性アプローチとは何か
第1章　言語を学ぶ・言語を教える
第2章　学び直し・キャリア設計の支援
第3章　援助者・伴走者のレジリエンスとエンパワメント
第4章　臨床実践をリフレクションする
第5章　TEAは文化をどのようにあつかうか
　　　　──必須通過点との関連で

A5判上製　定価（本体3400円＋税）

TEM ではじめる質的研究
時間とプロセスを扱う研究をめざして

サトウタツヤ 編著

複線径路・等時性モデルを使用して、従来なかった時間の観念を心理学にもたらす。人間の多様性や複雑性を扱うための新しい方法論。

目次
第1章　TEMの発祥とT・E・Mの意味
第2章　HSSの発祥とTEMとの融合
第3章　TEM動乱期（2006－2007）
第4章　概念の豊富化と等至点からの前向型研究
第5章　方法論に関する問いかけ
第6章　TEMがもたらす未来

A5判上製　定価（本体3000円＋税）

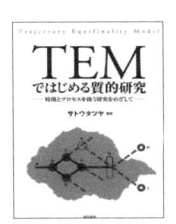